持存記憶

陈家琪 著

上海三联书店

献给李少华

目 录

自序

在岁月的尘埃中顾盼

这本书里的文章，大都是我退休前后，也就是七十岁左右所写的。这些文章基本上都发表在《读书》《南方周末》《哲学分析》《名作欣赏》《人文艺术》《书城》《社会科学论坛》《社会科学报》等杂志、报刊上，也有的发表在徐南铁先生主编的《记忆》中，有几篇尚未发表。这次能合成为一本书，全赖上海三联书店。对我来说，这等于是一件从天而降或不期而遇的妙事。

原来的书名是取自我的一篇文章《回首来路，落日殷红》，后来与编辑几经商榷，重拟了好几个书名，有《来路与未来》《什么叫"值得过的生活"》《记忆中的追忆》《我是谁？该怎么活着？》《回首来路，思考未来》等。总体的意思就是在时间的流逝中如何保存记忆、如何发掘意义。与之相关的就是活着或生命的意义问题。后来张闳兄又给出了一个书名：《通往记忆之途》，强调"记忆"在这本文集中的核心意义。我又觉得太直白了一点，于是就改为《持存记忆》，内含着"为什么""如何""怎样表达"之类的问题。这些问题对我来说已经很现实，都是我不得不面对的问题。

时间是从未来开启的，我们把日历一页页揭了过去，明显感受到时间的紧迫与逼迫。这种紧迫感与逼迫感，都与“明天”未来，但又即来有关。这就与死亡一样，我们都知道它一定会来，只是不知道它什么时候来而已。这个“来”字很耐人寻味：它可能就是到了（来了），也可能已是过去（来路），更可能是未来（来日）。总之，没有了来日，也就谈不上来了和来路。而来日至少对我而言，已经越来越黯淡了。我们基本上已经丧失了对什么是自己梦想中的生活方式展开讨论的能力。大家都已习惯于“活在当下”的说法，生活在对明天失去想象力的浑浑噩噩中，也就是所谓的“岁月静好”吧。这是整个民族的悲哀。对此悲哀与危机能进行参照和比对的，又只有记忆中的“来路”。随着明天的丧失，昨天也势必离散。对昨天的往事，我们几乎无法完整地讲完一个横跨几十年或十几年的故事。而这些故事又都是我们的亲身经历。时间的遮蔽、蒙蔽，大约都与岁月太久，于是尘埃堆积有关。提到尘埃，又与我才看的一部电影有关。这部电影的名字叫《时光之尘》（*The Dust of Time*），是希腊享誉世界的大导演安哲罗普洛斯（Theodoros Angelopoulos）生前所拍摄的最后一部电影。这部电影真好，我看了三遍。电影的基本情节就是彼此深爱着的一女（艾雷妮）两男（斯特罗斯和雅各布）在左右世界大潮的政治风波中寻觅对方的故事。其中一些人物所说的台词与当时的画面自会铭刻在心，比如“一切来去如风”，“被历史所抛弃的我们”，“活在了过去却无法再回头”，“时间的灰尘降落人间，湮没了一切”，“让我们敬过去美好的岁月，让我们敬新的世纪”，等等。这是他的“现代希腊三部曲”的第二部，从二战结束一直到柏林墙倒塌。2012 年 1 月，当他拍摄第三部《另一片海》时，不幸因交通事故逝世。2018 年，森林大火又烧毁了他的故居，里面有他全部的电影资料和书信手稿。

“岁月的尘埃”就不消说了。只要看看我蒙尘的书架，随便抽出几十年前的一本书，上面一定密密麻麻写着读书笔记，而又因为岁月久远，书架上的书太挤，终于无法翻阅，就心知肚明了。“顾盼”，作为词语，有四下张望的意思，但我更喜欢把这两个字分开来讲：“顾”，就是回头看的意思，如“瞻前顾后”“回顾”，还有顾及（君臣相顾）、探视（三顾茅庐）、思念（顾怜慈母）的意思；至于“盼”，当然也是看（美目盼兮、左顾右盼）的意思，但更重要的就是向前看，就是有所期盼、盼望，对未来的希冀（冀盼千年）。我想，“顾盼”二字就已概括了我这本书所想表达的意思。当然，我也知道任你怎么说，总归是无济于事的，个人在时代、历史这些大词面前太微不足道了，自己的一生只不过更多了些岁月的尘埃而已。但愿在以后的岁月中，会有人能注意到在这厚厚的历史尘埃中，也有我的一粒。而且这一粒尘埃（在看不见的时间中让人能感触到的空间性此在），有着自己独特的理性化了的情感经历，而且想把这些经历变成理论问题加以讨论。但，还是那句话，总归是无济于事的。

无济于事也要说，也要写。这很有点不大甘心“躺平”的意思，特别是对于到了我这个年龄的人来说，似乎更不应该这样。无数的亲朋好友无数次地好言规劝：到了这个年龄了，好好保养自己的身体才最重要。是的，要想有所顾盼，至少得先活着。这是常识。但活着，意味着思维在运转，意味着还有回忆，还有期盼，还有想说的话。要是把这些都取消了，活着，真那么值得吗？到了那一步，我是宁肯选择速死的。中国人由于缺乏信仰的一维，还是有些太畏死了。这是我总的感觉。而不越过死亡去想问题，就常常会忽略生命的有限到底对我们意味着什么。

就这样过着。我是每天至少看一部电影，看得自己心惊肉跳，热泪盈眶。几十年来，我曾嗜书如命，只要看到新华书店里有自己喜欢的书，就非要看完不可（那时可看的书可真少）。那时也真没有多少电影可看。后来有了影碟，多是盗版的，但也能看，就是要不断找地方去买。现在网络上有了一个“电影分享会”，过几天就提供一大堆电影，自己也有非看完不可的念头，就与几十年前对书的感觉一样。但现在的电影实在太多了，动不动就是上千部。明知想看完是根本不可能的，但离开了“想”这一念头，又顿觉生活失去了意义。总之，人生中明知无济于事但又非如此不可的事简直太多了。每个人都会过完自己的一生，这里没有比较，没有对错好坏，只有自己是否觉得值得。

我所认识的好朋友中，萌萌、余虹、朱正琳、梁归智、高兆明、任建成等都相继离世了。还有我亲爱的妻子李少华也在 2018 年走了。这本书中有几篇文章是对他们的零星怀念。这倒让我想起了刘禹锡应和白居易的一首诗：“叹君叹逝双绝句，使我伤悲奏短歌。世上空惊故人少，集中惟觉祭文多。芳林新叶催陈叶，流水前波让后波。万古到今同此恨，闻琴泪尽欲如何！”特别是“世上空惊故人少，集中惟觉祭文多”两句，让人百感交集。我们这一代人中，已经离去的、正挣扎在贫困线、死亡边缘的更不知还有多少人。晓芒写过一篇文章，大意就是幸亏我们这一代中还有人活着，否则就死无对证了。尽管同一代人，当年在经历和精神观念上也大体一样，但今天也各自东西了。这是必然的，也是好事。无论如何，总比“死无对证”要好。这又涉及到底什么才是事实，人们当如何判断、推理，以及概念的普遍性、特殊性与个体性的关系。这基本上就是一个逻辑学的问题。哲学的所有努力，都是为了使概念从空洞、抽象在理解上变得越来越具体，在描述上也越来越具象，几乎变成为可感知的对象。这大约也就是我希望这本书能出版的一个最主要的原因。

2021年3月25日，我们一行多人去浦东高桥镇参观（那里的特产是松饼，端的美味），在高桥中学觅得一本《诗咏高桥园》，里面选编最多的是一位生卒年月均不详的诗人陆文键（迁居浦东的明末文人）的诗，其第一首七律题为“可亭”，后四句是：“冷淡看人多白眼，清贫安我足黄齑。客来只许谈风月，笑指浮云屋角西。”觉得有点意思，而且一般的人都不会知道这个人和这首诗，因为他太无名了。那就权且作为这篇“自序”的结尾吧。

第一辑

尊严与伪善

1

我是谁？该怎么活着？

“我是谁？该怎么活着？”这是一个哲学问题。

什么是哲学问题？就是原来以为不是问题的问题，在某种情况下，或某一天，忽然成为了问题。

“成为了问题”，都是就事实本身而言的。事实，在一些人眼中从来就不是问题，但在另一些人眼中就是问题。我们必须承认，对绝大多数人来说，存在的事实从来就没有成为过问题，他们只承认事实。认为不是问题的事实，在某一天忽然成为了问题，而且当这一问题逼着我们不得不对事实本身重新做出判断时，这种判断，无论就其方式、眼光，还是就其结论而言，都需要我们重新反思——对自己以前为什么会有那样的看法或想法重新加以审视时，这才成为了一个哲学问题。

所以真正的哲学问题都是事实逼出来的，而且都与“反思”这一词语有关，就是说重新对自己加以认识。

在重新认识自己中，我无法判断“我是谁”，也不知道“该怎样活着”。

判断，按康德的说法，可区分为“规定性判断”与“反思性判断”。

“规定性判断”就是把特殊（比如个人的情况）放在一个普遍的概念之中（就如说苹果是水果，我是男人，人是动物一样）。

“空巢青年”“空心柄”都是一些具有普遍性的概念。把几千万不知道“我是谁”和“该怎么活着”的青年人都归于这两个概念之中，这是一种典型的“规定性判断”。“规定性判断”虽然貌似给这些青年人的“通病”找到了一种规定，一种判断，就如诊断病情时的结论一样，但其实很空洞，而且这种“规定”本身就是一种限制，一种可用摹状词（比如怎样怎样的人）指定的“类”。“黑五类”“红二代”都是诸如此类的“规定性判断”。

“反思性判断”则不同。所谓“反思”，就是从自己的具体情况出发，在反思（对自己的重新认识）中看是否能寻找到某种普遍性因素。

这个并不难找，一个人很快就会发现自己的情况并非特例，而是一种普遍现象。但这里不是指实际情况的相似，比如无对象，工作不满意但也无可奈何，不知前面的路怎么走，等等，而是指的一种情感的需要，即合目的性的主观情感上的需要。于是在实际情况上相类似的人在情感需要上并不一样。所谓情感需要，指的是一种自我要求，自我满足、自我在要求与满足中看是否能有知音的判断。康德指的是审美与鉴赏上的反思判断，汉娜・阿伦特指的是公共空间的公共活动所具有的共同需求。任何判断本身就具有公共性。当我们自我审视时，其实也离不了公共标准。“我是谁，该怎样活着”，看起来是对自己的发问，实际上所涉及的依然是别人会怎么看，在社会的公共性存在中，我具有怎样的意义与价值。真正的问题，在于我们感到自己无法融入社会的公共大家庭，没有找到与人交往、沟通，在价值、理想、社会乃至人类未来上的共同语言。

判断之所以本身具有政治性（公共性），就在于它与学问、读书本身并无多大关系，有关系的是勇气（说出自己的判断，大胆对自己过去的想法重新审视）和情感（主观合目的性，尽可能无功利地考虑自己的理想与愿望）。当全社会都深陷急功近利的实用目的性追求时，当我们的孩子从幼儿园起就不得不为一个实际的功利目的而竭尽全力、奋斗拼搏时，他人、交往、表达、倾听，这些在公共生活中最关紧要的品质都受到了压制，于是未来只与个人的才干、机遇有关。当自己的才干未受到重视时，只会怪机遇不好，或者归结为某种外在的条件，如父母的名誉、地位等等。对于年轻人来说，他们还不像老年人那样有广场舞，有“老年人的七件宝贝”（老伴、老窝、老底、老友、老来健康、老来快乐、耳顺眼顺，少做评论不唠叨），“老年人的三字歌”（是与非、全看淡，别失落、顺自然，莫比攀、化恩怨），等等，简直数不胜数。这就是老年人的“公共世界”和“共同语言”。青年人不能这样，也不会这样。我们假设一下，如果一个国家的青年人都这样，这个国家还有希望吗？如果人生活在群体中，任何判断、反思，都与公共生活有关，那么什么才是他们的“公共世界”与“共同语言”？争论是天大的好事，也只有通过对公共事件的争论，才真正体现出那种“非功利”的“情感需要”。

公共生活的不健全、不发达，公共事件无法成为青年人的公共生活中的共同语言，这一切又表现为公共舆论的单调、乏味。于是各自只能在自己的手机上寻求情感的寄托，这是青年人之所以会有“空巢”“空心”之感的根本原因。

不知道“我是谁”，是因为缺乏人格特征。人格是在人与人在身体结构、能力大体相仿的基础上，能够把一个人与另一个人区分开来的主要标志。它的主要形态就是意识活动的意向性，就是自由意志的自我决定，就是那种在逻辑上趋向于自我同一的某种持久性的价值认同。所以人格是在主观经验中获取客观标准的。如果一个人完全缺乏主观活动的大量经验，当然也就无法在客观实在上把自己辨别出来。

“该怎样活着”，其实是一个如何面对死亡的问题。老年人临近死亡，反而不考虑这一问题，年轻人如何面对死亡的问题，说白了，其实是如何面对当自己老了怎么办的问题。怎么办？也就是自己这一生，说来很长，其实也就青年、中年这几十年，到底能做什么、又做了什么？人如果只活自己这一辈子，真的无所谓。问题就在于人并不只活自己这一辈子。你不得不替广义的他人和后人着想，因为他人和后人其实就生活在你真实的对未来的想象中。

所以，“我是谁，该怎样活着”的问题，就是一个我身体的存在与人格的尊严怎么在公共生活中得到承认的问题，而这种承认，又只能通过公共的交往与论争、包容、理解等等与他人有关的概念才能得到理解。

2

什么叫“值得过的生活”？

什么叫“值得过的生活”？首先，这是不是一个问题，或者说，它是如何成为问题的；其次，它是一个理论问题，还是生活本身的问题；最后，靠读书、交流、提问、思考就能解决，或者说就能回答这一问题吗？

我很疑惑。也就是说，“值得过的生活”，首先是生活，也就是活着。于是“活着”本身就可能已经回答了这个问题。要问“为什么活着”？有人会说，不为什么，因为已经活着。于是我们就发现，只有当人接近死亡，或者说，当人意识到死亡时，“为什么活着”才会成为一个问题。但事实上，对大多数人来说，那时候是不会想此类问题的。有更紧迫的问题压迫着你，比如疼痛、恐惧、没钱继续看病或抢救了，亲情、财产分配，等等，都要比思考“为什么活着”来得更实际。所以，我们就应该趁自己身体还好，还有暇胡思乱想时，去想一下“为什么”的问题。它等于在假设自己临近死亡时会想到的一个问题。

既然问题本身是一种假设，那我们也就可以假设它其实是一个无法回答的问题，任何回答与生活本身会出现的情况都不一样。在这样一个总的背景下，我们就得承认，只有宗教或者信仰才能化解这一问题所带给我们的焦虑。所以对真正有信仰的人来说，什么是“值得过的生活”不会成为问题。也就是说，死亡的恐惧不会成为问题，因为信仰本身，也就是信仰所要求的皈依、信从，就解决了自己应该怎么活着的问题。马丁·路德在宗教改革时提出的“因信称义”就已经告诉我们，“信”就是“义”，它已经回答了为什么活着，生活有没有意义等各方面的问题。

第二种是完全投身于一种生活的试验性活动中。在这种活动中，整个忘记了自己的烦恼和烦心。但还是有点让自己害怕的地方，因为不知道怕什么，我们就用海德格尔的“畏”这个词。但投身会使自己在一段时间里忘记各种各样的“畏”，因为活动本身就会让你全身心地投入。我这里主要指的是一种政治活动或政治行为，比如极端的战争状态。当然，全身心投入工作、学习、事业，也行。总之，让这种活动占据了你的所有时间和精力。这也等于让填满了的生活回答了什么是“值得过的生活”。

第三种就是把它作为一个真正的哲学问题加以思考，这种思考就是寻找生活的意义和应该的事情。这是康德说的。为什么这个问题会成为一个问题呢？如果“畏”成为我们这个不知道怕什么的话，就是说它不好确定、不知道什么时候会来临，又没有人跟你分担，于是你感到孤独，在这种情况下，畏在某种程度上近似于死亡。就是我们知道死亡有一天会来，但是哪一天来，我们不知道，而且真的没有人跟你分担死亡，那么在这种情况下，死亡使我们思考生活的意义。如果没有死亡的话，我们用不着去思考生活的意义，活着到底是为了什么。那么如果有了这个畏的话，它驱使我们思考生活的意义。什么是应该做的，什么是生活的意义。

这就是我要谈的三种方式：一个是投身于宗教，再一个是完全忘我的活动或行为，第三个就是作为一个哲学问题来寻找一下生活中的应该、意义。我自己感觉到就是这三种选择。还有三种不选择。第一个就是不选择什么是生活的意义和生活的应该，完全依赖于一种自然的生活态度，原来怎么活着，现在就怎么活，不去思考什么是生活的意义和为了什么活着这样一些我们哲学工作者经常去想的问题，这就是不反思、不思考什么是应该、什么是生活的意义。第二个，就是躲避情绪性的东西对自己的支配，比如后悔、对前景的担忧，我觉得左右人生命的最大力量是情绪性的东西。这种情绪性的东西，海德格尔用的是“烦”。我们不用这样的词，反正总而言之，情绪性的东西总是对人的影响很大，而且左右着我们的生存质量。我们尽量躲开一种情绪，使自己活在一种不大有情绪的状态当中，包括不大后悔和不大快乐，也不大去为未来着想这样一种情况。第三个就是有意回避选择、反思，不想应该、意义之类的问题。这三种情况都和反思这个概念有关。第一个就是不反思。反思是什么意思？按照黑格尔的解释就是用普遍性的东西对特殊性的行为和特殊性的存在方式进行观照，于是发现这种特殊性的存在方式和特殊性的行为方式都不合乎这种普遍性的理念或者概念，那么于是就有所改进。这就是反思的态度。而不选择的方式，就是不去反思，是什么就是什么。第二个就是躲避情绪性的东西对自己的支配，第三个就是不关心应该的问题，也就是意义的问题。这样来区分选择和不选择的问题，我们立即就发现，不选择比选择要难得多。特别对我们这种人来说，想要过一种完全不选择的生活，任其自然，或者完全按照自然来活，是什么就是什么，该怎样就是怎样，不去思考应该，不去思考意义，也不去反思，也能避开情绪对自己的支配，我们发现，不选择要比选择难得多。为什么呢？因为人有灵魂。这个灵魂，我们把它换一个词叫作精神，然后把精神再换一个词，就是自由。这三个词语或者概念，今天我不可能去详细解释哲学家们是怎么讲的，但是在某种意义上我们可以把灵魂理解为精神，就是人有精神，然后我们把这个精神可以在某种意义上理解为自由，就像韩震教授讲的，把卢梭讲的那句话翻过来讲也一样，就是人生来其实是自由的，但无往不在枷锁之中的，于是也就无往不在地去寻找自由。那么我们就可以说，人能够寻求自由的前提就是，人有自由。如果完全没有自由的话，当然也谈不上寻求自由。在这种情况下，因为人有灵魂、人有精神、人有自由，所以想要过一种完全不选择的生活要比过一种有选择的生活难得多。

在这种情况下，我想说一下康德的问题。康德说人在有自由的前提下，更苦恼的一个问题是怎么做到自律，道德自律。康德的问题是，人是自由的，他怎么能够做到自律，是什么力量使他做到道德自律。黑格尔给出的回答是这样的，就是说，因为人有限，有限是人有自由的前提，如果不是有限的，人也谈不上自由。这一点刚才韩震教授也提到，就是限制。你有自由，别人也有自由，别人的自由是对你的自由的限制。因为自由本身是有限的，所以自律才是可能的。那么在这种情况下，就有了一种有限的自由，或者说有限的选择。既然不选择比选择还难，我们过一种有选择的生活，那么这种有选择的生活实际上指的是有限的选择，或者说有限的自由。这是我从前面所讲的得出的结论，比较了康德和黑格尔之后，谈到一个有限的选择和有限的自由的问题，于是这种有限的自由和有限的选择在某种意义上讲，就是从一种反思的态度回归一种自然的态度，也就是通过一种间接性的证明达到一种直接性的、直观性的东西。这个可能跟现象学有点关系。把认识活动的一种主客关系转变成存在关系上的客主关系，就是以客观的东西为主，然后把主体的东西相应降低，把我们习惯了的主客关系变成存在意义上的客主关系。

这整个就是我想到的一个问题，即在选择和不选择当中，不选择比选择难。那么怎么过一种有限的选择的生活，就是有限的自由的生活，提出这句话的背景是什么呢？就是我感觉近代以来的哲学，就是自康德以来，主体性的问题、自由的问题已经成为一个很大的问题。那么在这种情况下，我们发现，时代变了。特别就中国来说，时代变了。这个时代变了是什么呢？就是我们心目中的那个英雄时代，或者哲学家们心目中，比如说柏拉图所向往的哲学王的时代，那种诗一样的生活消失了，变成了一种平庸的、日常琐碎的、黑格尔所说的散文一样的时代的到来。我觉得这是生活中的一个非常大的变化。包括我们这代人在年轻时候经历的“文化大革命”，包括去农村插队落户，在某种意义上都可以理解为一种“英雄的时代”，或者是一种充满“英雄情怀”的时代。尽管行为上有烧书、打老师等犯罪行为，这些都不说了。我说在某种意义上来讲，这可以理解为一种英雄的时代、充满豪情壮志的时代，但是我们现在这个时代，它变了，变成一个散文的时代，我们过的是非常琐碎的、日常的、平庸的生活。在这种情况下，这种内在的主体性、内在的自由或者选择，就应该受到某种限制。如黑格尔说的，限制是自由可能的前提，正因为有限制才可能有自由。所以我自己想到的这个时代的变化使得我们今天坐在这里来讨论我们的生活态度问题，来讨论选择和不选择的问题，来讨论反思的问题，来讨论自由的有限性的问题，等等。我们如果不甘于这种平凡的、琐碎的、平庸的生活，那么还有可能回到另外的一种向往中的英雄时代的生活。我觉得那种生活毫无疑问永远是吸引人的，虽然我们的年纪很大了，但我们的内心深处还涌动着那种激情，但又发现似乎这种激情跟时代冲突很大，让自己生活在莫名的畏惧当中，就是这种害怕，你说它是莫名的畏，也不知道怕什么的话，我觉得这还是比较准确的。甚至你说什么话，你转一篇什么文章，甚至转一条微信，导致什么结果你自己都不知道。在这种情况下，我就想，我们是不是能够安于一种有限的选择和一种不选择的生活。这是我想到的一个问题，也是今天发言的主要内容。谢谢大家。

主持人：谢谢。现在还有一点时间，看看大家还有什么问题。

问题 1：请问道家的无为是不是和你这种不选择或者有限的选择的生活相关？

陈家琪：谢谢你的问题。但是我首先说了，不选择的生活比选择的生活要难得多。你刚才说的那种道家的生活在我看来几乎是做不到的。我强调的是有限的选择或者是受限制的自由这样一种生活的态度或方式。这恐怕是我想说的一个主要的问题。我觉得我过不了那种道家的生活，我只谈我自己，也许别人可以。我自己是这样。

问题 2：能否请您具体解释一下“畏”这个概念？

陈家琪：“畏”这个概念是从海德格尔来的，它区别于怕。我觉得任何人在生活当中都能感受到一种莫名的恐惧。这种恐惧到底来自哪里，真的还说不大清楚。也许明明去检查身体，然后医生告诉你你得了癌症，这是现实在你身上发生的事情。但是现在你还不知道，在这种情况下宁可过一种不去检查身体的生活，我是在这种选择和不选择当中来谈我们的生活状况的。因为在这种情况下你根本搞不清楚它来自哪里，可能会发生什么。所以我强调了这个“畏”。不管是谁，古希腊的哲学家也好，海德格尔时代的生活也好，还是我们现在的生活也好，我们恐怕都能感受到这样一种状况的存在。我是在这个意义上讲“畏”的，就是害怕的意思，但是它不知道怕什么，不是怕一个具体的人和事情。

问题 3：陈老师您好，我是学历史的。有时候学到西方的哲学和历史，像您讲的一样，都是用反思性的方法，这些思考有时候跟自己的人生会有点关联，有时候看到有些事情就会有愤怒的心情。这种生活是不是过于反思了，按照您刚才的说法？因为旁边很多人他们不关心，像那些大妈们不关心这种生活的状态，她们觉得天天跳舞这种生活也很快乐。

陈家琪：你的问题非常非常好，刚好说到我的心里。就是我有些话，没办法把它说得更明白了，结果你说明白了，我谢谢你的这番话。显然我说了其实不选择比选择的生活要难得多。就是说我过不了那种不选择的生活，就是说我内心有很多吸引着我而我又不敢去做的事。那它强烈地吸引着我，而我知道又不敢去做，或者不应该去做，包括各种激情，包括各种表达自己的愤怒，表达自己的什么东西。我知道不应该这样去做，但它强烈地吸引着我。我觉得这是一种很奇怪的而且我们在生活中必须看到的一种情况。那么在这种情况下我想还是回到不选择比选择要难。你说的那种，像跳广场舞，我们过不了的，也许她们有她们苦恼的事情，婆媳关系啊，家庭关系啊，财产啊，儿女啊，教育啊，买房啊，每个人都有各自苦恼的问题，不是没有，只不过她们在跳广场舞的时候，忘记了，我们也看不到而已。那么就跟我一样，在我发言的时候，很多人其实不知道我内心其实在纠缠着一些什么样的问题。这真的是一样的。但是我得承认，我是纠缠着许多无法或不敢、不愿说出口的问题的。谢谢，谢谢你的问题。

3

我们距离有尊严的存在还有多远？

（一） 认信与宽容

这里所说的“尊严”，指的是一种尊严意识。在某种意义上，它类似于哲学上所讲的“自我意识”，是一种从唯心论的哲学前提出发所强调的对人自身本来就内在具有的东西的意识。没有了这种意识，也就没有了这种“内在性”。之所以说它是从“唯心论的哲学前提”出发的，就在于它把“意识”的存在放在了第一位，把意识对其自身的内在性意识放在了第一位。

意识对其自身的内在性有了意识，是需要有一个意识发展过程的，这在黑格尔的《精神现象学》中已有清楚的表述。

为什么意识的存在会是第一位的？这无疑既表明了它与科学态度的不同，也与哲学现象学的研究立场有关。因为现象学所讲的现象的显现就只能发生在意识中。离开了意识的存在，其他一切的存在都是无意义的。

所谓有无尊严的存在，也只能发生在意识现象中。

让我们先从“尊严”意识何以成为了一个问题说起。

《世界人权宣言》一开始就说：“鉴于对人类家庭所有成员的固有尊严及其平等的和不移的权利的承认乃是世界自由、正义和平等的基础。”下来的第一条就说的是“人人生而自由，在尊严和权利上一律平等”。

在这短短的两段话中，大约涉及这样三个方面的问题：

第一，强调对人权的承认是世界和平、正义和平等的基础；

第二，强调人是家庭成员；

第三，强调人生而自由，但并非生来就能在尊严和权利上一律平等。

我们都知道卢梭在《社会契约论》一开始就说出了他那句横空出世的千古名言：“人生而自由，但无往而不在枷锁之中。”按照迈尔（Meier）的理解，“人生而自由”，说的是“人被自由地生了下来”，但无论是作为类还是作为个体，却无处不在枷锁之中。① “人被自由地生了下来”，说的是“人是被偶然生下来的”。许多哲学家都喜欢用“人的出生就是被抛入世界”这样的字眼。“被抛入”，恰恰说明了人是自由而不是自愿来到这个世界的，也就是说，每个人来到这个世界，并非某种意愿或意志的产物，当然更不是他个人的

① 迈尔：《政治哲学与启示宗教的挑战》，余明锋译，华夏出版社，2014 年，第 130 页。

意识或意愿的结果。每个人作为偶然性的产物来到这个世界，也就是人生而自由的意思。“无往而不在枷锁之中”，说的是尽管人是自由（偶然）来到这个世界上的，但一旦来到了这个世界上，就必然会成为家庭的成员，就“无往而不在枷锁之中”。这说明家庭、社会、世界，就像一个个早就准备好了的、有着各种“枷锁”（规范、条例、限制、法则）的箩筐一样，一下就把“自由”来到这个世界上的“人”（婴儿）捆绑在了“枷锁”之中，让你按照既定的规则（程序）成长。无论你生活在一个专制社会，还是一个自由社会，也无论你是主人还是奴隶（当然也包括种族、性别上的不同），早就为你准备好了的“枷锁”却是一定的，你也一定只能生活在“枷锁”之中。迈尔说：“卢梭绝没有向公民预言，枷锁能从他身上取下。不过，他也做出了允诺，可他所允诺的，只是就什么能够把向公民状态的过渡‘合法化’，枷锁何以能够被证明为合理的问题，给出一个答案。”[①]枷锁何以能够被证明为合理，这就是卢梭所要解决的问题。

就“事实”而讲，从无纯粹独立的个体。每个个体都生活在家庭、社会之中，也就是“无往而不在枷锁之中”，只是从“逻辑”上讲，我们才会把个体的存在视为首要的存在者。这将涉及另一个更大的问题，此处不赘。

“枷锁”何以能够被证明为合理，也就是要证明人是自愿生活在这些“枷锁”之中的。怎么才叫自愿？当然最简单的回答就是出

① 迈尔：《政治哲学与启示宗教的挑战》，余明锋译，华夏出版社，2014 年，第 130 页。

于自愿，奠基于自己所自愿的约定之中。这也就是他的《社会契约论》所要解决的问题。在卢梭心目中，这也就“合法化”地过渡到了“公民社会”。这种“自愿约定的社会”（公民社会）有一个前提，就是平等。不平等当然谈不上自愿。这里的平等，指的是人在自由这一前提下，就自由所能给予人的神圣权利上的平等。所以他的另一本最著名的著作就叫作《论人类不平等的起源和基础》。

这样，我们就比较好理解《世界人权宣言》一开始的那段话了：“人人生而自由，在尊严和权利上一律平等。”

这也就是说，“在尊严和权利上一律平等”只是人后天所获得或所想获得的东西，是人之成为人之后的追求或理想（尽管事实上可能永远也达不到）。其实，人生有没有意义，都只是就人生有没有值得追求的理想、信念而言的。当然，所谓理想、信念，还只是一些空泛的概念或概念系统。问题只在我们是否把“在尊严和权利上一律平等”作为值得人们为之奋斗的理想或信念。但为什么这里会多出了“尊严”这一概念，并把“尊严”与“权利”并列？难道“尊严”还不是一种权利吗？

权利总具有着某种客观性的特征，如言论、出版、集会、婚姻、男女平等、迁徙、罢工、休假等方面的权利就是人后天为自己争取到的自由权利。人自由来到这个世界上，世界上早就有着各种枷锁，我们是无法全然摆脱这些枷锁的，就是言论、出版、集会，也总有着种种规定或限制。我们所能做的，只是“合法地”过渡到一个“公民社会”，在那个社会里，“枷锁”就成为一种自愿服从的规定或限制。当然，前提是平等，就是说，是在“人生而自由”这一前提下，就自由所能让人在客观上所享有的权利而言的平等，而不是阶层、身份、财富上的平等。这里所说的自由和权利，都是就其所具有的客观性要求而言的。

尊严却是一个完全内在化（internalized）了的概念，也就是说，尊严即个人的尊严感，它是人的主观感受。自我，自我意识；尊严，尊严感，都是就人与世界脱离（或者理解为对立）之后，人单纯地与其自身的一种关系。专讲这种关系或以这种关系为其他一切关系的出发点的学说，从一个角度讲，就是社会心理学；从另一个完全不同，但又与其有着割不断、理还乱的关系的角度讲，就是哲学现象学。它一定、也只能从人内在所具有的意识现象出发。讲意识现象就要讲“意向性”（intentionality）；所谓的“意向性”，不过是心理意向的存在，对它而言，必须区分开心理现象与非心理的物理现象，把基于“内感知”的、传统上被认为是具有直接性、自明性的心理表象或基于表象的所有心理现象（幻想、想象、梦境等等）都视为另一意义上的经验科学。

当然，单纯从外在、内在的角度区分自由、权利与尊严的关系也并不确切。因为我们都知道，对人而言，语言和行动的丧失无疑是对人的根本权利即自由的剥夺，在此情况下奢谈尊严，就等于缘木求鱼。所以尽管尊严是人的内在感受，但如果被排斥在共同体之外，没有参与权，感受不到语言与行动在平等意义上所享有的自由，也就谈不上这种内在的尊严感。

于是我们就可以概括出围绕着人“自由”地来到这个世界之后所不得不面对的这四重关系：人与外在于人并先于个人而存在的自然界、社会（包括家庭）、历史、语言（语言在什么意义上外在并先于个人的存在，这是一个最有意思的哲学话题，有兴趣者请参看我的《当代哲学问题九讲》）的关系；人与外在于人并超越地存在着的超验世界的关系，意识到这一重关系的存在，曾被认为是人类在意识上有了一大飞跃的“轴心时代”的到来，我们也正是在这一背景下讨论宗教问题的；人与外在于自己但又与自己一样同时存在着的他人（包括家人、朋友）的关系；人与其自身的内在性关系。

尊严就是一个人与其自身的内在性关系的概念，但又少不了与他人（自己的尊严感当然离不了他人的存在）、与超验世界（正是某种超验的存在才可能为我们的价值观念提供某种牢靠的、毋须经验证明、经验也证明不了的基础）、与语言（怀特海说，语言表达先于并重要于任何价值上的理解、认可与质疑）等方面的关系。所以这四重关系在某种意义上又是交织在一起的。

所谓的人与其自身的内在性关系，也就是人与其心中的自我的关系。在终极的意义上，我们也可以把这种关系比附性地理解为自我认同，那里面自然有着一种内在的自傲感或满足感。

自傲感、满足感与荣誉感不同。我们都知道在柏拉图、亚里士多德那里都曾高度赞美过人的荣誉感，所以荣誉感与社会的等级结构有关。一个人的荣誉感内在地与“不平等”（主奴关系）有关，就是说：我享有别人所无法享有的名誉、地位与待遇。那么对那些无法享有到这种因出身、种族、性别、地位而带来的荣誉的人来说，他们所要的就只有尊严。所以尊严是社会等级结构的对立面。民主的价值不仅在于参与和一人一票，更在于对平等价值的政治认同。而对平等价值的政治认同又牵扯到整个生活方式或生活态度的改变：你要平等待人。民主是一种生活方式。我们对我们自己的生活环境不满，主要还是因为有不平等的、漠视人的尊严的等级关系的存在。四十多年前“文化大革命”刚开始时的口号“老子英雄儿好汉，老子反动儿混蛋”之所以能引起那么大的社会反弹，就在于它从出身上就规定了某种不平等关系的存在，剥夺了出身不好的人的基本尊严。所谓的阶级斗争，其实变成了在新的社会等级结构中新的占优者与新的被压迫者之间的斗争。

每个人的心里都有一个“自我”。

“自我”并非如笛卡尔或康德那样非得理解为一种先验存在，而是一个在社会生活中逐渐被内在化了的、大写的“他人”。之所以说是“大写的他人”，是因为这里的“自我”多多少少是一个抽象化、普遍化、理想化了的“他人”。

这里的“他人”不能如传统哲学那样理解为人的“本质”。无论是“思”（笛卡尔）、“记忆”（洛克）、“激情”（克尔凯郭尔），所谓的“自我认同”也只是认同“自我”的某一方面。萨特说“存在先于本质”，就是说人的“自我”作为存在会一直处于变动之中，并没有一个整体不变的、本真的“自我”或大写的“他人”。

前面说了，人与“他人”的关系是人“自由地”来到这个世界之后所不得不面对的一重关系（犹太裔法国哲学家列维纳斯就专门著文研究“他人”问题）。这里的“他人”是广泛意义上的“他人”，既包括父母、兄弟姐妹、朋友，更包括邻人及任何全然陌生意义上的“他人”。但一个抽象化、普遍化、理想化了的“他人”又只存在于自己心中。从哲学现象学的角度讲，这个“他人”就是心中先验固有的“自我”；从宗教的角度讲，这个“他人”甚至可以理解为上帝或类似于上帝的神圣（祭神如神在，心诚则灵之类的话表达的都是这个意思。当然，不变的上帝何以会成为具有可变性的“他者”仍是一个理论上无法解决的问题）；从心理学的角度讲，就是拉康所谓的“大他者”。

自从基督教兴起，西方文化中内在地具有了基督教的影响后，近代哲学所讲的“自我”也就不可能再等同于上帝或神圣存在，代替了“自我认同”的荣誉感、自傲感或满足感的是罪感，是敬畏感。认同、等同，在某种意义上是“有罪”的。所以古希腊的荣誉与自傲恰恰是一种比较“肤浅化”了的荣誉与自傲，它还缺乏更深层次上的自我反思，无法真正为“自我”的抽象性、普遍性、理想性奠基。比如，在他们的心目中，“奴隶”就被排除在荣誉、自傲或满足之外，奴隶心目中也没有大写的“他人”。如果意识到奴隶的存在，他们的荣誉、自傲或满足恰恰就应该理解为“有罪”。

而宗教的奠基又等于用罪感文化取代了耻感文化。这也与上帝不可能完全内在化为自我有关。上帝毕竟是在人之外的至高无上的存在。

只是到了近代，经过文艺复兴和启蒙运动，经由“自我反思”而获得的内在化了的道德力量（如康德的道德绝对命令、人是目的而非手段）才重新为“自我”的荣誉找到了新的奠基途径。霍耐特（Honneth）就说，当康德告诉我们市场价值（与人们的普遍需要有关）、欣赏价值（与人们的无目的的情趣转移相适应）都是相对价值，只有尊严才构成事物作为自在目的而存在的绝对价值时，他实际上已经为自我和自我意识奠定了内在的道德信念上的形而上学基础。

伯纳德·威廉斯（Benard Williams）在其名著《羞耻与必然性》（*Shame and Necessity*）中说，有一种普遍流行的愚蠢看法，认为羞耻的反应只是基于被人发现，而由羞耻所支配的所有决定或思想背后的情感实实在在地、直截了当地就是被人看见的恐惧。威廉斯之所以认为这是一种愚蠢的看法，就在于它没有内在化羞耻的动机。萨特曾描述过一个透过钥匙孔向里面偷看的人，当他忽然发现自己已被别人发现时，就会感到羞耻。威廉斯说，其实，这里的“别人”完全可能是一个想象中的“他人”的目光。只有一个想象中的、但又无所不在的“他人”（其实只有上帝才能是这样的“他人”）的目光，才可能形成所谓的“耻感文化”。“忽视想象中的他者的重要性，这正是我所说的愚蠢的错误。”[1]从这里也就可以看出唯心论哲学（其中也包括宗教的作用）对文化，特别是人类道德动机的生成作用。哲学上所讲的“自我”，也依旧是某个不同于自己的“他人”；正是这个“他人”，让我们的某些行为受人尊敬，受人鄙视，这里面既包含着自己的想象，也有着相应的社会期待；个人的行为在想象中的“他人”的目光下被以一种伦理的方式加以肯定或否定。而无论是肯定还是否定，说到底，还是与个人的某种抽象意义上的权力（自己对自己的保护能力）的丧失有关。我们所说的尊严，说到底也与这种想象中的“他人”的目光，与公众普遍认可的权力的保护作用有关。尊严，说到底是一种需要受到公权力保护的东西。进一步的讨论，既涉及汉娜·阿伦特（Hannah Arendt）所论及的利维坦（Leviathan）、民族国家的强权对个人权利的剥夺与维护，也涉及从黑格尔的“主奴关系”中所引申出来的“为承认

① 伯纳德·威廉斯：《羞耻与必然性》，吴天岳译，北京大学出版社，2014 年，第 91 页。

而斗争”的问题，它进一步扩展为主权与人权、人权与尊严、尊严与羞耻、羞耻与荣誉等方面的问题。所有这些问题，这里一概暂且不论。

我们在这里所关注的只是《圣经·约伯记》中在约伯身上所显现出来的尊严。这种尊严意识是在上帝面前显现出来的，而上帝无疑是一个既内化、又外在的至高无上的“他者”。

对所有的基督徒而言，人的尊严来自于分有上帝的形象。人是上帝造的，“神用地上的尘土造人，将生气吹在他鼻孔里，他就成了有灵的活人”（创世记 2:7），所以人有灵（The Spirit），人的灵就是耶和华的灯，给人尊严，同时监察人的心腹。“惟有你们是被拣选的族类，是有君尊的祭司，是圣洁的国度，是属神的子民”，“你们为主的缘故，要顺服人的一切制度，或是在上的君王……你们虽是自由的，却不可藉着自由遮盖阴毒，总要作神的仆人。务要尊敬众人，亲爱教中的弟兄，敬畏神，尊敬君王。”（彼得前书 2:9，2:13、16—17）我们看《圣经》中的话，既强调人作为上帝的子民，有灵、有尊、有监的一面，又强调人作为臣民，要服从法律，尊敬君王。这样的宗教，按照卢梭的分类，可称之为“公民的宗教”。它有别于“人类的宗教”和“教士的宗教”。“人类的宗教”讲的是“无庙宇，无祭坛，无仪式，只限于对至高无上的上帝发自内心地崇拜”；而“教士的宗教”却给人“两套立法、两个首领、两个祖国”，并因此阻碍人们“能够既是虔信者，又是公民”。最重要的是，“教士的宗教”讲的是“对神的无限崇拜”和“不宽容”。与之相反的是，“公民的宗教”则将宗教与政治体的特殊性相联系，“将人整个地塑造成公民，就此而言，它是不会使人们陷于自相矛盾的。它把对神明的崇拜与对法律的热爱结合在一起；它让公民准备着为国家献身；它教育他们，把为国效力理解成为国家的守护神效力。迈尔在《政治哲学与启示宗教的挑战》中认为，卢梭对三种宗教的区分的根本之处在于区分开“认信”（bekenntnis，confession）与“信仰”（glauben，believe）。这二者间的细微差别就在于是否诉诸语言的表述，而有无语言的表述，也就等于有无中文中所讲的这个“认”（knowing）字。“认”离不了“字”。就人类的存在而言，最重要的还是语言（或广义地理解为符号）的表述。手势、表情、眼神、声音、动作、文字都是表述，而所表述的含义又总是不那么完全、不那么确切的。所以与表述有关的“认信”才更具有宽容性，因为它以不那么确定的信仰（这里面涉及太多的细节，比如具体的圣事、仪式、姿态的规范等等）为基础。“公民宗教”（Religion Civils）讲的是“认信”，它有两个前提，第一，对于政治体来说，“每个公民都有一个宗教，让他可以热爱自己的义务”（注意：“宗教”对“公民”而言，首要的是让他热爱自己，并把这种热爱视为一种义务）；第二，对于政治体及其成员来说，宗教教义的意义只在于“关乎道德，关乎认信宗教者彼此需要履行的义务”。一旦关乎道德，关乎彼此需要履行的义务，就要求有解释，有辩护；而且要求这种辩护的理由是所有人都能接受的，这才是“认信”的本意，也是它不同于“法定”的所在。于是宗教的教义只是一种“社会性的情感需要”，它的约束力所要求的观点，是一种不可或缺的意见，“若没有这种意见，一个人就既不可能是良好的公民，也不可能是忠实的臣民”。迈尔说，这一观点通过霍布斯等人的彰显，已经成为现代人普遍接受的一种认信。[1] 唐君毅先生在《中国人文精神之发展》中也说，如果拿我们中国的知识分子与西方的知识分子比一比，特出者及有最深处之心的可以不论，仅就一般表面而言，我们不得不“生自愧不如之感。比如他们遇事认真，我们遇事敷衍。他们比较率直爽快，我们表里不一。他们比较团结，我们喜欢互相倾轧。他们自尊，我们卑屈。……而居于中西之间作媒介的中国知识分子之德性，尤为难于敦厚。因为居中，更易取巧。这些不如人的地方，可说者太多。但这是我们之天赋的德性不如人吗？绝不是。这里关键纯在社会文化。而社会文化之中，关联于道德而最重要的一点，是他们有宗教，而我们则失去了我们的教”。[2] 这里所说的“教”，就大约指的是那种公民需要宣称自己所相信的那种公民宗教的“教”，它只规范自己的行为。至于信仰、思想、观念、精神追求等方面的内容，则既不是政治主权者所能决定的，也不是公民宗教所要过问的。所以“宽容”被列为“公民宗教”的首要条例。而我们每个人又都知道，一个宽容的社会环境（首先是政治宽容和宗教宽容）和人与人彼此间的宽容对本身就具有相互性的尊严意识的构成来说到底有多么重要。

（二） 约伯与呼格

启蒙思想家对宗教改革的一大贡献，就在于他们从单纯的、绝

① 迈尔：《政治哲学与启示宗教的挑战》，余明锋译，华夏出版社，2014 年，第 197 页。

② 唐君毅：《中国人文精神之发展》，学生书局，2000 年，第 234、235 页。

对的信仰中分离出了更为公民社会所接受的认信。依旧是《圣经》，依旧是宗教教义，依旧是教会活动，也依旧要面对上帝，但，人在什么意义上可以表达自己的疑惑与不解，可以说出“生不如死”这样的话，可以与上帝争辩，让上帝看看我的苦痛与大海里的沙子比较一下，到底哪个更重？

我们必须承认，能向上帝这样发问，对一个真正虔心纯正的教徒来说是多么不容易，甚至不可能。

而这一切，都应该视为是奥斯维辛之后神学所不得不面对的问题。

当代德国神学家默茨（J. B. Metz）在《政治神学》中说：如何继续未完成的启蒙事业，如何面对奥斯维辛，如何处理基督教与非欧洲，或广义的非西方的关系，是当代神学的三大问题。

奥斯维辛是每一个人都不得不面对的问题。首先是勇气，其次是思考，最后是达成某种程度上的共识。

奥斯维辛不仅意味着苦难与屠杀，它还与现代性，即以高度组织化、科层化、技术化为标志的有效管理有关。德国人的精密与严谨，也体现在大规模地有组织杀人上。很多人只看到了“管理”的高效，并把这种“高效”称之为“良政”（good government），使之与低效或无效的“劣政”（bad government）区分开来。并企图以“人治”（而不是法治）意义上的“良政”“劣政”取代宪政意义上的“民主”“专制”之分。在这种纯功利、纯技术、纯效率的人的眼中，是看不到奥斯维辛所谓“高效”的另一面的，也看不到类似于“强拆”式的城市建设与城乡管理的另一面。当我们反思现代性时，这也是一个绕不过去的话题。

因为人类蒙受的苦难实在是太深重、太无边无际了，奥斯维辛在这里只是一个人所共知的代表性符号而已。

在旅澳基督教神学教授陈廷忠先生所著的《傲骨：〈约伯记〉新释》中，我们看到约伯作为一个义人所蒙受的苦难，已经把传统的“神义论”推到了顶点，使得每一个人都不得不思考义人蒙难与上帝公义之间到底是一种什么样的关系。

“我的确敬畏上帝、远离恶事，可为何仍然要遭受比恶人更惨的苦难?”

让我们看看约伯在无端遭受了各种莫名苦难后说了些什么：

> “他必杀我，我虽无指望，
> 然而我在他面前还要辩明我所行的。”（伯 13:15）
> “我不禁止我口：
> 我灵愁苦，要发出言语；
> 我心苦恼，要吐露哀情。”（伯 7:11）
> “神夺去我的理，全能者使我心中愁苦。
> 我指着永生的神起誓：
> ……
> 我的嘴决不说非义之言；
> 我的舌也不说诡诈之语。
> 我断不以你们为是，
> 我至死必不以自己为不正。
> 我持定我的义，必不放松，
> 在世的日子，我心必不责备我。”（伯 27:1—6）

这是约伯在代表人类所蒙受的一切无端苦难在向上帝发问（质疑？质问？不满？不解？甚至夸张一点说成是反诘、抗议?）；也在反驳着所有以“原罪”“命定”“认命”“宿命”“因果报应”“逆来顺受，心自安宁”“为了维护上帝，何妨牺牲自己”等等的“心灵鸡汤”式的安慰与劝解。

最重要的还是我在前面说过的：必须诉诸言语的表达。中国人几千年来的问题，其实说起来也简单，也就大都是由于不能公开表达（康德意义上的公开表达），所以也就不去想（否则只会自寻烦恼），习惯了以后也就“心安”（难得糊涂）了，于是丧失了思想的创造能力。至于政治、社会在逻辑上的改造与设计就更不用去想了。

陈廷忠先生在“前言”中说：“《约伯记》最大的贡献是把问题摆在‘信仰’与‘信心’之间的张力。信仰使人找到生命的依据与起点，但也使我们无形中被牵在‘信仰’的框架中；‘信心’使人理解生命的盼望与依靠，但也使我们颤惊于不可知的未来。”

有“信仰”是好，但也可能成为“框架”。这句话说得好，所以卢梭才要把“认信”与“信仰”区分开来。一个“认”字，给了人更多理性的支撑。“信心”怎么能使人“颤惊于不可知的未来”呢？信心难道不正是让人勇敢面对任何有可能发生的未来吗？信心的另一面应该是怯懦，不敢前行于不可知的未来。作者在书名中用了“勇气”（courage），这其实才是作者真正想给予我们的东西。就是要有勇气面对人生的苦难。作为背后的支撑力量，当然还是“信仰”。

真正的张力应该在“个人尊严”与“无限崇拜”之间。

“尊严”是自己所要维护的东西；“崇拜”讲的是无条件奉献。

“尊严”告诉了我们一个底线；“崇拜”要的是俯首是从。

“尊严”是个人内在的意向；“崇拜”重的是外在的表现。

为什么一个对上帝无限崇拜的义人却能通过言说来维护自己的尊严，这正是《约伯记》的独到价值。

只有当这里的尊严变成民族的、国家的或领袖的尊严时，才要的是无条件奉献、俯首是从和外在的形式化表现。大家可以看看1933年希特勒的就职演说，里面用得最多的一个词恰恰就是日耳曼民族的尊严与诺言。而听他演说的人所做出的呼应，则是狂热的无条件奉献、俯首是从和外在的形式化表现。

所谓的民族崇拜、国家崇拜，说到底其实都是个人崇拜；这里的“个人”是人还是神，是神化了的人，还是人化了的神，其实并不难辨别。问题只在我们很容易把人当成神。

陈廷忠先生这本书的中文名《傲骨》，在某种意义上倒近似于我所理解的、就约伯个人在言行上的“认信”而表现出来的“尊严”。

但在上帝面前谈“傲骨”，这个“傲”字总感不妥。

还是“尊严”好。“尊严”是自己感受到的，属于自己的东西（何光沪先生在一次讨论会后说过，把英语中的 dignity 翻译成尊严，应该体现出人内在的整体性与威严感）。中文“傲骨”的“傲”字却是在某种境况下偏重让他人所感受到的东西。

陈廷忠先生在书中说：我们在《约伯记》中听到的不是约伯一个人的声音，而是成千上万个约伯的声音：

“我就是约伯，海啸冲走了我一生苦苦经营的幸福!”

“我就是约伯，我心爱的丈夫与独子前几天因车祸送命了，我又患了癌症!”

“我就是约伯，我是目睹父母被毒气闷死的生还者!”

“我就是约伯，我站在一旁，无助地看着被打得半死的妈妈，爸爸手中还握着可恶的酒瓶，我今年八岁了，但比约伯更老!”

“我刚出生，可医生说我患了艾滋病!”

“在这些声音背后都有约伯疼痛的心灵!”[①]

在这些声音背后，我们还听到了一种“无声的声音”，它是由在 1996 年 6 月 10 日被执行枪决的十八岁的呼格吉勒图发出的。他被控于 1996 年 4 月 9 日在一女厕中奸杀了一个女青年。仅仅六十一天后，他就被执行了枪决。

当我写到这里时，今天，2015 年 2 月 3 日，呼格吉勒图的父母李三仁、尚爱云终于在律师的陪同下领到了国家赔偿的 205 万余元。呼格是 2014 年被宣判无罪的。其实早在 2005 年就曾复查过此案，而且基本认定为错案，因为当时定案的唯一根据竟然是呼格指甲中的血型与死者的血型一样，都是 O 型血。当然，能推翻这种荒谬判决的最重要，也最为根本的证据还是真正的杀人犯赵志红的落网与供述。2006 年 11 月 28 日，当呼和浩特市中级人民法院公开审理赵志红案时，在列举他的 9 起杀人案中，偏偏故意遗漏了他 1996 年 4 月 9 日在女厕中的杀人案。只是在赵志红当庭指出这一问题后，法庭才不得不终止审判。从中亦可见法院直到 2006 年依然想

---

① 陈远忠：《傲骨：〈约伯记〉新释》，明风出版社，2012 年，第 63 页。

维持对呼格冤案的判决（到最后的正式平反，又过去了八年）。

然而呼格竟认罪了，几乎是不置一词、毫无保留地认罪伏法了。

我查了我所能查阅到的所有资料，未看到有呼格只言片语的辩护，当然也没有约伯式的面向上帝的发问（质疑？质问？不满？不解？还是反诘或抗议）。一个是虔诚的教徒面向上帝，一个是一个中国人在所谓的“人民法庭”上有权利的申诉与抗辩，为什么我们就看不见呼格有哪怕一两句的申辩与不满呢？

是的，狱警打了他，打得很厉害，以致让他说什么就得说什么。这有呼格的工友、也是那天与呼格一起看见女尸的闫峰的证词，他听见也看见了呼格在暴打下的呼喊。

是的，设身处地想一想，恐怕谁在呼格那种处境下都不得不承认，就如约伯对上帝所说：“你为何使我出娘胎呢？不如我当时气绝，无人得见我。”（约伯 10:18）

但约伯说出“生不如死”，是想表达对上帝的不满（质疑？他并不怀疑上帝的存在，他只是想不明白上帝为何如此不公）；呼格在当时只求速死，又是对什么的不满或质疑呢？什么是他所坚信不疑的，什么又是他无论如何也想不通，但又不能表达的？

让我们再重复一下约伯的话：

> “我不禁止我口：
> 我灵愁苦，要发出言语；
> 我心苦恼，要吐露哀情。”（伯 7:11）

一个人不能说话，不能表达真情，无论如何都是对尊严的彻底剥夺，尽管我们相信，人是自由的，不让说话，不能说话，他依然有着自己表达不满的独特方式（萨特），也有人会在特定场合下以自己的不说话来维护自己的尊严，但这一切都与呼格的情况不同。当年审判“四人帮”时，张春桥就一言不发。但法庭如果指控张春桥犯通奸罪（这是现在常看到的一个罪名），张春桥或许会起身为自己辩护。

让我们努力设想一下枪决呼格的前一天晚上，或者说当呼格步入刑场时，他心里到底在想些什么。

他是彻彻底底的冤案。他完全没有杀那个女人，而且与这个女人的死没有一丝一毫的关系。他在当时唯一所做的，就是听见了呼喊声，看见了女尸，报了案。

现在，他就要被枪毙了。他才十八岁，刚参加工作，上有父母。他在此刻能对自己的天大冤屈说些什么？

约伯也受了不少的罪，儿子女儿都死了，家产没有了，自己从头到脚长满毒疮，要坐在炉灰中不停地用瓦片刮着身体。

他并不怕死，只是不明白这些苦难为什么会降临到自己身上。对任何人来说，问题都只在要寻得一个解释。这正是有信仰的人的幸与不幸。

所谓“幸”，是因为他相信会有一个答案，因为有神在。神在，万事万物就不会平白无故发生；所谓“不幸”，是因为他真的寻找不出原因。《约伯记》一开始就说他“完全正直，敬畏神，远离恶事”。呼格呢？除了“敬畏神”这一条，他也是个完全正直，远离恶事的人。但也许正因为没有了“敬畏神”这一条，他也才表现得如此没有尊严。

“敬畏神”，会给一个人“抗拒人，抗拒人定的法”的力量。背后的缘由，还在平等。

更重要的是，“敬畏神”使人在精神上生活在一个独立于国家与家庭之外的“第三领域”，也就是说，在这一领域，既无国家法令的制裁，也无家族道德戒律的限制，它自有其自身的生活秩序（教会内的兄弟姐妹）与道德律令（所谓神律），而且这种秩序与律令既非出于世俗社会的功利目的，也非人间血缘关系所能限定。所以，在某种意义上，这也就是我们所说的“公共空间”。只有在这样一个空间里，“个人”才成为逻辑上的主体。它被视为市民社会（或理解为公民社会）在精神上的真正起源，对于构成一个国家、家庭、社会在道德律令上各有其善，但又相互依托，彼此制约，在卫护人的尊严上有了一个类似于三位一体的整体感。

无论在有神论国家还是无神论国家，是否敬畏神都不成其为治罪的理由。但对一个人来说，是否敬畏神却成为他能把问题思考到哪一地步的根由，也就是说，有没有信仰，会成为一个人是否能追问上帝（天理、天道、自然法则、终极真理）是否存在，人间的苦难因何而生，因果律在伦理学的领域内能否成立（所谓的善有善报，恶有恶报），当灾难降临时约伯的“正直”与那三位劝告他的好朋友（以利法、比勒达、琐法）所要求的“悔改”到底有何区别？上帝为什么反而更喜欢约伯的“正直”，也就是他所要维护的精神上的尊严？只有在这样的追问下，人们才会明白尽管上帝（天理、天道、自然法则、终极真理）的存在是一个经验无法证明的问题，但又是我们在生活中不可或缺的权威性力量，也正是因为有了这种力量，人类所制定的所有实在法才有了一种“劝善与为善”的标准与尺度。

假设呼格在临刑前思考了“这件事为什么偏偏让我碰上”这个问题，他会怎么回答自己给自己提出的这个问题？

这种假设所预设的前提其实很简单，就是一般的中国老百姓都能、也会这样去想的几个问题，并不需要多么高深的文化水平。

朝远处想，他会想到命，命中注定的什么事，于是走向认命的宿命论；朝近处想，他会觉得自己那天实在不该上厕所，更不该去报案。再近一点，就是自己刚好碰上了几个“坏警察”，只是自己碰巧碰上了，没什么好说的。

但为什么偏偏在那个时候要上厕所，而且偏偏要报案呢？“上厕所”如果是偶然的，“报案”则应该归咎于自己想做好事，表现积极，至少是想尽一个人的一种起码的义务。而这一切，难道不正是我们所教育的“好人”都应该这样去做的吗？当然，我们也可以把这种积极与应尽的义务理解为他的“私心杂念”：他想表现自己。为什么同在现场的闫峰就不报案，而他却要报案呢？还是想表现出自己的“好”。呼格肯定很后悔那天自己的举动，如果要讲“恶有恶报”的话，这里的“恶果”恰恰正是自己的“善因”而导致的。于是“行善”成为了自己的私心杂念，成为自己遭此“恶报”的原因。除此之外，还能找出什么理由说明这件事为什么偏偏落在了自己身上？

他肯定相信大部分警察都是好的，至少不会如此凶狠打人，他也相信法庭基本上是公正的，至少不会如此不看证据（他所供述的与现场勘查的完全不符）。但这一切相信现在有什么用？他该质疑谁，又能向谁发问？

我不知道我们的司法机构是否设想过，呼格的冤死到底多么致命地打击了人们心中的道德意识与善恶标准。

还有2006年南京的彭宇案。尽管最后是撤诉和解，但对人心中残存的最基本的道德意识（扶老携幼）的打击还是异常沉重，以致连倒地的老人到底能不能扶都成为了一个无法回答的问题。

当然，也有人会说这只是一件偶然的“事情”，呼格只不过碰巧遇上了而已。

“运气”或“命运”的主题，让我想起多少古代希腊的与莎士比亚的悲剧。

但那些悲剧都涉及对人类情感的改进，比如恐惧，对认可的渴望、错位的尊重，对快乐的追寻，以及最重要的，即对人的辨识，对事之好坏的区分。

呼格的悲剧告诉了我们什么？尽量少管与自己无关的事？一旦被抓就早早供认，以免受皮肉之苦？

还想到了几件与尊严有关的事，让我们看看它们是否也可以用“偶然”“碰巧”解释过去：

2014年9月18日的《新民晚报》上有一篇文章，题为“‘互跪’现身，是非隐退”，说的是一七旬老太太在街头卖菜，遇城管执法被没收，老太太向城管跪下求情，在众人的目光下，城管也跪下了，说：“我也不容易。”双方展开了比惨、比跪式的“以自残达到道义高度”的恶性竞赛。文章说的是：这里面还有没有是非对错，但我要问的是：人的尊严到底何在？中国人为什么总喜欢以下跪显示自己的卑微或想借此占领的“道义高地”？我们已在无数的古装戏剧中看到过这样的场景，于是也就学会并习惯了这一套，甚至几乎使之成为了一种本能。

据 2014 年 7 月 18 日的《南都时评》，四川一交警与女协警在宾馆开房丢枪。丢枪自然是大事，但女协警却立即主动到医院让医生鉴定自己的处女膜完好，以此证明自己道德上的清白。这种以躲开真正的问题来维护自身清白的行为不但是法治的悲哀，更是尊严的悲哀。中国的“土豪”陈光标 2014 年 6 月 25 日在美国纽约中央公园的船坞餐厅举行盛大午宴，答应给每个与会的穷人发 300 美元现金。美国政府宣布“不支持发放现金”的行为，于是陈干脆在美国以随意撒钱的方式“援助穷人”。我们难道未意识到这是一种典型的让“拾钱者”（假设他们都是穷人）没有尊严的伪慈善活动吗?

中国摄影家吕楠的摄影三部曲，第一部即《被遗忘的人：精神病人生存状况》。他从 1989 年到 1990 年走访了贵州、四川等地的 38 家精神病院，拍摄了大量照片。他用得最多的一个词语就是尊严。在广西的一家精神病院，有一个女病号，几乎不会说话，有破坏欲。院方不提供给她衣褥，一天的大部分时间她都躺在自己的屎尿混合物中，半年后就死了。吕楠并不拍摄她歪歪斜斜躺着的样子，而是拍了一张她全身赤裸着站在铁栅栏后，双手紧握着铁栅栏，要让人看到的就是她的尊严。这种尊严就是要把自己全裸的身体正面呈现给所有的人看。因为她的目光中还有理想。病房外的近景中则坐着一位老年病人，目光呆痴。还有一位八岁的儿童病人与大人住在一起。吕楠坚持要把他们每个人的姓名都写在上面，不让他们把苦难当成自己的职业。但这位孩子的名字最后还是撤去了，因为考虑到他病愈后见到自己的名字时不好。听何光沪先生讲他参观美国首都的阿灵顿国家公墓（Arlington National Cemetery）的观感：有一座无名烈士墓，他原以为里面埋着许多人，最后才知道每次战争都只安葬一位无论如何也无法知道名字的烈士。然后，南北战争、一战、二战的，伊拉克战争、阿富汗战争的，每一个死亡者的名字和死亡时间都被工工整整地刻在石碑上。

把一切都归结为偶然，甚至命运，恰恰是历史虚无主义的主要表现形式。我们如果不能或无法从上述这些事件，特别是呼格的冤案中寻找到某种具有必然性的解释，我们是不会甘心的。哲学这门学科，我们难道不就是要在自己的有限性存在这一前提下，寻找到某种超越于自己偶然性存在的天理人道吗？人制定的法律规范，甚至历史上流传下来的传统习俗肯定都不够。神律呢？自然法则呢？这是不是又进入了信仰的范畴？信仰的一切都是经验无法证明，但也反驳不了的。问题只在它对我们到底意味着什么，或者说，我们为什么离不了信仰。

问题想得越深越细，回答不了的地方就越多。对人生而言，最重要的收获，就是那些经验证明不了，但也无法反驳的体会。

黑格尔说过，人之所以能“为善”，就是因为他能“为恶”；那么相同的逻辑：一个人之所以可以全然不顾尊严，就是因为他尚有尊严。

但我们又不能把尊严完全说成是“生来具有或本来就没有的”。

没有哪个人或哪个民族没有受难的记忆。约伯也好，呼格也好，他们留给我们的其实就是一种受难的记忆，让我们从各种形式的苦难记忆的角度去看待这个世界，而不是从那些成功者的角度去看。就是成功者，他们也终有“失败”的一天，比如死亡。也正是这种记忆，使得政治与道德有了一种新的结合形式。我想，我们这个民族是不是因为经的苦难太多，死的人也太多了，所以才有了一种对死亡的集体性冷漠，对尊严意识的普遍性淡忘？

读《史记》，再想想一部近代史，几十万、上百万、过千万的人的死亡几成家常便饭，有的还不让入史，人们根本无从知道。在此情况下，人的神经要多么坚韧才不会被麻痹？才有可能去想一些理论问题，才会顾及个人的尊严？“文化大革命”中，我自己目睹了无数人的被批斗，头上戴着高帽，女的被剃成阴阳头，站在台上一直被按着头，让说什么就说什么，下面是震耳欲聋的“打倒”“火烧”“油炸”“踏上一只脚，永不让翻身”之类的口号声。

我自己呢？除了高喊口号外，还写了那么多文章论述“文化大革命”的意义，认为“文革”是国共两党斗争的继续，等等。这些文章，就是今天来看，比许多人公开发表的吹捧那个时代的文章还是要高明得多。但，自己心里真的就没有一丝一毫的愧疚吗？

然后，就有那么多展览展示着抄家抄出的金银珠宝；然后，就是那么多人的以各种方式的“自绝于人民”。

我们真的就完全无动于衷吗？按照阿玛提亚·森的说法，如果我们不知道公正是什么，至少总知道不公正是什么吧？那么同样的道理，如果我们不知道尊严是什么，总该知道什么是无尊严或丧失尊严吧？我们为什么会故意以让人无尊严来侮辱人、羞辱人？我个人后来想了一下，至少有这么三条与对个人尊严在起码意义上的维护有关：第一是要独立思考。独立思考，说出或不能说出时也不随声附和是尊严的第一要件。第二就是要尽可能地不求人办事。现在的社会，不求人的事几乎没有，否则就寸步难行，我们能不能尽可能地不去求人，哪怕办不成事？第三，与此相关，就是尽可能远离那些有钱有势的人。作为朋友是一回事，作为有钱有势者所可能带给你的好处是另一回事。不漠然视之，至少也不能趋炎附势。

讲尊严，就不能顾及结果，它要的是动机上的真诚、勇敢与正直。

曾在一本书中读到过这样一段话，大意是这样的：对死者复活的信仰具有彻底性的政治涵义。因为它顽强地坚持记住历史上产生的苦难，以便让人从中对自己的行为和希望做出新的规定。

这当然是对基督教徒而言的。对我们所有这些并不相信有“死者复活”这回事的人来说，作为失败者、不成功者、死亡者或如呼格那样的无声的冤死者，总会通过对苦难的回忆，以道德的勇气来抗衡政治的强力，因为我们知道二者是不可分的，而且知道任何技术的力量总在多多少少地强化着政治的统治。我们怎样才能有一种政治的想象，在想象中使人可以如约伯那样说出“我灵愁苦，要发出言语；我心苦恼，要吐露哀情”（伯 7:11）这样的话？

想象，什么是对尊严的想象？当我们想到这一问题时，眼前是否会浮现出约伯与呼格两个人的不同形象？

（三） 政治哲学中的尊严问题

人生在世，总不得不依赖各种各样的“框架”（model）来理解人生与世界。这些“框架”作为范畴与概念都是先辈前贤们的思想成果。古今中外，每一时代都有那一时代的思想结晶，这些思想结晶并不是反映，而是构造出了那一时代的精神风貌。黑格尔在《法哲学原理》中说，哲学就是被把握在思想中的他的时代。“把握”，也依然是一种构造，靠的就是框架。通过对框架的阐释，重新理解其含义，在重新理解中注入了自己的情绪、思考与感受。

我常常想，自己读了那么多书，经历了那么多事，现在已步入老年，最大的收获到底是什么？其实就是找到了一种使之与自己当下的生活经验相关联的表达方式，于是也就等于找到了解释自己，或给自己提出问题的思想途径。而这些问题，或提出问题的方式，又一定是合乎自己的伦理或政治利益的。是自己的伦理的或政治的利益，但当自己进行表达时，又一定要努力使它们具有着某种普遍性的品行，就是说，作为框架，应该合乎人类对美好事物的共同理想。当然，它一定依照的是自己的利益追求，是自己的未来理想。“是自己的”，所以要写出自己的问题意识，哪怕它看起来很粗浅。

我们这一代学人，也包括我们前两代与后两代学人，“特出者及有最深处之心的可以不论”，基本上无能力体系化（不愿意的另属他说）或独创性地从“框架”上把握自己的时代（也许吴思先生的“潜规则”“血酬定律”“平反周期律”是一种独特的努力）。我们只能借用前人的范畴来表达自己的意思与感受，在回忆中让概念的痕迹尽可能显现出来。这其实是我们自己可以做到的，当然要努力去想，这里面能有几分真切和独到已属不易。

这种不易，包括对自己的解释，给自己提出的问题，意识到自己的伦理的或政治的利益，在某种意义上也就等于把握住了自己的时代。因为有了表达，就不再仅仅属于自己，更何况还意识到了某种具有普遍性的共同理想对我们而言是多么重要。

在所有框架中，最重要的无疑就是表达价值观念的范畴。在所有的价值范畴竞争中，最后胜出，或者说为我们人类最后认定了的，依然还是自由与平等。

关于这两个范畴对我们所具有的意义，前面已经多次提到。这里所要强调的，就是对自由与平等的政治哲学研究，以及这一研究中的尊严问题。

政治哲学当然首先面对的还是正义问题。

阿伦特曾这样问过：如果这个世界上没有了正义，我们活着到底是为了什么？正是类似于正义这样的范畴或概念，使我们的生活有了意义，有了追求。我们当然可以说这些范畴或概念只是人想（创造）出来的空幻的东西，并不具有任何实在性，但我们却无论如何也无法离开这些范畴或概念而生活。哪怕就如“种族主义”“法西斯主义”这些概念，也曾使得那么多人自愿为之而献身。而且没有哪一种“主义”可以公然说自己不要“正义”。人确实是被自己所创造出来的概念引导着前行、去追求生活的意义的。这意义，也就是自己想出来去追求的东西，其高低优劣之别，只在是否能为更多的人或者说全人类所接受，所认同。所以公开性、普遍性始终是我们思考此类问题的一个标尺。

正义是就人的群体性存在而提出的价值规范，只有正义的“群体性”才能保证每个人都有自由发展的机会；尊严是就人的个体性存在而言的，是个体对自身是否平等地获得了这种机会的体认。

所以个体有无尊严，又完全取决于他是否能成为一个合法团体中的一员；[①] 当一个人与团体绝缘时，也就无法获得被该阶层所认

① 黑格尔：《法哲学原理》，范扬、张企泰译，商务印书馆，2011 年，第 253 页。

可的尊严。霍耐特曾把被某一阶层所承认的形式概括为爱、法律承认和社会尊重。这三种形式，都只有在人的公共生活中才有可能。这也就是说，在一种以个人自由为基本价值而构建的正义理论中。这里的个人自由，一定具有那种“个人愿意把自己限制在与他人的关系中”的性质，如黑格尔所认为的那样，“友谊”“爱情”就是个人自由的客观实在的例证。后来的思想家们又加上了“团结”。

这里所讲的“友谊”“爱情”“团结”都是就某种具有社会机制性的人际关系而言的。所谓的社会机制性，就是说，它是生产性的，能自身不断地增值、扩展。比如“友谊”，看似只是两个人或几个人之间的关系，其实能有友谊，是因为他们都已经把朋友间应该信守的某种行为规范认作了交往的前提。而这种规范当然不是他们几个人私下订立的，它应该有着社会规范的背景，也就是说，朋友间的关系之所以也具有社会的机制性，就在于它超出了利益上的得失。因此，也就产生了一种机制，吸引更多的人在交往中想摆脱利益的羁绊。“爱情”更是以人性中的欲望和相互间的情感为基础所建立的关系，它把互惠，也就是承认“对方是自己的情感满足和自我价值实现的条件”作为了爱情的基础。今天的婚姻关系，更是超出了生儿育女的传统模式，走向了更为开放（包括同性恋）的境界，这当然也与避孕与流产的合法化有关。无论在上海，还是在今天的香港，我都看到了因住房困难而导致的婚姻困境。这种困境与所谓的“性自由”一样，都可能导致“爱情”这种具有社会机制性关系的破裂。当然，也可能会有另一种机制性的爱情关系会随之而形成。它到底会是什么样子，特别在一个互联网的、越来越智能化了的时代，人们的交往模式到底会发生怎样的变化，我们且拭目以待。但无论怎样说，媒体上推波助澜式地助长那种“宁可在宝马车中哭，也不在自行车上笑”的风气与取向，总是无法持久的，而且它不可能形成某种机制性的社会关系。我们必须相信，人作为有理性、有情感的生物，是不可能把自己降低为一般生物的要求的；而且，“宝马”与“自行车”的区别，并不单纯在于个人的享受，而在于让别人看到，让别人羡慕与承认，这就已经是一种精神追求了。尽管对我们中国人而言，这种精神追求更多地与“面子”有关。关于“面子”与“尊严”的区别，下面还要专门谈到。

取代了过去门当户对的传统观念的，是今天的市场、金钱和对住房、汽车的需要。但市场、金钱所导致的并不仅仅只是爱情中的住房、汽车。除了经济的发展和富裕程度、社会保障系统的提高与完善外，尊严依旧是我们所认定的一种基本的善。因为离开了这种善，我们到底想在人与人的关系中得到什么，在“得到”中维护住自己的什么东西，实在是一个无法回答的问题。随着市场和商业活动、社会保障系统的机制性规范的形成（我们现在还差得很远），人们就会自然而然地在契约关系之外寻找到某种伦理性关系的生产机制。黑格尔在《法哲学原理》第 195 节和 244 节中都谈到，与个人的经济利益相融合的机制，不只是契约关系，还应该是道德关系。当参与者不仅是法律上的契约关系，而且是道德上被承认的一个共同体的合作成员时，市场本身就会构成或疏导出一种新的政治形式，它不仅要求参与者信守劳动契约，更应该合乎自己的职业角色和家庭成员的道德规范。这种规范在政治哲学中，所研究的就是一种在感情与利益的相互争夺的中间状态中，到底一种什么样的规范才能使人与人之间的非强制性的相互需要、相互满足成为社会的生产性机制。扩大而言，也就是真正的社会团结。在这中间，信任无疑具有着特别重要的意义。离开了信任，友谊、爱情、团结就只是一句空话。或者说，信任本身所具有的机制性就体现为友谊、爱情、团结。

信任本身也就是一个与或损坏或维护人的尊严密不可分的概念。

就我们的现实而言，随着知识分子的分裂，社会也处于空前的分裂之中（或者说，知识分子的分裂只是这种社会分裂的表现形式）。导致这种分裂的根本原因，是因为对我们而言，已不再有一个共同认同的世界，或者说，我们所面对的并不是一个共同的现实世界。到底什么才是事实，人们又是如何表达这种事实的，就要看判断，看是否还有善恶的判断，看能否把这种经判断而认定的事实公开呈现于公共领域。可惜大家在这些方面都已经不再有统一的意见了。就我们这代人的人生阅历而言，最美好的一段时光无疑还是20世纪80年代。因为那时的我们都还生活在“同一个世界”中。现在，这个世界是彻底瓦解了。怎么造成的？也许有些人不会同意，但在我看来，还是利益关系（这里的利益关系是广义的，就是说，不仅仅只是一种单纯的金钱关系。我们必须承认，现代人对得失与痛苦的感受要比过去敏感得多）的不同，决定了对友谊、爱情、团结的不同理解。所以，社会的“团结”对我们而言还只是一个非常遥远的梦想。我们现在还能感到的，只是友谊与爱情。“信任”本身已经降到了很低的程度。当然我们也只能满足于这样。我们真的已经不再相信我们能生活在一个“非强制性的相互需要、相互满足成为社会的生产性机制”的“团结”之中。除非有再一次的社会的大规模行动，导致整个的社会结构或统治秩序重新洗牌，而那又并非我们所愿。

严复当年把穆勒（Mill）的《论自由》翻译成《群己权界论》，是因为他已经意识到只要谈自由，就离不开“群”与“己”，也就是团体与个人、人的公共性存在与个体性存在之间的“权界”。

那么谈平等呢？它的要旨已不在“群”与“己”的权界，而在“他”与“我”或“我”与“你”（我们马上就想起了犹太教神学家马丁·布伯的那本名为《我与你》的非常著名的书）在何种意义上而言是平等的。当然，之所以要这样讨论，是因为人生来并不平等，或者说，人与人根本就无法平等。

但也正因为无平等可言，有无尊严也才成为一个真正的问题。

人在公共性存在中的正义性当然是我们的研究课题，因为我们每个人作为公共性的存在都不得不思考它的正义性：它是否是正义的，我们是如何理解正义的，等等。但我们在这里所要研究的，只是政治哲学中的尊严问题。

政治哲学中的核心概念是正义。正义涉及人们对共同体生活中所应该共享的价值观念的理解与追求。这种理解与追求常常会与外在强大的制约性力量发生冲突。这种外在的制约性力量可以是传统、习俗，也可以是某种社会的结构性力量，如马克思在讲到生产关系、上层建筑时所突出的种种压迫性力量的存在。

概括而言，我们可以把这种种压迫性的力量通称为政治的力量。

所谓政治的力量，本身就是一种在团体或个人之间进行角逐的结果。胜利者就可以通过一种具有支配性的力量来维护社会的基本秩序和调节人与人、党派与党派、种族与种族之间可能再起的争执。它只是各种意见（建议）的集合，与真理无涉。但胜利者（统治者）却总喜欢把它说成是真理的力量。这种支配性的力量当然具有外在的强制性。如果是个人内在的，就指的是道德的力量。道德的力量也具有强制性，但却达不到康德所谓的道德“绝对命令”的力度。我们所经历过的，倒是政治上的“绝对命令”或“最高指示”。

问题在于，这种政治上的“绝对命令”或“最高指示”已经完全取代或压倒了道德意识或道德观念。为什么？因为我们没有相应的道德范畴或道德概念（也就是前面所说的“框架”）来进行相应的维护性表达。不允许表达是一回事，我们自己表达不了或不会表达是另一回事。我们自小所接受的，从来就是在某种意义上的“非道德”或“反道德”的教育。我不是说那种教育不讲道德，而是说：教给我们的，只是一些阶级化、政治化了的道德标准。我们所知道的都是一些与阶级、压迫、剥削、反抗、打倒、方向、路线之类的政治概念有关的概念。除此之外的道德范畴，无论是中国传统的仁、义、礼、智、信，还是西方的自由、民主、平等、人权，都属于要被打倒和必须从脑海中彻底清除的概念。我们那时还意识不到正是这种清除道德概念、把人彻底变成“政治人”的努力会使我们变得如此自傲，如此凶残，如此无知。考试、升学、就业、升迁等社会的强力机构，更使得这套教育早已“落到了实处”。我终于想明白了：如果某种道德范畴只适用于某个阶级或某类人，那就等于取消了这一道德标准的至上性（我们似乎也应该这样来理解康德的道德绝对命令所具有的至上性）。

无论是政治的力量还是道德的力量，都是就社会所必须构建的秩序而言的。政治的核心范畴是正义，道德的核心范畴是善。如果把道德不再仅仅理解为人的内在性力量（比如良知），而是外在化为一种社会的伦理规范（由家庭的传统、习俗演进而来的社会规范），那么这就是黑格尔在正题—反题—合题的“三段论”中所想实现的万物实现自身的发展思路。在现实生活中，他所要解决的就是政治与道德、外在与内在、政治与社会在秩序上的二元论。或者说，是要为社会秩序的正当性（具体而言也就是在国家身上所体现出来的伦理性）提供一种在理论上能达成合题的根本性基础。

政治与道德的关系也可以从内容与形式的关系这一角度加以考察。政治是内容，是实践的政治家们所看重的，我们对他们的要求就是公开性；道德是形式，是理论的道德家们所看重的，我们所要求的就是形式上的普遍性。康德在《永久和平论》中把这两条归结为两个“先验公式”，认为如果政治是不公开的，道德是不公共的，那就既谈不上政治（权力）的“仁爱”，也谈不上道德（权利）的“普遍”。

我曾在《社会科学报》上发表过一篇文章，题为“关于永久和平，无论信与不信，重要的只是要‘谈论它’”。“谈论”什么话题，对什么感兴趣，最能体现一个民族素质或素养的高低。“娱乐无极限，理论有禁区”的现象持续已久，整个民族疯狂了似的想着办法追求“娱乐”与“享受”，这是一种多么让人揪心的现象！

谈论离不了语言，语言本身就有着形式与内容之分。关注语言的形式维度，就要把语言视为一个符号系统，讨论语言的形式语义学，它当然追求的是普遍性的结论；关注内容，就会把语言本身当作一种社会现象，强调人们在交往中对语言意义的塑造与建构。康德想从形式（普遍性，公共性）与内容（正当性，公开性）的角度把道德与政治统一起来，实际上还是受着一种静止观念的支配。还是到了黑格尔，才把语言的形式与内容，也就是人类和平中道德的形式要求与政治的内容要求统一为理论与实践的关系，告诉我们二者本来就是统一的。在中国哲学中，长期争论的“知行关系”其实也就是形式与内容、道德与政治的关系。

我们中国人在思维中长期存在着对形式的漠视，所以也就缺乏分析的训练，不关注论证逻辑在形式上的普遍性要求。所谓的“形式化”在某种情况下会泛滥成灾，其实追求的还是这种形式化后面的实际目的。与之相适应的，就是我们一直更重视的是政治的“实际”效果（胜王败寇，以成败论英雄），忽视或漠视道德的“空洞”谈论——尽管我们又号称“礼仪之邦”。但想想在理论上我们的“清谈”或“务虚”又是何其贫乏！

政治秩序的历史性起源来自于古希腊的城邦制；道德秩序的历史性起源则是希腊化至罗马帝国。当政治远离了一般民众，大家无法通过广场辩论（当然都是柏拉图意义上的意见或建议，而不是真理）来构成某种普遍性的政治观念后，随着基督教的兴起，道德范畴也就越来越有力地代替了政治范畴。于是在城邦的政治性存在之外，也就有了一个奠基于个人的道德性存在的社会。谢尔登·沃林（Shelden Wolin）在《政治与构想》（*Politics and Visions*）中说：城邦的衰落，使政治思想丧失了它基本的分析单位。失去了城邦，政治哲学也就沦落到一种寻求有关环境的地步。政治哲学不再用政治性术语重新解释社会，而是转入一种道德哲学。不是把注意力放在这个或那个城邦，而是致力于全人类。“道德范畴”已经压倒了“政治范畴”，因为道德范畴和善都已经定义为关于超越一个存在于特定时空中的限定社会（也就是政治社会）的事物。[1] 他接着说，“社会”范畴相对于“政治”范畴的优越性，是奥古斯丁思想中的一个根本论点。一个意味着和谐的伙伴关系，另一个意味着冲突与支配。由此而产生的结论是：政治秩序越是接近于一种基督徒的生活，它也就越少政治性。

约伯对自己所遭受的苦难的申诉，他的三位朋友在劝解时，只能称之为“辅导”或“慰问”，就是说些“指责”的话，也只限于是否表现得足够“敬畏上帝”，这与俗世中与政治有关的申诉或指责是完全不同的两回事。所以政教分离，把政治与宗教区分开来真正是人类的一大进步；但二者的合一又是随时可能发生的，而且我们也都知道意识形态完全可以取代宗教，重新以一套统一的观念系统与礼仪规范来统一人们的观念与行为方式。

这里只想多补充两段话：首先，中国的社会秩序一直就是一个高度政治化了的伦理秩序。就伦理规范而言，我们讲的是责任、义务、服从与克己，把群体的利益置于个体之上，为的是使整个社会能具有一种和谐谦让的亲情关系，同时努力淡化政治的冲突与支配。这里面确有一种类似于基督教的社会理想（某种意义上的、乌托邦式的大同社会理想），而且它也就是黑格尔的“合题”所要达到的方向（尽管在黑格尔那里是伦理化了的政治规范），即使得“五伦”（君臣、父子、夫妻、兄弟、朋友）关系成为全社会所信守

---

① 谢尔登·沃林：《政治与构想》，辛亨复译，上海人民出版社，2009 年，第 95 页。

的社会秩序，但由于第一，我们的伦理规范实际上是服从于政治需要的；第二，我们所强调的伦理规范又缺乏个人意识上的内在道德反思，缺乏意识（consciousness，它的另一层意思也就是道德意识）上的支撑，因为我们总是过于把个人外在的对群体（这里的“群”往往只限于家或家族）的义务观与责任感看得高于一切；第三，我们在思想上也并没有经历过希腊城邦的政治性实践与基督教在伦理—道德上的社会化努力，这一在当时看来几乎完全无法统一的二元冲突。所以我们的“合题”其实是不牢靠的，它只是“正题”的不断变相，往往流于表面上讲的是伦理（儒家），实际上实施的是政治（法家）。而社会也始终无法成为一种“独立”于政治，有如“反题”一样的实在。其次，现代社会，在政治秩序、伦理规范之外，更主要的特点表现为经济活动中的信守秩序，它与个人的利害得失更紧密地联系在一起，不如此则无法获利，甚至无法生存。经济活动中的组织（公司、财团、工会）尽管都具有政治的或道德的性质，但实际上所进行的又是经济活动。现代社会越来越演变为一个巨大的公司，它成为了政治实践（对生命、自由、财产、言论等权利的维护）与道德实践（交往活动中的契约精神、诚信、爱心、公义与志愿者活动等）的另一种形式的“合题”。“信用”具有了空前的政治的与道德的含义。①

所以政治哲学研究中贯穿始终的是政治与道德的关系。

如果我们主观上想对政治敬而远之，也知道自己力不从心，无从改变政治现状，那么剩下的就只有在一个很狭小的空间里维护个

---

① 参见陈家琪：《当代哲学问题九讲》，北京大学出版社，2014 年。

人在道德上的尊严了，至少不要受到屈辱和各种形式的人格侮辱而已。就我们这个年龄的人来说，更为现实的一个尊严问题还与死亡前的在医院或养老院里的生活质量有关。到那个时候，什么是个人所理解的尊严，还有没有个人的尊严可言？

尽管一般来说，尊严与个人的社会身份认同（被他人的认同就叫承认）有关，但只有在某种特定处境中，只有发生了什么特殊的事情，我们才真正感受到尊严的存在与意义。当自己躺在养老院，一切都需要别人喂养，而且求死不得时，自己是否还能具有独立的尊严意识？

当政治与道德都渐渐远去，留给自己或仅仅属于自己的，除了生命，就只有尊严。当一个人只剩下生命与尊严时，尊严对人到底意味着什么、有什么意义才会真正显现出来。应该承认，我研究尊严问题，恰恰是从这个入手的。

还是让我们回到我们的话题。尊严，应该理解为在政治与道德这二者之间起着过渡与连接作用的一个关键概念，或者说，研究尊严，也就是研究政治哲学，研究政治哲学中政治与道德的关系。

一位德国思想家曾在一篇文章中告诉我们，在德国，人的尊严已经被置于所有的基本权利之上，它高于国家利益，因为德国的宪法和各级法院就只能把人的尊严而不是国家利益作为裁决所有问题的前提。就人的尊严而论，一是认为只有理性生物才拥有尊严，人的尊严表现为道德自律与人的自治能力；二是突出它的核心观念在于人是目的王国的成员，反对以任何名义使人成为手段。当然，人也必须摆脱自身所受到的“自发性”或“自然倾向”的支配。

这可以从如下几个方面展开论述：

首先，政治哲学是为某种政治诉求、政治秩序所做的辩护。但任何政治诉求和政治秩序最后、最大、最高的合法性一定、也只能来自道德诉求或道德判断。

这里的道德诉求与道德判断只能由个人做出。但做出这种诉求与判断，也就意味着你介入了群体生活。前面说了，由于你个人的诉求与判断而改变了你与周围人的关系，并使得这种改变具有了政治性。

为什么？

因为道德诉求与道德判断的标准，就其普遍性的要求而言，就是平等；就其特殊性的要求而言，则是自由。因为平等说的是人人平等，自由要求的则是个人在自主性上的独特性。

按照黑格尔《逻辑学》的哲学体系，我们视普遍性的平等为正题，特殊性的自由为反题，最后达成的合题就是能把自由与平等统一起来的正义。把自由与平等统一起来，在某种意义上说，也就是把政治与道德、形式与内容、理论与实践、外在与内在统一起来。

正义（justice），就其公正、公平、合理、正当这一方面的含义而言，它就是平等。罗尔斯写《正义论》，主要讨论的就是平等问题。

人生而自由，就是说人生而有差异。而人在有了意识后（请注意时间维度在这里的重要），最先意识到的恐怕就是人与人的差异，而最先表达出的政治诉求，就是平等。这里的平等，可以直接从人之为人，就在于都有意识（理性），就此而言，被称为人的人应该是平等的（意识或理性的强弱、深浅在此不论，就如人在财富上的多寡贫富不论一样）。当然，基督教的学说也更加强化了人人平等的观念。道理很简单：在上帝面前，无论什么人，再高的地位，再多的财富，当然都算不了什么。就出生、有罪、死亡、得救这些最基本的层面而言，人与人自然而然就是平等的（请注意这里的空间维度）。

无论在何种制度、何种秩序下，自由都是一种体现为“反题”的否定性力量；同时也是最有活力、最具创造力，从而导致旧制度、旧秩序瓦解，新制度、新秩序诞生的肯定性力量。人出生在一个本来就有秩序的群体之中，所以平等才是正题。平等是对先在的、本来就有的政治秩序所提出的政治要求。而人之所以能提出这样的要求，又是因为人有自由的“自然性”，我们也可以把这种“自然性”称之为“自发性”。就是说，自由是人性中生来就有的一种“自发性”的表现。正是这种“自发性”导致了不平等，也正是这种“自发性”，才在自我意识中使人意识到必须有“自我限制”，必须有公平与正义，才可能使一个共同生活的共同体存在、发展下去。

霍耐特在《自由的权利》[①] 一书中，就有关正义的个人自由而言，告诉了我们一共有三种模式：

（一）消极的模式。它就指的是那种以人的本性的自发性为依据的自由。于是人就可以依据自己的利益做任何有利于自己的事。所以个人自由的消极模式就指的是前思考的自发性，个人意愿和喜好的偶然性；把个人的自主与利益放在中心位置，为了保障主体的

① 阿克塞尔·霍耐特：《自由的权利》，王旭译，社会科学文献出版社，2013 年，第 107 页。

自由空间，表现为各种各样自私、怪癖的人性特质。霍耐特在这里列举了霍布斯、洛克、萨特、诺奇克等人的学说为证。

（二）反思的模式。如果说个人自由的消极模式以近代以来的各种形式的契约论为代表的话，个人自由的反思模式则是早在亚里士多德那里就有了的学说。它更看重的是个人自由与他人、与自我、与群体、与社会的关系。所谓反思，就说的是把个人自由与对善的思考与追求联系在一起。霍耐特在这里提到了卢梭、康德和赫尔德等人的学说。以赛亚·伯林也告诉我们，自由首先是一个消极概念，它是为了保护个人免受侵害，以保证个人按自己喜欢的方式生活的概念（这是我们眼下不得不首要考虑的问题）。在这个意义上，自由只是一种工具性的理想，它本身不会成为目的。当自由成为目的，成为理想，成为本质的善时，自由也就成为了一个积极的概念，它表现为浪漫主义的对更高理想的追求，比如说自我的实现，比如康德的永久和平。所以自由的消极模式是个人主义的自由主义，自由的积极模式是非人本主义的浪漫主义。二者都讲自由，但却势同水火。

（三）社会的自由。如果说理性的自我控制是反思自由的核心的话，现在，我们已经意识到它不再只是个人的反思，而是只有在公共话语的共同作用下，才可能形成个人的理性自我控制的思维框架。于是整个社会就成为了构成这种理性自我控制的思维框架的平台或条件。霍耐特认为黑格尔在这一方面对我们的启示大于或高于阿佩尔、哈贝马斯的贡献。因为在黑格尔看来，消极自由认定的是个人自由，但个人行动的内容并不能被行动者自认为是自由的。自由以反思能力、自律，以及以确定的方式实施自己愿望的能力为前提。在黑格尔看来，真实的客观环境也是自由的一个标准，所以社会自由也就成为题中应有之义。反思的自由把行动的内容想象为纯粹是自我决定的行动，这种行动构成了客观现实的对立面。其实，在前面所提到的“友谊”“爱情”“团结”的社会模式中，人是愿意把自己限制在与他人的关系之中的。这种“愿意”，恰恰就是反思所具有的客观性，即总是通过别人目的的实现，来实现自己的目的。消极自由无法进入到人与人的主体间性（intersubjectivity）的关系之中，积极自由又无法把自己的自由扩展到社会客观性的氛围之中。所以前者只把自由与契约论，与对个人生存利益的维护联系在一起；后者则把自由与善、与未来的美好生活联系在一起。所以都无法解决社会现实中自由的客观性问题。只有社会的自由在讨论到家庭、市民社会与国家的存在时，才把自由与伦理学联系在了一起，使自由在友情、爱情、团结中具有了社会的客观现实性。当然，这里的前提，自然还是本文一开始所提到“公民宗教”的“认信”中所必须具有的“公民精神”。在黑格尔那里的“伦理”，即社会自由的机制化，就是要使“伦理学”成为一种通过人与人之间的常规与机制，来使契约论与善的理念都具有了“合题”性质的社会自由的体现。

在黑格尔的逻辑学中，“合题”是“正题”的否定之否定，也就是说，平等、承认与社会自由是一个在个人自由的“反题”的作用下几乎无限的实现目标。霍耐特写“为承认而斗争”，把被某一阶层所承认的形式概括为爱、法律承认和社会尊重，其实也就是从黑格尔所理解的伦理学而来的一个结论。所以也有很多人认为黑格尔的伦理学给现存的社会政治秩序罩上了一层道德合法性的光环。

也就是说，从根本上看，黑格尔的学说是保守主义的，他只想让现存的社会政治秩序进行改进与发展，使其自身越来越接近于人类社会的伦理理想。因为无论任何一个社会，它的伦理性作为普遍性的正题，都是先在着的，没有这种伦理性，它也就无法存在。问题只在如何处理特殊性的自由这一反题（中国自古以来的问题，在理论上概括，它的伦理性作为普遍性的正题是毫无问题的，成为症结的，似乎就可以归结为无法处理反题、即特殊性自由的问题）。他在《法哲学原理・序言》中专门讲到了，当希腊的伦理本性受到来自个体的特殊性挑战时，是以外在强大的政治力量进行压制（处死苏格拉底）的，这就从根本上压制住了希腊伦理的发展动力。那是真正的历史悲剧。如何理解保守主义的自由主义，如何看待公共的伦理（秩序）与个人道德（选择）之间的关系，如何把尊严与面子区分开来，是我们不得不面临的又一个如何把理论与实践重新结合在一起的问题。

尊严与面子的区别，对我们来说，是一个很现实的问题，也是一个很容易混淆或纠缠在一起的问题。

从根本上说，尊严来自于霍耐特所讲的社会关爱，或黑格尔所谓的社会自由。

前面说了，尊严有内外之别。就尊严的内在因素而言，它需要的是内在道德信念的支撑，从学理上讲，即需要某种宗教或形而上学的内在支撑。也就是说，是宗教或形而上学的理论与情感，使我们对自己为什么要成为怎样一个人，为什么要选择这样做而不是那样做，有了一种价值上的依靠。对上帝精神的分有，人的先天判断能力、自我实现、自我目的化的精神追求，都是对尊严进行论证的宗教的或形而上学的理论前提。

就尊严的外在因素而言，按照霍耐特的说法，它需要的是承认：爱（情感）、法律承认（对人权的维护）和社会关爱（人与人的平等交融），就是承认的三种形式。人如果生活在一个缺乏爱、法律承认与社会关爱的环境中，也就等于生活在一个缺乏尊严感的环境中。黑格尔在《法哲学原理》第 253 节中具体论述了这一问题。在他看来，“面子”如果成为了支配一个人精神活动的主要动力，求学、求职、升迁、成就等，如果都与面子联系在一起，那就可称之为“道德的堕落”。这种“堕落”的原因，就是因为一个人无法成为一个合法团体中的一员，也得不到这一团体的尊重与关爱，那么他就等于成为了一个单一的、没有着落的孤独之人。于是，他也就只有通过自己的努力，靠外在的成就来赢回自己在团体中的声望与影响。目的也是为了得到承认，但这种承认与你作为一个公民在社会中自然而然就享有的尊严无关，它靠的是你外在的成就。所以这里的前提依然是不平等。生活在一个不平等的社会环境中，你没有巨大的外在成就，就不可能获得别人的尊重，也没有了个人的尊严。在政治严酷的环境中，需要的不是一个公民对公共事务的介入，而是一个臣民的政治正确。在中国人的潜意识中，对公共事业的福祉所做出的一切，都是为了抬高自己的身价，获得更多人的赞美与颂扬，以便死后树碑立传，名垂千古。这样看重面子的好的方面，在于面子毕竟也是鼓舞性或克制性的力量，它既可能使人努力奋斗，也可能使人勤于律己；而坏的一面则表现为特别的自私和冷酷，因为面子是自己的外在标志，为了维护自己的面子，不惜以死相争。中国人的这种性格，与长期的战乱、贫瘠、饥饿也有关系。因为绝大多数民众都不得不生活在生死线上，如能通过科举、战功等形式稍有摆脱，便志得意满，因为它被纯粹看成是个人奋斗的结果。就是今天，在一些乡村学校里，后面的墙壁上依然挂着皮鞋与草鞋，告诉你这就是高考能否成功的差别。所有这一切，都强化着人间不平等的等级观念，把结果的不平等扩展为人格、尊严、面子等一切方面的不平等。而在这一切当中，唯有面子是囊括了这一切的最明显、最外在、也最为自己所看重的标志，因为它最能被人直接感受得到。我们很容易在事实上接受人是家庭的成员，却很难在逻辑上认定每个人都是一个独立的个体。如果说尊严还需要内在的信仰与道德支撑的话，面子则只要外在的可见比试。所以，中国人的智慧主要表现在与面子有关的智巧上，它既内在地否定了需要为人的尊严加以辩护的宗教的或形而上学的前提，也外在地否定了爱、法律承认和社会关爱对一个人有无尊严的决定性作用。中国人总的感觉就是生活在孤独、孤立和个人奋斗之中，于是习惯于把自己看得很渺小，并把个人情怀寄托于外在的大自然。与自己的一切息息相关的社会（具体而言的他人）反而显得很陌生、很可怕、很遥远。这种情感寄托从中国人传统的音乐与绘画中也能显现出来。

记得王小波在文集《沉默的大多数》中有一篇文章，名为“个人尊严”，里面谈到了有关我们在火车上、车站里、广场上、厕所中等公共场合所司空见惯了的环境脏乱差的问题。他提出的问题就是：“尊严”这件事总该有人提一提才对，但为什么大家都不说呢？其实，人并不愿意承认自己活得没有尊严，因为这种承认本身就是很没有面子的事。掩饰无尊严的一个有效途径，就是挣回面子。王小波认为，人有无尊严，最简单的判断就是看一个人是被当作一个人还是一个东西来对待。他说：这件事有点两重性，其一是别人把你当作人还是东西，是你的尊严之所在。其二是你把自己看成人还是东西，也是你的尊严所在。挤火车和上公共厕所时，人只被当身体来对待。人是目的而不是手段（工具），这是康德早就说明白了的。几十年过去了，我往来深圳与香港之间，两边的人一样多，不是过去就是过来，估计在两边上厕所的概率也大体相仿，但一边基本上没有什么异味，一边却很远就能知道厕所在哪里。是负责打扫卫生的人手不够，还是打扫卫生的人漫不经心？我就不相信找不到和香港这边一样多的人来打扫公厕里的卫生。但为什么依然会是这样？而且普遍这样？普遍怎样？就是自己的家里干干净净，外面的公共场所一塌糊涂。王小波的文章显然还没有注意到这一现象，这大概与那个时候的中国人还比较穷，无法收拾自己的家庭有关。现在，人们手里有了一点钱，首要的，就是把自己的家收拾干净，外面的是公家的或国家的，于是也就任由其脏乱下去。

于是“公”与“私”的问题就又提了出来。尊严属私，理当受到推崇。但在一个毫无“公德”可言，任何人都把“公事”看成是“公家的事”而与自己无关时，我们还能谈论“个人尊严”吗？

中国一直就是一个重公轻私、把群体利益看得高于个人利益的国度。当这种“公”与“群体利益”成为国家政治的“面子”时，个人怎么会变得如此自私与贪婪？

所以所谓的“个人尊严”，其实是公共空间、社会自由的事，是社会关爱，是个人在社会生活中受到尊重，不被歧视，理所当然地感受到平等的事。真正的公民身份所具有的尊严感与义务意识，表现出来就是对公共事务的责任，认为公共利益高于私人或个人利益。没有了个人尊严感的公共意识教育，培养出来的人只会走向相反的方向。

就尊严的宗教的或形而上学的理论支撑，就公民在社会的公共生活中是否享受到平等的自由权利，就一种真正属于社会想象意义上的尊严（与之相反的面子才不是社会想象，而是实实在在的个人感受）而言，我们到底还差多远？所谓的社会想象意义上的尊严，就讲的是尊严并不那么刚性，人有无尊严、是否顾及尊严，都照样可以生活下去。我们不是也有“好死不如赖活着”的谚语吗？当淮阴一少年侮辱韩信，让信出其胯下时，这位日后被刘邦拜为大将军横扫天下，而眼下却无处讨得生计的人不也就“俛出袴下，蒲伏”了吗？什么是安·兰德（Ayn Rand）所谓的“自尊的升华”？她说，那就是因为我对事物的实际状态极度愤慨，应该努力让事物朝着“它应该具有的状态”升华。25年后，她可以更骄傲地对别人说：“我更像我自己了”。[①] 但又能料想到这种升华的可能性到底有多大？所有这一切不都需要我们在想象中去把尊严与幸福理解为一种神圣的赐予吗？因为这些框架毕竟不像吃饭、睡觉、面子、生死一样来得那么实在。

为什么把尊严与幸福理解为一种赐予（而不是个人的奋斗），反而更使人感受到自身的尊严，也许约伯的故事在“想象”中可以给我们更多的启示。

道风山上的大十字架上有“成了”（It is finished）二字，这是

---

① 安·兰德：《源泉》，高晓晴、赵雅蔷、杨玉译，重庆出版社，2013年，第4页。

“约翰福音”中耶稣所说的最后一句话。什么“成了”? 怎么“成了”? “finished”也可以理解为“完了”“结束了”，但无论怎样，都有一种在安宁中“领受”的意思。但各种实实在在的东西对我们来说又太实在、太迫切、太需要个人的努力奋斗了。那些空幻的、只存在于精神的想象和冥思中的东西，难道真的是生活在我们这个特定时空中的人所需要的吗? 它离我们又有多远?

4

尊严论

（一）

“人是有尊严的”，这似乎是一个不成问题的问题。

“不成问题”，是说谁都知道，谁都相信，谁也都承认。

但它依旧是一个“问题”。一个细想起来很难说清楚的问题。

问题在于要细想。但世上恐怕没有多少问题经得起细想。这既是哲学吸引人，也是哲学问题大都、也只能不了了之的一个原因。

帕斯卡尔说了，人的最高尊严，就在于会思想。但能不能反过来问：是不是不思想了，人也就谈不上尊严了？汉娜·阿伦特使用过“平庸的恶”这个概念，指的就是那种不思想的人所犯下的恶。但犯有“平庸的恶”的人就没有了尊严吗?

“思想”和“人”的关系无疑是一个很麻烦的问题。“思想”是非物质的,“人”是有肉体的存在。汉娜·阿伦特干脆说:“从思维的我的观点看,身体只不过是一个(我的)障碍。”[①]能仅仅“从思维的我”的观点这样说吗?也许逻辑上是可以的。但就我们在日常生活中对尊严的体验而言,第一,有没有离开了肉体的“思维”?第二,人所要的尊严,难道不总是与身体的存在相关吗?没有了身体,有何尊严可谈。当然,我们不否认,而且也知道,总有那么多人,愿意以生命为代价来维护自己的尊严。就是说,如果“我”仅仅只是“思维的我”,我就会为了尊严而不顾一切。

可惜我们都达不到这样的理论高度。人生在世,作为一个最一般的、活着的普通人,我既不追求真理,也不捍卫公正,甚至连“形而上学”“思想”这些概念是什么意思也不知道,就这样一个人,有没有他的尊严?他的尊严又是什么?也许,他连尊严的意识都没有。这样的人,既不孤立,也不孤独,反而乐呵呵地生活在人群之中。这样的人,我们如何理解他的尊严?

所以,对于今天的我们来说,最重要的是如何在最低贱、最平庸、最无思想性的层次上理解人的尊严问题。

不这样想问题,危险性很大。

“人活一口气”,尊严与“气”是什么关系?“气”能证明我活着,但能证明我有尊严吗?“争一口气”,是争活着,还是争尊严?

---

① 汉娜·阿伦特:《精神生活·思维》,姜志辉译,江苏教育出版社,2006年,第49页。

“树活皮，人活脸”，尊严就是“脸”吗？“脸”可以理解为“面子”；人所争的那口气就是“面子”吗？“面子”到底是什么？

说人的尊严总与身体的存在相关，这里的身体，具体来说，能说就是脸面吗？

1644 年 3 月 18 日晚，崇祯皇帝吊死在北京景山的一棵歪脖子树上，死前留下最后的遗言是“诸臣误朕，朕死，无面目见祖宗”。之所以选择死，当然就是不愿意在被敌人俘虏后而失去尊严。

尊严，是因为死了“无面目见祖宗”，还是因为活着无法忍受李自成的兵临城下？死了无面目见祖宗，但此刻又只有以死才能维护自己的，也就是祖宗的尊严。于是尊严在某种意义上其实就与一种对未来（死后）的设想有关，它是留给别的活着的人去想、去思考的问题。所有最后以死来抗争的人，都把自己所理解的尊严问题留给了别人。

“无面目”当然就是“无脸”了，它是当下的事。在当下的“无面目”和未来的（死后）的“无面目”之间，崇祯皇帝选择了未来（死后）。所以“死”“自杀”，在某种意义上也可以理解为一种逃避：用想象中的“死后无面目见祖宗”替换当下的“无面目见李自成”。人真正无法承受的，还是眼下的“无面目”。

对一个有尊严的人来说，这几乎就是最后的、也是最好的选择了。无面目见死后的祖宗，总比无面目见活着的李自成好。“无面目见死后的祖宗”只是对眼下的无面目的修饰或强化。

所谓以死维护自己的尊严，其实应该理解为以死逃避尊严：在把自己所要维护的尊严留给想象中的未来，也就是死后的自己的同时，也就把现实的、自己所要维护的尊严，作为一个问题留给了所有活着的他人。死者所要维护的尊严是一个让活着的人去感受、去承认的问题。

当然，所有活着的他人，也只有当他们（所有无思无虑，乐呵呵活着的人）能思想时，才能意识到这是一个事关尊严的问题。这就是我对帕斯卡尔的那段话的理解，当然是在时代的，也就是过去的20世纪的背景下的理解。

再具体一点：人身上，或人脸上最重要的器官可能就是嘴了。有嘴才能吃，吃了才能活。但只用嘴来吃，等于把人降低为一般的动物。嘴之所以是人的器官，就在于能用它来说话。说人会思想也好，说“人活一口气”也好，均与人要“说”、人能“说”有关。崇祯帝去见祖宗前，总要对“诸臣”说些“大明天下，奈何亡于朕手”之类的话，以此证明他之所以选择死与他所要维护的尊严有关。

离开了语言的说与表达，仅仅用“气”或“脸”来维护所谓的尊严，不是解释不通，而是太抽象，让人想不出这里的“气”或“脸”到底指什么；同时也太过局限于个人的经验或情绪性感受，因而丧失了其普遍性或客观性的一面。因为“气”或“脸”总是某个具体的人在某种具体情况下所要维护的主观性的东西。我们一定要寻找到某种具有“主观的客观性”的依据，才能论证出尊严虽然与个人“主观”上的“气”或“脸”有关，但它并不只是个人的主观性感受。每个有气、有脸的人，都能感受到，或者说意识到对人而言，尊严是一个具有普遍性的客观存在。

“气”如果是客观的，有如黑格尔的“精神”，我们会不会找到新的解释途径？如果“脸”就指的是“他人的而不是自己的脸”，那么“尊严”说到底是否更是一个与他人而不是与自己有关的问题？这很难理解吗？当代法国哲学家列维纳斯就认为，政治哲学的核心概念当然是自由。但这里的“自由”不再是传统的个体主体性的自由，而是如何与他人相处、与他人有关、对他人负责的伦理学意义上的政治。于是“他人”也就成为了列维纳斯哲学的第一范畴。在他看来，纳粹对犹太人的屠杀，首先是对“他人”的生存权利的抹杀。每一个人相对于另一个人来说都是无关紧要的“他人”，你觉得“他人”与你无关吗？那么好吧，当你身边没有了“他人”时，你自己的末日也就到了。这个意思，其实在美国波士顿犹太人屠杀纪念碑上，一个名叫马丁·尼莫勒（Martin Niemoller）的人在一首短诗中就已经写得清清楚楚了：当纳粹来抓共产主义者，来囚禁社会民主主义者，来抓工会会员，来抓犹太人的时候，我总是保持沉默，因为我不是共产主义者、不是社会民主主义者、不是工会会员，也不是犹太人；但当他们来抓我的时候，已经没有人能替我说话了。

“我”是谁？“我”是人。“人”是什么？“人”就是能自觉把自己归于同类，并意识到“同类的人”理应受到同等对待的那种动物。没有多少道理可讲，一种凭直觉就能首肯的真理。

在康德哲学中讲的是义务，纯粹义务、绝对义务或道德绝对命令，其最高表现形式就是自律。在列维纳斯这里讲的是责任，对他人的责任：一切义务，一切命令，一旦离开了对他人的责任，也就失去了它的意义。所谓的义务，只是对我们的一个召唤，让我们处于为他人尽责的地位，也就是把为他人着想理解为自己的一种责任。这里的“他人”，就指的是与我“同类”的“人”。每个人都应该为他者而存在，形而上学的存在论意义就体现在我与他者的伦理关系之中。

在孔夫子的《论语》中，我最喜欢的就是这三句话："己所不欲，勿施于人。""君子成人之美，不成人之恶。小人反是。""仁者爱人。"原因就在于它谈的都是人与人的关系，而不是自己闭门思过式的修身养性。至于这里的"人"只指君子，不包括小人，完全无视、也没有"类"意义上的平等意识（只有在这一意义上才真正谈得上人的尊严），那应该是另外一个问题了。

前些日子，山东聊城发生了一个名叫于欢的人因杀死了"辱其母"的人而被判处无期徒刑的事。网上众说纷纭、言论波涛汹涌，大体上与对案件的重新认识（是否属于正当防卫）及对宣判的结果表示不满有关。后来在《新京报》上又看到最高法院一位领导在山东济南主持召开刑事审判工作调研座谈会上的讲话。在讲话中，这位领导再次重申，在公共案件中，总有一种声音指责所谓"舆论绑架司法""民意破坏法治"，这是不对的。因为任何判决都不应逃脱民意的议论，"无菌室"的司法，注定无法赢得公信。他还强调，"讲人情，不是要照顾某个个人的私人感情，而是要尊重人民群众的朴素感情和基本的道德诉求"，"将个案的审判置于天理、国法、人情之中综合考量"，"司法机关必须反躬自省"。他明确指出：民间关于正义、尊严、是非的朴素理念，以及种种正常的世事人情，应该被法官充分考虑，在司法渠道中有正常的吸纳。这些话当然有所指，核心意思就是司法机关既要独立审判，实事求是，也要坚持司法的民主性，在人民群众的参与、见证和监督下以真诚善意的态度，审慎行使司法审判权，努力让人民群众真切感受到司法机关的公正无私。

其实，作为“舆论”“民情”表达出来的，并不只是“朴素的感情”和“基本的道德诉求”，许多发表见解的人士都是我们国家司法领域里的专家学者，甚至就是司法审判条文的起草者。这些可以暂且不论，引起我注意的，倒是沈副院长的讲话中所出现的这么几个概念：天理、国法、人情，世事、民意、公信，正义、尊严、是非。

特别是这里所出现的“尊严”二字。

最高院领导在这里所提出的问题，其实是一个与司法审判的“合法性”（legality）所不同的“正当性”（legitimacy）问题。且不谈对于欢的判决是否合法，仅就“正当性”这一概念而言，对我们的许多司法人员来说还很生疏，而尊严，以及对尊严的尊重，真真确确事关案件审判的“正当性”。

无论是康德的义务论道德（要按照你同时认为也能成为普遍规律的准则去行动，你的行动，要把你自己身上的人性和其他人身上的人性，在任何时候都同时看作目的，而不能只是手段），还是边沁、穆勒的后果论理论（永远要为最大多数人的最大幸福而行动），以及在亚里士多德的美德伦理学（勇敢、节制、慷慨、大度、温和、友爱、机智、羞耻）中，都被称为可以使之成为正当的权威（既有理性的权威，也有社会整体的权威）。“正当性”事实上成为了我们心目中有关“道德和好的生活”的唯一标准。[①]

---

① 参见罗伯特·所罗门：《大问题》第八章“道德和好的生活”，广西师范大学出版社，2004 年。

在加拿大思想家大卫·戴岑豪斯（David Dysenhaus）所著的《合法性与正当性》一书中，他也表述了这样一个观点："实证性法律是达成社会秩序的最合理的方式，这种法律为那些规则提供了一个确定性的架构，在其中生活是可预测的。但是法律的合理化，就像经济秩序的合理化一样，仅仅是工具性的。法律不再有内在的价值或正当性，但是法律有必要被个人当作是正当的，因为已经没有什么标准告诉我们正当性是什么了。"[①]所谓"工具性"，也就是"中立性"。对宗教与信仰保持中立，尽可能让所有的意见、倾向和行动都可以无条件地在"合法性"范围内得到表达。在某种意义上，它几乎就成为了自由主义的意识形态。然而在德国，希特勒的上台和魏玛共和国的被颠覆宣告了这种意识形态所具有的致命弱点。希特勒 1930 年对纳粹党人的"合法性宣言"就说的是："国家社会主义将以合宪的方式达到目标。宪法所提出的只是方法，而非目标。我们将通过合乎宪法的方式赢得议会中的绝对多数，到那个时候，我们就可以根据我们的理念来重塑德国。"[②]背后的话就是：我们可以合法地颠覆法律秩序（合法性）对我们的约束。所谓"合法地颠覆法律秩序"，就指的是"合程序"地颠覆法律秩序后面所要维护的那个目的。

"合法"，就是合乎法律程序；"正当"，指的是内容、目的、意图的正当。

在反对凯尔森的实证性法律观和卡尔·施密特的服务于政治判

① 大卫·戴岑豪斯：《合法性与正当性》，刘毅译，商务印书馆，2013 年，第 13 页。
② 同上，第 27 页。

断的法治国目标的同时，当时的另一位法学家海勒（Heller）就想到应该为法律和国家提供一个伦理的基础，即提出一种关于正当性的理论，不过这种正当性仍要内在于法律。也就是说，不要想着把伦理制度化（比如电视上曾有过的“道德法庭”），而是要把制度伦理化（如联合国的《人权法案》）。有人以神性作为这种正当性的基础，有人依旧强调理性原则的至高无上。海勒只是试图为凯尔森的合法性观念注入某些实质性的伦理价值，即关于“法治国”的类似于自然法观念，诸如为权力的行使设置某些不可逾越的界限等等。[①] 对海勒来说，最重要的区分就是“实证法”与“法”这两个概念上的区分：实证法必须将自己相对化为超实证的、逻辑性的、伦理性的更为基本的法哲学原则。所以，对魏玛时代的三位法学家来说，凯尔森是以纯粹理性为依据的实证法观念（科学第一），施密特是以先知和决断为依据的政治学观念（秩序第一），海勒则是以一种类似于历史与社会发展观为先导的伦理学观念（同时应该内在于实证法的法的正当性原则）。戴岑豪斯说，海勒非常关注国家理念中形而上学与社会学的特征。在过去，对政治权力的解释只来自于上帝，后来，又解释成是不同集团间的契约。在他看来，如果想建构一种既独立于神学和政治契约，同时又具有时代的正当性观念，就应该抛弃人性以及自然法的观念，而关注历史和社会所形塑的一种本质性的东西。这种东西构成现行的法学理论的基础，而人类本性的一个特点就是希望将社会环境规制为其应然（道德和好的

① 大卫·戴岑豪斯：《合法性与正当性》，刘毅译，商务印书馆，2013 年，第 192 页。

生活）的状态。[①]

这些被历史与社会所形塑的本质性的正当性观念，就是上面所提到的天理、国法、人情，世事、民意、公信，正义、尊严、是非，等等。

我认为其中最重要或最根本的一条，在古希腊是荣誉，在古代中国是仁，在古罗马是勇敢，在宗教世界中是虔敬、信从，在当代就是尊严。为什么在当代是尊严？请注意20世纪的极权主义问题，还因为当代人因互联网而生活在更开阔的联系与交往之中，而且人与人的关系也更为变动不居，所以自尊、自信、自知的素质与教养就显得格外重要。

人的尊严要自知；自知的尊严可称之为自尊。所谓自知，也就是对自我价值的自知；所谓自尊，就是把自知的自我价值通过某种类似于荣誉感、羞耻心的情绪性感受表现出来，目的就是要维护自知的自我价值。

于欢的母亲受辱，受辱的具体情节这里就不细说了，反正极其恶劣，不堪忍受。在一个母亲面前的此类行为，对儿子来说已经达到了忍无可忍的程度。也就是在这种情况下，被控制住的于欢才愤而反抗，用刀刺死了施恶者，同时还重伤了其他两人。

一把小水果刀，在对方11个人的围斗下能造成如此大的伤害，亦可见此时的于欢已“疯狂”到了何种地步。

那么，在这种情况下讨论“尊严”，第一，我们要问：谁的尊严？于欢母亲的还是于欢的？或者是所有在场者的？这背后所涉及

---

① 大卫·戴岑豪斯：《合法性与正当性》，刘毅译，商务印书馆，2013年，第208页。

的一个哲学问题，就是：谁是此次事件中的“他者”？没有了“他者”，也就没有了责任。而责任，无疑是理解伦理学中相对于“他者”而言的“主体”的一个至关重要的概念。主体的责任意识，到底是为自己，还是为他人？就于欢而言，显然是为他人，即自己的母亲。为他人而尽自己的责任，哪怕是母子关系，我们也无法否认这里面的责任意识。那么，所谓尊严，是不是又可以理解为与责任意识相关联的对荣誉感与羞耻心的情绪性发泄？第二，尊严是否只是一种主观的心理感受？为什么有些人会对同一种现象、行为有这种涉及尊严（荣誉感、羞耻心）的感受，而更多的人其实并没有类似的或较为强烈的感受？能用政治、经济、制度、文化、环境、教育的差别来解释这种人与人在尊严感上的差别吗？第三，如果尊严只是主观的心理感受，那么也就没有客观的统一标准，那也就是说，我们无法找到一种统一的尺度来衡量某种行为、某种现象一定会伤及或损害了人的尊严，而且也无法知道损害到了哪一步？第四，如果尊严只是一种主观的心理感受，那么它是怎么形成的？或者说是天生就有的？就形成的机制而言，制度、文化、传统、习俗都起到了怎样的作用？如果归结为这些制度、文化的影响，那么也就是说，生活在不同制度、文化中的人会对尊严有不同的理解与感受，是这样吗？我们能说在某种制度、文化下，某种行为或言语损害了人的尊严；而在另一种制度或文化下，同样的行为与言语却并不构成对尊严的损害？我们当然可以找到许多例证来说明这一点，但当我这样问时，是不是想在为尊严寻找到一种具有某种普遍性的特质？或者说，是想在根本的意义上对尊严加以规定？第五，尊严与面子到底有何区别？于欢起而杀人，是不是怕以后别人会骂他胆小，到了那种地步竟然还能坐视不管？如果这里的“面子”就指的是于欢母亲的“脸”，脸上的那个表情，以及所有在场者脸上所显现出来的变化（这只有依靠电影或小说来表达了，也只有在这一意义上，我们才可以说艺术作品比历史更真实），那么，“面子”的概念是否会给我们一些新的启示？第六，如果说损害尊严并没有统一的标准，那么维护或恢复自己的尊严是不是也就失去了界线？多数人认为于欢是激情杀人，激情，不受控制或控制不了吗？尊严到底只是一种情绪性的主观感受，还是理性判断？前者与激情的迸发（欲望的满足）有关，后者则说明对尊严的维护也可能更需要理性的（利益）谋划。鲁提辖拳打镇关西，林教头风雪山神庙，杨制使当街斩牛二，多用“一时性起”这句话，是否也都可以理解为激情杀人？这三个人中，最有利益谋划的还是鲁提辖，因为他知道“俺只指望痛打这厮一顿，不想三拳真个打死了他，洒家须吃官司，又没有人送饭，不如及早撒开”。鲁提辖尚能在这种情况下区分开“欲望”与“利益”，“一时兴起”与“目的意图”之间的得失，实在是个“后来却成得正果”的非凡之人。第七，那么，于欢的杀人是否在某种意义上也可以理解为“一时兴起”的“除暴安良”？如果羞辱一个人的尊严到了于欢母亲这样的地步，我们是不是也就可以把辱人者理解为镇关西、泼皮牛二之类的人物，于是刺杀此类人物也就成为一种仗义行为？在逻辑上，国家的司法机构也就只能起到一种与仗义行为相对立的反面作用。《水浒传》中是这样写的，在我们这代人所受的传统教育中，那些走上革命道路的革命者也大都有过诸如此类的英雄事迹。当然，那时指的是“旧社会”，要杀的也是南霸天、黄世仁、刘文彩、收租院里的家丁、保安之类的人物。时代不同了，宣传的口径也就有了根本的改变。但假如后人来写历史，来重述此案，于欢到底会成为怎样一个人？当沈副院长提到天理、正义、人情、民意这些概念时，其实已经告诉了我们，在司法审判中，除了“合法性”这一概念之外，还有一个历史的“正当性”问题。“正当性”不同于“合法性”的地方，就在于它必须考虑到“天理、正义、人情、民意”这些方面的普遍性因素。概而言之，即必须综合考虑责任伦理与信念伦理的关系，决不可使公正的伦理意识在法律面前失去其自身所本来就具有的抵抗意识。而尊严，又似乎是一个可以穿越历史、贯穿古今中外的概念；无论是否意识到了这个概念，也无论我们怎样理解个人的尊严与政治的关系。它其实一直存在着，有如天理、正义这些概念一样，对人的言行也一直起着某种决定性的支配作用。当然，反过来，它也说明一个国家，如果民众中缺少了共同体的价值观念，那么也就无法回答法律的正当性问题。

首先，作为“弱势群体”中的一员，如果已经不愿再高谈理性、使命、历史、必然，甚至连“威武不屈、贫贱不移、富贵不淫”这样的话也说不出口了，那么，作为一个人，我还能拿什么证明我是一个人，具有作为一个人所起码拥有的东西？这涉及对共同体中的公共生活的理解。我们为了自己起码的东西能得到维护，就不得不竭力把政治引入公共生活的平台，目的只是为了使政治本身能产生一种说理的动力，因为只有说理，才是我们所期待的让人能感受到安全的生活。尽管政治的话题本身会惹来许多麻烦，但不说理，这些事件依旧发生在自己的身边。说理，君子动口不动手，说理无罪，这是早已算不上君子的我辈在当下最低的、也是最起码的期待了。

与这一期待相对应的，恐怕就是能证明我是一个人，具有作为一个人所应该拥有的尊严了。

所以尊严本身是一个用说话、讲理来加以维护的概念。鲁提辖、林教头、杨制使和美国西部片中的早期英雄们早已过去了，我们生活在一个以科层的组织方式进行管理的时代。

但尊严问题依然还在。

于欢杀人，是因为那里已失去了任何可说话、可讲理的可能，于是才不得不用非常的手段捍卫自己的尊严，而这种手段，本身就毁掉了尊严：杀死了别人，自己还有何尊严可谈？回到列维纳斯的理论：伦理学作为第一哲学，并不是强调本体论意义上的“自我”，而是现象学意义上的“他者的脸”所显示给我们的人与人的关系。

我相信当时在那里的所有人的脸上所显示的一切，都毫无尊严、尊重可言；既无他人的，也无自己的，要丧失，基本上就是同时丧失。

我也相信在场的所有人的心里也都没有了任何义务、后果、德行的意味；无论是杀人者、被杀者，还是旁观者。因为，历史与社会所形塑的那些有关天理、国法、人情，世事、民意、公信，正义、尊严、是非等概念早已荡然无存。

（二）

这是一本我近来一直在读的法制出版社出版的《德国基本法：历史与内容》。我在前面曾强调说不是要“伦理制度化”，而是要

“制度伦理化”，就想找到一个典型的例证，而前西德（德意志联邦共和国）的《基本法》（也就是宪法）就提供了这样一个样本。

这部《基本法》在1949年公布，与我们建国是同一年，距离纳粹灭亡也才仅仅过去了四年。一个有着如此深厚的哲学思考背景而又经历了纳粹统治之如此血腥的民族，在痛定思痛之后，到底会给自己制定一部怎样的宪法？

在《基本法》公布之前，1948年8月，巴伐利亚州的总理汉斯·埃哈德邀请了一些政治家、公务员、宪法学者在基姆湖的男人岛上，先行讨论了一下制宪的可能。当时的名额分配是11个州，每州一个全权代表，这个代表可以叫上一些专家和助手，大家一起参与讨论。这次讨论，所确定的最为基本的原则就是：西德实行联邦制而非集权化，它在机构法上的体现就是：民主、法治国、联邦国、社会国和实践中不太重要的共和国原则——禁止重新引入君主制。[①] 这里的“社会国”是一个有些生疏、但又很吸引人的概念。它强调的就是必须把社会的模型纳入国家理论之中，使宪法文化尽管不涉及宪法的法律功能，但却明确告诉人们：爱国就是爱宪法。“国家”在该书作者克里斯托夫·默勒斯关于《国家作为论证》中被抛弃。默勒斯非常警惕在宪法论证外衣下的国家主义的复活。于是，《基本法》的制定过程就既是一个政治创造的过程，同时也是一个限定政治的过程。如果在这里把“政治”理解为统治的话，就如阿伦特所说，它在建立统治的同时，一定要注意到限定统治[②]。

---

① 克里斯托夫·默勒斯：《德国基本法：历史与内容》，赵真译，中国法制出版社，2013年，第44页。

② 同上，第173页。

这种“限定”的具体体现就是用宪法取代“利维坦”。再具体一点而言，就是把《基本法》共分为两大部分：第一部分保护私人自由（第 1 条至第 19 条），第二部分创设国家义务（第 20 条至第 146 条）。显然，“创设国家义务”的内容远远大于或多于“保护私人自由”的部分，因为“基本法”的“基本功能”就是要“创设国家义务”，而“创设国家义务”的目的就是“保护私人自由”。保护私人自由在西方世界自启蒙运动以来，就是一个多少有些陈旧的话题，《基本法》中给人印象最深刻的就是它强调“以人的尊严为宗旨守护自由与平等”。所以默勒斯说，全部《基本法》的核心就集中在它的第一条上：“人的尊严不可侵犯。尊重和保护人的尊严是所有国家权力的义务。”①

当时的德国还区分为东、西两部分。在德国尚不统一的前提下，“爱国”到底指什么？不是“国家”，不是“民族”，而是宪法。想想，这多不容易。“宪法国”“社会国”，本身就是标识祖国的不同形式。这种观念，作者说，很可惜，“在德意志文化中，受普世宪法原则约束的信念是在奥斯维辛之后——以及通过奥斯维辛——才形成的。”②这也说明，《基本法》之所以如此强调人的尊严（在所有西方国家中可以说独树一帜），让尊严成为德国战后的典型产物，成为人所特有的基本权利，并获得一种以后再有的任何法规都不可修改的“准道德”的地位，就是因为它是一项特别的政治决定的结

① 克里斯托夫·默勒斯：《德国基本法：历史与内容》，赵真译，中国法制出版社，2013 年，第 151 页。

② 同上，第 111 页。

果，是“二战的恐怖所催生”的产物。①

是“尊重”人的尊严，还是“保护”人的尊严？人的尊严到底有何具体内容？尊严问题到底是一个道德问题，还是一个政治问题？德国人民如果对国家社会主义的兴起与上台负有责任的话，这个责任是道德责任还是政治责任？把尊严写入《基本法》，以后又在两德统一后写入宪法，它的法律效应的基础到底是什么？参与讨论的代表认为所有这些问题都还是“未被解释的命题”。但，所有的人又都明白，“人们或许不能从积极方面定义人的尊严，但如果它被违反，则能够识别。在很长一段时间内，极权主义的经历给予它和下面的讨论以这种令人吃惊的确信。”②比如，当时的法院已经不知道跳脱衣舞算不算侵害了人的尊严，而且，随着社会的发展，越来越多的社会问题企图通过人的尊严来获得理解或解决——从干细胞研究到为了反恐击落载有乘客的飞机，还有书中提到的警察的强制行为，包括不得不实施的刑讯，看起来是越来越难了。作者说，但这一切恰恰说明了对道德的通货膨胀式的使用所导致的含义危机。所以对一个国家而言，最重要的还是政治、制度、法治，不是要把道德规范（所谓的“礼”）制度化，而是要为制度（政治、法治）寻找到某种具有道德化的根本性依据。这一依据就仅仅体现在这样一条法律的“道德色彩”上：“人的尊严首先是使人区别于动物的东西：他的理性，而非生命。”③就是说，政治也好，统治也

① 克里斯托夫·默勒斯：《德国基本法：历史与内容》，赵真译，中国法制出版社，2013年，第31页。

② 同上，第48页。

③ 同上，第51页。

好，法律也好，民俗习惯也好，都要首先把人区分于动物。对人来说，他有理性，会思考，会按照自己所接受的道理行事，而不仅仅只是活着。

所以无论把政治、法治、制度强调到何种程度，都应该记住这样一条“道德法令”，这就是人的尊严。默勒斯说，西德当时之所以要把宪法叫作“基本法”，一是因为两德还未统一，要让西德出现的民主制度能给未来的东德“留一个位置”，也就是说，要让未来的东德人也能接受；于是，作为一种表达权宜之计的需要，“basic constitutional law”（基本法）这一翻译就暗示出更多的含义，即无论将来怎样，把“人的尊严”作为第一章的开始，都能体现出《基本法》的制定者在道德上的真诚、政治上的妥协和法律上的专业。这种道德上的真诚（在某种意义上也可以理解为对正当性的尊重）特别重要，它等于在告诉东德的人们：我们可以在政治制度上不同，在具体的法律条文上不同，但在道德的真诚上，我们是一致的，这就是一定要在“人的尊严”上达成一致，因为它构成了所有规范的基础。他们相信任何一个人，都希望自己能被作为人而受到人的尊重。“尊重人的尊严”是对国家的要求，禁止国家以某种方式或方法来对待或处理人。“保护人的尊严”也是对国家而言的，要求国家要有所作为，不能在侵犯人的尊严问题上无所作为。当我们看到有些“城管”对路边的摊贩肆意打骂、抢掠时，我们首先想到的并不是这些人的尊严（并不是不顾及他们的尊严，而是如果首先想到的是他们的尊严，那么就会立即发生武力的对抗），而是在问：国家在哪里？法律在哪里？警察在哪里？于是“尊重”与“保护”个人的尊严也就成为了国家权力的基本义务。既是政治义务，也是道德义务。

我们在强调“法治”“德治”双管齐下的同时，缺少的就是一种康德意义上的反思判断力。所谓反思判断力，就指的不是要将特殊（具体的国情）包含在某个普遍性的概念之下（如三权分立、社会正义、民选政府、个人自由等等），而是要从其特殊（具体的国情）中寻求所可能具有的普遍性。如果这个普遍性不是如“己所不欲，勿施于人”一样突出“人的尊严”，而且强调国家权力对“人的尊严”的尊重与保护（这是孔子所未想到的，所以他的这句名言也就流于空泛），我们还能怎样？

默勒斯说，认为《基本法》的目的或标准就在于保护人的尊严，这是一种全新的提法。对于这一提法，有人做出了论证，比如一位名叫聚斯特亨的人就依据基督教的自然法，认为尊严问题是一个原本就有效的道德律。但施密特并不同意这种说法。在他看来，宪法保障人的尊严，这种观念并非表达了某种永恒的普遍性。它只是战后的典型产物。作为全新的东西，它只能被理解为一种“特别的政治决定的结果”。[①] 我个人读到这里，也深感德国的知识人对历史反思的深刻。就是说，针对纳粹的那一段历史，所有有记忆的学者都应该明白，问题不在我们能为“人的尊严”寻找到什么样的具有某种普遍性的永恒依据，而在必须在政治上做出一个决定：再不能允许有任何侵犯、践踏人的尊严的情况发生。我想，就我们这一代人的经历而言，无论是针对 1957 年的“右派”也好，还是针对

① 克里斯托夫·默勒斯：《德国基本法：历史与内容》，赵真译，中国法制出版社，2013 年，第 31 页。

1966年的“地、富、反、坏、右”或“走资派”也好，问题也都不在于他们的言行对错与否，不在于当时特殊的国情与时代背景提出了怎样的要求，甚至也不在于今天是否应该给予相应的赔偿，而在于，任何一个从那个年代走过来的人心里其实都清楚，不能侮辱他们作为人所应该享有的尊严。

于是，关于尊严问题，我们就大体上可以形成这样一个共识：作为法律，它是一项特殊的政治决定，是一项由于特殊的背景与经历而需要特别加以强调的“政治法”；其次，它同时也是一项“准道德”，就是说，尊重与维护人的尊严可以与“道德标准”相提并论。“政治法”并不难理解，大家耳熟能详的“反革命”“颠覆国家政权罪”就讲的是“政治法”。“准道德”也不难理解。无论是义务论、后果论，还是德性论，作为一种道德要求，都涉及人心目中的“自我”所“应该”达到的道德标准。而所谓的道德标准，说到底又与自己心目中的“人”应该是什么样子有关。我们承认所有的人在自己的心目中都有自己的标准，这个标准可能来自父母、老师的言传身教，也可能来自小说、电影或传说中的某个人物形象，但不管怎样，它的标准都具有道德意味，而且是规范意义上的行为标准，即我们平时所说的“应该”（ought）。布劳德在《五种伦理学理论》中区分了“应该”的事实上的要求（比如为最大多数人的最大幸福着想）与逻辑上的要求（那么我就应该怎么做）；区分了狭义的“应该”（如在这件事上我不能撒谎）与广义的“应该”（应该尊敬老人、孝敬父母，做了善事应该得到回报，等等）。这种区分，启发了我们也不得不在事实与逻辑、狭义与广义上，对“尊严”加以区分，并依此提出以下五点看法供大家讨论：

首先，我在上面提到了人心目中有关“人”的标准，这种提法与目的论的思维方式有关。关于目的论，特别是历史目的论，黑格尔在《小逻辑》第146和147节的附释中都讲到了一个观点，即凡具有直接现实性的事物都是偶然的。这里的偶然有两种含义，一是指一种直接的定在（实际的存在），它只是作为存在的可能性的一个条件。比如眼前的一块砖，它只是建筑房子的条件；而房子，又只是为了住人，或为了做一次爆破实验的条件，这是就这一直接定在的事实上的关系而言的，在逻辑上，还有一层意思，即此一直接定在是其概念实现的条件，如这块砖，是“成为它所应是”的砖的条件。什么决定了一个东西“成为它所应是”的东西呢？就是它的概念，黑格尔也称之为“本质性的存在”。这里当然体现着柏拉图主义的思想痕迹，但黑格尔在这里强调的是偶然性、必然性与可能性、现实性之间的关系，说明了凡直接存在着的东西，都是偶然的，只是条件，或是成为他物的条件，或是实现自身的条件。前者是一种事实上的关系（成为他物），后者是一种逻辑上的关系（实现自身）。那么就“人”的标准，也就是“人”的概念而言，人的尊严意味着什么？当然不是“成为他物”的工具，而是“实现自身”的条件。人的尊严就是人的概念对其自身应“是其所是”的一种信念上的要求。

所以人的尊严，是就人之为人、人的概念、人应该是什么样子而言，所应该享有的尊重。人间最高贵的事就是成为人。[①] 它既来

① 参见黑格尔：《法哲学原理》第35节补充，范扬、张企泰译，商务印书馆，2011年。

自人的政治要求，也来自人的道德要求。只要是人，只要我们还把他（她）称之为人，她或他就享有人的尊严。也就是说，在事实上，他或她既不是手段，也不是工具，而应该是目的本身；所谓的目的，就指的是他或她应合于他（她）作为一个人的概念。

只有概念的实现才是必然性，但这是一个几乎可以无尽到永远的过程，因为它要通过一连串的情况作为中介而实现，其中每一情况都通过扬弃自身的偶然性而往绝对的同一性过渡（《小逻辑》，第150节）。

当然，黑格尔的这一看法是可以作为“古典看法”被抛弃的，因为“本质”“目的”“是其所是”这些概念都是一些“后形而上学”时代不谈了的概念。但我们总不会忘记罗蒂在《后形而上学希望》一书中所告诉我们的：正是黑格尔，把上帝意志、自然大道、人性、本质这些永恒之物从认识论的实在变成了我们所应该建构的一个美好未来，“黑格尔帮助我们用希望取代了知识”。[①] 于是，对福山来说，他所担心的并不是“历史的终结”，而是“历史哲学的终结”。历史无所谓终结不终结，也许会在“据乱”与“升平”之间来回循环，也许就如尼采所设想的那样，处于“永恒轮回”之中。但如果“历史哲学终结了”，对人而言的一切想象、希望、未来也就终结了，我们也就不用去讨论“太平世”是否到来，共产主义是否可能，这也就意味着“我们以历史作为一个对象来使用并对之浮想联翩的能力”的终结。

---

① 罗蒂：《后形而上学希望——新实用主义社会、政治和法律哲学》，张国清译，上海译文出版社，2003年，第373页。

汉娜·阿伦特在《极权主义的起源》中说，“极权主义统治使我们面对一种完全不同的政府。它实际上蔑视一切成文法，甚至走极端到蔑视自己制定的法律（例如，最有名的例子是1936年的苏联宪法），或者并不关心是否废除法律（例如纳粹政府从未废除魏玛宪法），但是它的运作既非没有法律指导，亦非恣意行事，因为它宣布严格遵从自然法则和历史法则，而一切成文法都从这两者而来。”[①]什么叫“严格遵从自然法则和历史法则”？其实就是它已经掌握了自然或历史的客观规律与必然发展方向。一切法律与规定都应该服从于这一规则与必然。这样一套历史学说，从哲学上讲，其最完备的理论形态就肇始于黑格尔的哲学体系。

那么“偶然性”是什么呢？就是存在着的现实性。存在着的可能性很多，什么才是“真实的可能性”？只有“真实的可能性”才能成为现实性。但任何现实的东西一定只能作为转化的条件而存在。黑格尔说，这里面会涉及由内在到外在、由外在到内在的自身的能动转化。这种转化的力量在黑格尔那里被称为“形式的自身运动”。“形式的”，在哲学上就指的是观念的、精神的；“形式的自身运动”就指的是这种观念或精神只是作为外在现实性（偶然性）的“单纯的内在性”。就是说我们心里要这样去想，要有这样的向往，这就是单纯的内在性的可能性。有了这种内在性，可能性才可能由内在到外在、由外在到内在，在不断扬弃自身的可能性中成为“真实的可能性”即现实性。黑格尔是相信现实性高于可能性的，“一

① 汉娜·阿伦特：《极权主义的起源》，林骧华译，生活·读书·新知三联书店，2008年，第576页。

个麻雀在手中比十个麻雀在屋顶要好些”。但海德格尔相信可能性高于现实性，因为“形式的”在场，也就是“思”（思想与言说）的在场，并不需要一定要客观化为“物”，也就是平时所理解的“现实化”。“在场者毋需成为对象；对象亦毋需被经验感知为客体。”[①]

那么我们所讲的尊严，是不是就只要心中有所思、有所想、有所意识就已足够了，毋需被经验感知为“客体”呢？社会形态是一种真实的客观存在，但“必然性是一个很困难的概念，其所以困难是因为必然性即是概念本身”。[②] 所以我真的不想讨论偶然、必然的问题，只想讨论可能、现实的关系，因为可能就只是思想、观念，只是有所意识，这是首要的，至关重要的。至于这种可能性是不是能成为“真实的可能性”即现实性，我们应该这样去想：成为了现实性的，尽管依然仍只是偶然的，但对于某种社会形态来说也许很让人揪心，但对于尊严来说却已足够。我们不可能让所有人有尊严地活着成为一种“必然”（概念的实现），更不可能成为“客体”。我们所要求的，只是人与人之间能得到“真实的可能性”即现实性上的尊重就已足够，哪怕它依旧是偶然的。偶然、现实都强调的是事物的外在形态，必然性是概念的实现，一个漫长的历史过程，只有可能性，突出的是内在的无限可能。这种内在的“可能性”上的尊重，只有在康德强调“个体的人”时才有可能。在黑格尔那里，“我”就在“我们”之中，精神自身通过爱（家庭）、社会（工团组

① 参见海德格尔：《路标·现象学与神学》，孙周兴译，商务印书馆，2009 年。
② 参见黑格尔：《小逻辑》第 147 节说明，贺麟译，商务印书馆，2019 年。

织）、伦理（国家）就会把所有的人联合在一起。但在阿伦特看来，我们必须严格注意区分孤立（isolation）与孤独（loneliness）。[①] 前者讲的是无人与我一起行动，但我并不孤独；后者讲的是自己遭到了所有同伴的遗弃。孤立只涉及生活的政治方面，孤独却涉及整体的人类生活。当孤独成为"我们这个世纪里日益增多的群众的一种日常经验"[②]时，极权主义便获得了它的社会基础。因为"被遗弃者"已经成为社会上"多余的人"。当然，这并不妨碍"孤立"的人继续在理论上讨论尊严的"客观性""现实性""必然性"等问题，即古人的"太平世"或康德的"永久和平"等方面的问题，只要并不想立即付诸实施也就并不会感到孤立。当然，这里的前提既不是美国定义的生命、自由、幸福，也不是法国所定义的在法律面前的平等、自由、财产保护和国家主权，而是每个人在人群中的尊严，即作为人而受到的尊重；并不是要大家都与你一样采取行动，而是你愿意怎么行动只是你自己的事，我们并不认为你作为一个人（因种族、阶级或别的因素）而成为社会上"多余的人"。

其次，就人的尊严而言，当然首先在价值观念上要求的是平等。平等是正义这一概念在逻辑上的普遍性要求。与平等这一普遍性要求相对立的，就是对自由的特殊性理解。自由是每个人作为社会政治生活中的一员在事关权利、利益、保障上的现实要求。由于是现实的，因而也就是特殊性的，每个人与每个人都可能不一样。

---

① 汉娜·阿伦特：《极权主义的起源》，林骧华译，生活·读书·新知三联书店，2008年，第591页。

② 同上，第595页。

于是我们就获得了普遍性（平等）与特殊性（自由）这两对矛盾。什么是二者的合题（单一性）？就是特殊性中的普遍，也就是个别中的一般，即自由中的平等。每个人都是自由的，无论你所要求的是什么样的自由，别人与你是一样的，都有要求自己所理解的利益或想象上的自由。在这个意义上，也仅仅在这个意义上，大家都是平等的，这就是个体的尊严，即自由中的平等。

自由当然指的是个人意志上的自由选择，无论在言论上还是在行为方式上都是同一个意思。尊严是对选择的选择，即选择中的尊严或对尊严的选择。社会正义、法律平等、情感关心、彼此尊重之所以会成为我们的选择，无非是因为我们只能以有尊严的方式（也就是自由中的平等方式）来实现这样的选择。

选择，体现着你的自由；对选择的选择，就看你是否具有平等的意识。按黑格尔的说法，“贱民”之所以因被人看不起而丧失了尊严，就是因为他们不具有社会成员自然而然所应该达到的生活水平。如果无论如何也达不到，就会自动放弃那种自食其力所给予人的正直与自尊。而与之相反，不能以平等心态看人，因为聚拢了过多财富而走向奢侈与浪费的人，同样会因自己的独立意识的丧失而丧失掉自己的尊严感（参见他有关“主奴关系”的论述）。他认为一个社会如果因贫穷或奢靡而丧失了廉耻与自尊，那这个社会也就失去了其存在的主观基础。①

第三，自尊与一个人对自我价值的认知有关。“认知”，特别是

---

① 参见黑格尔：《法哲学原理》第 245 节附释，范扬、张企泰译，商务印书馆，1961 年。

对“人”，也就是人的自我价值的认知，当然与“人格”这一概念有关。“人格”是一个包含有权利能力的概念，构成形式的法的概念。所谓“形式的法”，就是说它是抽象意义上的法，概括为一句话，就是“成为一个人，并尊重他人为人”。[①] 但在罗马法中，由于只有那些拥有一定财产、一种身份的人才算人，才拥有人的权利。所以所谓的契约论，其实就是一种把某些人当物一样来处理（买卖、转让、租借等）的关系。在黑格尔看来，家庭中的婚姻关系、国家中的伦理关系都是不能理解为契约关系的。原因就在于家庭、国家都是自在生长起来的东西，而不是个体意志的产物。如果把“人”当“物”一样认知，除了导致契约论上的荒谬，还容易误导个人把自己的任性误以为是自由或权利。任性就是主观性、偶然性的特殊意志（要面子）的体现。尽管社会契约论总是想把特殊意志合成为普遍意志，但由于这种普遍意志并不是一种（先在的）自在存在并发展起来的普遍意志，所以特殊意志能合成普遍意志，也就能脱离普遍意志。于是就有了黑格尔所谓的“不法”。所有这些论述，只是想告诉我们，自尊、人格、自我价值，这些与人的自我认知有关的概念都离不了一种原初的理由的支撑。只有当我们把这种原初的理由理解为先天的或自在的秩序时，认知（在康德那里叫纯粹理性批判）也才有了可靠的依据。也正是这种具有客观性、普遍性的东西既可能让一种意识形态成为极权主义的依据（凌驾于一切实在法或个体常识之上），也可能使我们具有了尊严的意识，有了对人格概念的理解。因为自尊并非一种先天就有的概念，它与人是

① 参见黑格尔：《法哲学原理》第 36 节，范扬、张企泰译，商务印书馆，1961 年。

否免于匮乏、免于恐惧，是否能自由言说、自由信仰的权利能力密不可分。而这一切，都是在一定的社会环境（我们可以把它理解为某种先在的、或自在的，总之是先于我们个体意志的存在）中形构而成的。其实我在这里，只是借助于黑格尔哲学，讨论了海勒，或者说在前面提到的高院副院长所强调的民间社会自然而生成的有关天理、国法、人情，世事、民意、公信，正义、尊严、是非这些意识的起源而已。

第四，在谈到尊严问题时，我们应该在这里特别强调一下：尊严并不是人的绝对诉求，也不是人的第一需要。对人来说，尊严不是一个不可或缺的东西。老的自由主义者，如洛克，在谈到人的权利时，突出的就是生命、自由和财产权。黑格尔也说，生命，作为各种目的的总和，具有与所有的抽象法（当然包括人格、尊严之类的抽象法）相对抗的权利。于是，对于一个偷窃一片面包就能保全生命的人来说，就不能把这种行为看作寻常的盗窃。“只有直接现在的急要，才可能成为替不法行为做辩护的理由”。① 在《史记·淮阴侯列传第三十二》中，记述着一段我们人人耳熟能详的故事：“淮阴屠中少年有侮信者，曰：‘若虽长大，好带刀剑，中情怯耳。’众辱之，曰：‘信能死，刺我；不能死，出我袴下。’于是信孰视之，俛出袴下，蒲伏。一市人皆笑信，以为怯。”韩信遇到“牛二”式的人物，并不是如杨志那样将他杀死，而是“俛出袴下”，市人皆笑信，以为怯。太史公却在最后说：“韩信虽为布衣时，其志与

① 参见黑格尔：《法哲学原理》第127节补充，范扬、张企泰译，商务印书馆，1961年。

众异。”真是燕雀安知鸿鹄之志哉！这本身也说明，就“鸿鹄之志”而言，个人一时的尊严真算不了什么。于是回到我们前面的讨论，就是：尊严是一个介乎生死、政治、道德之间的“阴影区”，它本身既不实在，也不虚幻；既不客观，也不主观；既需要辩护，也毋需多说；似乎一切皆在不言之中，但又觉得不说就无法使人意识到自己应该“成为一个人，并尊重他人为人”的可能性。

最后，我的“梦想”也依然在社会机制的健全上。要在梦想或者希望中构建起一种自下而上的、具有自主发展、蔓延开来的不断扩大化，从而也就生长起来的、在法律上已经承认但实际上仍未得到实现的对人的尊严的尊重与保护。这里并无必然性可言，但对我们来说也并非就不可讨论，不可想象。在中国这样的国家，所幸的就是历史哲学并未终结，而且看起来也不会终结。但就我这篇文章的主旨而言，与社会现实的关系不大，大的是尊严，是“成为一个人，并尊重他人为人”的可能性。上面一点提到了老的自由主义的人权观念，比如洛克。我们应该意识到，对人的尊严的强调，并把尊严问题提到如此的地步，应该是二战以后新出现的情况。这一点，我们在强调西德的《基本法》时就已提到了，认为宪法的目的或标准就在于保护人的尊严，这是一种全新的提法。请注意，这是1949年的事情。按照大卫·哈维在《新自由主义简史》一书中的介绍，第一次新自由主义的国家实验是在智利，发生在1973年皮诺切特的“小9·11”政变之后，所针对的是阿连德民选政府的社会主义倾向。这次政变得到了美国企业、美国中央情报局及美国国务卿基辛格的大力支持。在此之前，1968年的法国学生运动，就已经把国家视为敌人，认为国家必须改革。到1970年代初，“那些寻求个人自由的人和追求社会正义的人还能为共同事业而奋斗，许多人面临的共同敌人——人们认为强大的企业集团与干预主义政府的同盟造成了个性压迫和社会不公。”[①]接着，英国的撒切尔夫人在1979年走上了新自由主义的道路（松绑、私有化、国家从许多社会供给领域中退出）。差不多同时，中国开始了市场化的改革，哈维称之为“自由化之路”。1980年的印度和1990年的瑞典也部分地向新自由主义迈进。这种新的政治经济实践，通常也被归在“全球化”的名义之下。至于为什么会有新自由主义以及新自由主义在今天所面临的问题，并不是我的专业，也不是我所想讨论的话题。我只想提醒这样一点，就是正如哈维所说：任何一种思想若想占据主导，就必须首先确立一种概念装置，它诉诸我们的直觉和本能，诉诸我们的价值和欲望，诉诸我们居住的社会世界所固有的种种可能性。对新自由主义者来说，这一概念装置就是作为“文明的核心概念”的个人自由与人性尊严。于是20世纪的法西斯主义、权威主义、共产主义和所有政府干预的形式，都是针对着自由、平等以及最能体现这种价值观的尊严而来的。然后，在20世纪的最后几年，从巴黎和芝加哥，到曼谷和墨西哥城，吸引大家的注意力的，就是老黑格尔的那句话：“成为一个人，并尊重他人为人”，哈维把它改写为“每个人都应将自己为自己做决定视若圭臬”[②]，否则就谈不上尊严。

个人的尊严与社会政治经济的发展并不完全是一回事。无论我

---

① 参见大卫·哈维：《新自由主义简史》，王钦译，上海译文出版社，2010年，第49页。

② 同上，第6页。

们今天如何看待或理解新自由主义和所谓的全球化，“成为一个人，并尊重他人为人”总是我们自身作为一个人所应该提出的理论的和现实的要求，无论它是现实的（外在偶然的），还是可能的（内在梦想的），也无论我们自身与其他民族或国家的人有着多么大的民族差异或文化差异。问题只在于：我们是不是坚持认为人不同于任何别的生物，这种不同并不在对生命的维护，而在思考、理性，在人与人的交往合作中对真理与正义的探讨与追求。通过这种探讨与追求，让所有对这些问题均不感兴趣的人也能感受到自己作为一个人所具有的尊严。

5

小议“伪善”

说是“小议”，其实内心中早已经把它认作为一个“在思想上把握时代”的核心概念。之所以还要说是“小议”，是因为说起黑格尔哲学，说起康德黑格尔之别，说起中国历史上的“礼制”或“德治”，说起何为“抽象的法”（包括抽象的自由、抽象的意志），还有主观性、内在性等等，就会有很多很多的话可说。所以我们必须把话题限制在黑格尔《法哲学原理》第 140 节上，而这一节就集中讨论了“伪善”的问题。

道德中的核心概念是“善”与“良心”。它涉及我们在内心深处对所谓道德的追求。有了这种追求，我们才成其为人，才有了自由和作为人的尊严。也正是这种追求，使我们内在的规定性具有了一种超越性，也就是超越一切外在的身份与行为上的限定、限制与诱惑，而只服从于自己内在的规定。这种内在的规定就是所谓的良知。但这种内在的超越性如果只停留在“我可以”，“我能够”，“我只听从于我自己”的形式化超越上（包括康德的道德自律意义上的绝对命令）。这又可能导致两个结果：一是无法对善做出具体规定；二是使自己的追求或意志只具有了一种主观性的意味，即所谓的信念。

信念本身无所谓善恶，再加上对善又没有做出具体规定，那么信念越坚定，人也就变得越可怕，用黑格尔的话来说，因为“恶正是个人把自己设定为完全自为的东西的主观性”。这些话都出自《法哲学原理》第140节。

黑格尔说，世上唯有人是善的，因为唯有人知道什么是恶。知道恶而为恶，或故意为恶，这并不是我们所要讨论的“伪善”。

于是这里就有必要区分开“无知”和“不知”。

亚里士多德在《尼各马可伦理学》第二卷第二节中就注意到了这两个概念的区分（他是用两个不同的古希腊词语区分开的，此处不赘）。他认为“无知”指的是一种不知善恶有别，或者对善恶之别抱一种无所谓的态度；“不知”指的是他知道善恶之别，但却不知自己正在作恶。比如一个喝醉了酒的人行凶打人，并不是不知道打人不对，而是因为喝醉了酒，所以不知道自己正在作恶。也许我们理解为不准酒驾更合适：他不是不知道不应该酒驾，但因为他喝醉了，或者认为不会有什么问题，所以才酒后开车。他知道酒驾不对，但又不把自己的这一行为本身视为恶，这才叫“不知”。使其从“不知”到“有知”的变化，需要某种外在的力量或变化。《圣经·路加福音》，在说到耶稣死前的那段最为著名的话时，翻译为

“宽恕他们，因为他们不知他们的所为。”（Forgive them，for they do not know what they do.）黑格尔问，这里的“do not know what they do”到底指的是“无知”还是“不知”？如果是“无知”，就无所谓宽恕、祈祷，因为他们根本就不知道他们与他们要在十字架上钉死一个人有什么关系，甚至不知道钉死人本身就是罪。所以应该是“不知”。他们知道别人说这个人是“犹太人王”，是“基督”，知道彼拉多三番五次想放了这个人，因为实在找不出他犯了什么罪。但却不知自己出于怎样的一种狂热，才如此地折磨他、嘲弄他、非要钉死他不可。他们不知这是怎么一回事，为什么非要这样不可。当耶稣断了气，忽然天昏地暗时，所有在一旁观看、取笑的人才发觉不对，于是“捶着胸回去了”，就如一个醉酒者忽然清醒过来一样。

他们“不知”的到底是什么呢？黑格尔分析了三个方面的内容：第一，不知道自己的行为到底是出于理性的认识还是道德的情感（想想阿伦特以后提出的“平庸的恶”，想想“文革”时我们的所作所为）；第二，不知与普遍物相对抗的个人的特殊性意向到底是什么，只知道反正要对抗，以特殊性对抗普遍性；第三，不知这二者的对立到底会导致怎样的结果，它与自己想要达到的结果是何关系。

但这三个“不知”还不是“伪善”本身。

真正的“伪善”，就是把出于自己特殊意向（主观意图）的行为理解为对恶的铲除或消灭，认为只要出于主观意图上善的意图的行为，就一定是善的。

这里所说的意图，就是我们平时所说的动机。

所以重要的只是动机上的善。

所以要改造世界观，要灵魂深处闹革命，狠斗私字一闪念。

所以要造就“新人”，这“新人”的标志就是大脑里一张白纸，行为动机上绝无任何私心杂念。

我们选两个古今中西最有代表性的人物的言论来分析一下：

“仁远乎哉？我欲仁，斯仁至矣。”“求仁而得仁，又何怨？”（《论语·述而》）

“己欲立而立人，己欲达而达人。”（《论语·雍也》）

“己所不欲，勿施于人。”（《论语·卫灵公》）

“恭，宽，信，敏，惠。恭则不侮，宽则得众，信则人任焉，敏则有功，惠则足以使人。”（《论语·阳货》）

“子曰：诗三百，一言以蔽之，曰：‘思无邪’。”“为政以德，譬如北辰居其所而众星共之。”（《论语·为政》）

“曾子曰：‘夫子之道，忠恕而已矣。’”（《论语·里仁》）

“你要这样行动，就像你行动的准则应当通过你的意志成为一条普遍的自然法则一样。”“主观意志可以成为行为的客观性法则。”（康德《道德形而上学基础》）

前面是孔子的，后面是康德的，都是大家耳熟能详的一些言论。而且出发点和目的都是一个“己”字，都只在强调人的主观意愿的纯正，使一切行为本身从一开始就“出于义务”，而不是“合于义务”。“做买卖童叟无欺”，要“出于义务”，而不能仅仅理解为“合于义务”。其实，对人性、对人的精神世界的理解，让我们确信要求“合于义务”要远好于对“出于义务”的要求。或者说，赚钱是对的，但要有一种制度、一套规则，使那些在行为上总是“合于规则”的人总能赚到钱，越“合规则”就越发财，而违反规则就一定让你人财两空、家破人亡。客观化的规则越强硬，越普遍，就越好。当然，规则总是人“出于义务”而制定的，一旦制定出来，就不管你的行为出于什么动机了，只管行为本身是否“合于规则”。做买卖你“童叟无欺”是不是出于义务，没有人管你。但时间长了，因为越合于规则就越能赚钱，“合于义务”就会在不知不觉中变成了“出于义务”。前几天，加拿大麦克默里堡（Fort McMurry）发生了历史上从未有过的森林大火，十万人紧急撤离，也有的说五万多人必须在30分钟内撤走。但我们从图片上可以看出，就是在燃烧着大火的情况下，撤离的道路上依旧给救援、抢险的车保留着车道，而且撤离的现场井然有序，绝无抢道、插车的现象发生。我并不相信这是因为这么多人的道德都十分纯正，行为都是“出于义务”。从非常功利的角度看，其实大家都知道混乱和加塞都只会耽误撤离的速度，最后的结果就是大部分人将被烧死。这就与只有当做买卖的人都知道了只有“童叟无欺”才能做好买卖的道理一样，重要的是行为本身要合于规则，而这套规则又出于义务，慢慢就变成了对每个人而言的“出于义务”的习惯。

“伪善”就是只讲从行为动机（出于义务而不是合于义务）上要求人，然后相信只要动机上纯正了，行为本身也就一定是善的。最纯正的行为动机就一定是不妥协地与一切“不出于义务”的行为作斗争。

黑格尔由此概括出伪善的四个形式化规定：

第一，意图上的善决定一切，于是所有行为，打土豪分田地，批斗老师，烧书，砸烂旧世界，就都是对的。这叫从动机上把自己的恶解释为善；

第二，用外在的原因解释别人的动机，于是既可以把别人的善行解释成恶行，也可以把对方的恶行解释为善行。出身、历史、经历、看了什么书，听了谁的话等等都可以成为解释的理由；

第三，盖然论。到底什么样的动机是善、是恶，是出于义务，最后只有靠权威的认定。于是有多少权威，也就有了多少必须“出于义务”的行为动机。最高的权威也就是最高统治者的意志，大家无形中养成了“听最高领导人的话”的思维习惯和生活作风，直接知觉与偶然想象代替了概念与逻辑上的论述。人们厌恶与轻视理论思维到如此地步，以致“真的东西的概念、伦理性东西的规律，也无非就是私见和主观的信念”；

第四，最后，善与恶的界限终于消失了，人们各自选择自己的行为，然后好话说尽，坏事做绝。无数的人由“坏人”变成好人，又有无数身居高位的“好人”变成了坏人，如此反复，终于使善恶不再有任何客观的标准，剩下的只有自己的利益与选择。对于做买卖的人来说，自然是牟利，但由于没有规矩，没有法治，没有监督，大家也就只习惯于从道德上（也就是从动机上）对诸如三聚氰胺、毒疫苗之类的事进行谴责。而这些谴责既无效也无力，因为你只会把问题归结为道德、动机、良知、信念等主观因素，而所有应做什么、不做什么的善恶之别，只能等待着最高意志的任性解释。

这其实是一种社会秩序的丧失。现代社会的特点就是政治压倒了道德，哲学作为对国家事务的研究取代了个人的私人艺术兴趣（这都是黑格尔在《法哲学原理·序言》中的话）。于是我们发现世界已经从一个崇尚圣人、君子、英雄、德行、高尚、充满诗意的世界，变成了一个法律与伦理世界客观化，人们只知做一个守法公民，过平庸、琐碎、乏味生活的散文时代。在这一巨大变化中，沉湎于或自恋于个人内在的道德情感是一回事，如何让这种道德情感通过法规而具有了特殊的规定性，从而寻找到生活的另一种安宁与闲暇，则是完全不同的另一回事。我们这代人，五十多年前，“文化大革命”开始时，从内心到外在过的都是一种英雄、道德、崇高、让信念充满诗意的生活，对于发生在身边的种种灾难，包括那么多人的死亡以及对文物古迹的极其彻底的、可怕的破坏都一无所感或毫不在意。今天，五十多年后的今天，我们已经老了，心中渴望的是一种安宁与闲暇。但那些年轻人呢？那些与我们当年一样大的年轻人，他们可知道五十多年前所发生过的一切？他们又从理论上对道德与政治、法治与权利的关系做过诸如此类的思索吗？作为一个在高校中已经工作了超过三十五年的老教授，听到对社会的种种言论，包括礼崩乐坏、人心不古、天良丧尽之类的道德谴责时，怎能不忧心忡忡，并在直接知觉与偶然想象中不断遭遇着“伪善”的磨难？

6

历史虚无主义与政治犬儒主义

“虚无主义”（nihilism）与“犬儒主义”（cynicism）都是外来引入的词语。在我们今天的日常生活中，人们也多用这两个词语表达着各自不同的观念。尽管细究起来可能与其原本的含义大相径庭，但大体上的意思还是比较清晰的。之所以说清晰，是因为它们在现实生活中已获得了某种理解；能获得理解，又是因为人们可以用大量的经验事实作为例证加以论证。或者说，这两个词语在今天之所以引起我们的高度关注，是因为它们已经成为了我们不得不面对的某种现实的生活态度——尽管更多的人可能并未意识或并不承认。于是，作为理论工作者，我们也就有责任，或者说有义务从理论上对这两个词语在今天的含义加以分析。

在虚无主义前面加上“历史”，在犬儒主义前面加上“政治”，是因为“历史”与“政治”就是我们最大的现实。“历史虚无主义”与“政治犬儒主义”作为一种对历史的信念与对政治的态度，已经成为我们在今天的历史哲学与政治哲学研究中所不得不反省自身，并努力使之成为一个可以从理论上把握我们这个时代的核心问题。

我理解的“虚无主义”在西方哲学中基本上是一个从本体论（ontology）的概念演化而来的概念。把本体（noumenon，thing-in-itself）、存在（being）、实体（substance）这些概念在存在论上理解为“虚无”，或者说，世上本无本体、实体、本性、本意、本事这样的存在，认为这样一些“概念”只具有语词分析上的意义，是人们发明出来对世界进行解释或说明时才用到的。

那么“历史虚无主义”所涉及的也就是“历史”到底是不是一种实在，是不是有一个不以人的意志为转移的“历史”在走着自己的路。黑格尔把历史就说成是“神自身在地上的行进”。这里的“神”指国家，国家在历史中要使自身的自由现实化，“而自由之成为现实乃是理性的绝对目的”。①

从黑格尔的这段话中也可以看出，在西方文化中，真正使历史成为有方向、有目的的线性发展历程的，是来自基督教的观念。正是奥古斯丁，把世界说成是上帝从虚无中的创造，把历史解释成从“尘世之国”向“上帝之国”的跃进，于是人、人性、社会的概念也就取代了古代希腊的核心概念“自然”（physis）。“自然”的活生生的自我运动、循环显现变成了历史在演进中的自我实现，而历史

① 参见黑格尔：《法哲学原理》第258节补充，范扬、张企泰译，商务印书馆，2011年。

中的主题当然是与人的生死与发展，与人的本性与目标，人的有罪与救赎等话题有关的问题。人的理性、意志、欲望、决断成为历史发展的动力源泉，而且所有的发展变化都构成为历史的事件。于是，第一，用“人”取代了“自然”，对人在过去岁月中的活动进行收集、整理，这就是历史的研究；对所有的经验材料进行反思，以求在逻辑上给出一个“为什么”或“有无方向”，“有无进步”，“进步的标准是什么”的解答，就是所谓的历史哲学；而相信历史的客观实在，认为只有通过历史的研究才能最终回答“人是什么”的问题，则被称为“历史主义”的历史观念。第二，与之有关的，就是历史的客观实在性如果来自上帝的创造，那它在逻辑上就应该有一个终点，或者说末日审判。第三，历史这一概念取代了古典哲学中（主要是柏拉图）的本体论（理念）的概念，成了真正的既在个别（内容、殊相）之中，又超越于或最后实现于个别的一般（形式、共相）。这就把柏拉图的学说与亚里士多德的学说结合了起来。改造旧唯物主义的自然本体论，把传统的自然本体论理解为“自然历史过程”，这曾被认为是马克思在哲学上的一大贡献。

但就“历史”这一概念的唯实论（realism）与唯名论（nominalism）之争却一直持续发展着。唯名论在中世纪曾被天主教认为是一种异端思想。到马丁·路德的宗教改革，他在某种程度上继承了唯名论的思想，至少在理论上已不再把世界历史看成是一个合乎理性、秩序井然的发展过程，尽管历史（主要是国家权力）依旧体现着上帝的力量。

宗教改革以后，按唯名论的立场理解哲学中的本体论（存在论）问题，基本上就是英美的经验主义哲学，或者也可以理解为现代哲学的发展方向；而欧陆哲学，则依旧坚持着不断变幻着的唯实论立场，想给历史的自在自为发展、实现其自身的内在目的，找到一种本体论上的依据。比如在赫尔德那里是人的“历史感”，它有断裂，但依旧是连续的；在黑格尔那里就变成了“绝对精神”的自我“显现”与自我“实现”的过程。在此过程中，任何特殊的个人与团体都只充当了“环节”的作用。这就是所谓的“理性的狡计”。

我们可以依旧把这种视历史自身为有狡计的理性的观念，称之为历史主义的信念。

历史主义是一种特定的看待历史的态度与立场，作为一种信念，正如黑格尔自己所说，本身无所谓善恶、对错。信念就是信念，“只有我所不确信的东西才算是恶的”，现在的问题是“信念的原则不值一文，而占支配地位的只是任性。”[①]这是黑格尔在19世纪20年代所说的话，几乎快过去两百年了，但这段话所表达的，依旧就是我们的现在。所以哈贝马斯才说，我们现在的处境与黑格尔的第一代弟子并没有本质差别[②]，而黑格尔则认为时代的古典模式已经发生了崩溃，应该从基督教的宗教团契和希腊城邦中重新寻找到一种理想化了的、在历史中实现一体化的力量。卢卡奇1967年在为他的《历史与阶级意识》所写的“新版序言”中说，1924年列宁逝世以后，“这个时期的以救世主自居的乌托邦主义越来越失去现实的（甚至是看起来现实的）基础”。而他自己又说“我从黑格尔那里获得来的伦理唯心主义带有浪漫主义的反资本主义因素”，这

---

① 参见黑格尔：《法哲学原理》第140节，范扬、张企泰译，商务印书馆，2011年。

② 哈贝马斯：《后形而上学思想》，曹卫东、付德根译，译林出版社，2012年，第28页。

两者合起来，使他坚信恢复马克思的黑格尔传统成为了一项迫切的义务。这也就是他之所以再版这本《历史与阶级意识》的一个动机上的原因。

所谓的"现代性危机"，也就是在启蒙运动、文艺复兴、宗教改革中所焕发出来人的主体性意识，以及与之有关的对理性与自由的确信无疑发生了危机。而这一切在今天之所以都发生了危机，又与哲学上的"唯名论"与"唯实论"之争有关。就是说，历史、国家、人权、民族、自由在什么意义上而言才是"实在"的？或者说，这些概念本身并无任何客观实在性，它们只是一些人类发明出来的"名词"。马克思的意识形态批判、弗洛伊德的理性自主性批判、尼采的基督教道德谱系批判，还有笛卡尔的"我思"（cogito）成了康德的"自在之物"（thing-in-itself），而这个"自在之物"，也就是康德所理解的"本体"，并不显现给任何人，也不如自我意识那样显现给自身，因为它本来就是"无"。[①] 于是塞瑞娜·潘琳干脆就把现代社会称之为"无根的现代性"，并用汉娜·阿伦特所理解的"超验的不可能、传统的断裂、权威的丧失"来概括现代性的特征。[②]

"无根"也就是无本体、无实体、无存在（Being），无论是主观的"自我"，还是客观的"历史"，实际都并无"实在性"（reality）的存在。由此也可看出哲学的根本问题一直就集中在概念（一般、共相、一）与可感知的事物（个别、殊相、多）之间的关系上。

尼采是因为说出"上帝死了"而被认为道出了虚无主义的本质

---

① 阿伦特：《精神生活·思维》，姜志辉译，江苏教育出版社，2006 年，第 46 页。

② 参见塞瑞娜·潘琳：《阿伦特与现代性的挑战》导论部分，张云龙译，江苏人民出版社，2012 年。

特征的。请注意：尼采当时认为虚无主义要再过几个世纪才能被人意识到，而且只有当虚无主义发展到极端并走向它的反面时，才会被克服。

上帝死了，也就意味着传统社会中形成并被人们普遍接受的价值与理想、道德的彻底崩溃。从哲学上讲，这也是西方哲学中的柏拉图主义以及历久弥新的唯实论哲学传统的崩溃，因为基督教不过是“大众所接受的柏拉图主义”，上帝也只意味着某种独立于人的客观实在性，比如历史（当然，上帝什么时候或在什么情况下从一个静止着的永恒存在，变成了“时间中的永恒”，这是另一个严峻的理论问题，参见洛维特的《世界历史与救赎历史》）。

于是我们可以说，所谓的“历史虚无主义”就指的是“历史是无”，或者说“没有历史”，“历史这一概念只是一个可有可无的名词”。这并不是说没有过去所发生的事情，而是指并无对人类而言的历史的方向性、目的性、客观性与必然性，没有“历史的狡计”。那么同样的道理，就如休谟很早就说过的那样，没有道德的事实，只有对事实的道德解释。

所有概念的实在性都受到了挑战，而在黑格尔看来，凡在哲学中不对概念的证明和演绎进行论证的，就离“懂得什么是哲学这种初步思想还很远，他们尽可以谈别的，但是在哲学中，如果想不用概念立论，那就没有参加讨论的权利”。[1]

那么所谓“历史的终结”，也就指的是传统的以历史这一概念

---

① 参见黑格尔：《法哲学原理》第141节附释，范扬、张企泰译，商务印书馆，2011年。

立论的终结，因为人们在历史中已经为自己争得了任何人都可以“参加讨论的权利”，于是历史也就失去了它继续发展的人性动力（这动力即表现为权利的被承认）。所以历史的客观实在性其实是建筑在人性的理性、意志、欲望的客观实在性之上的。当人没有了要为之而奋斗的目标时，历史也就失去了发展的动力。

但这样一来，就会把历史中所发生的一切都归之为偶然，甚至说成是命运，命中注定（命运、命定的观念都强调的是偶然性的力量），个人全无任何判断、支配、改变的可能，只能接受、认命。这既是历史虚无主义的典型特征，但又与目的论、决定论的思路殊途同归：人在历史中只能采取一种顺应的、无所作为的立场与态度。所不同的，就是决定论、目的论还有信念，还可论述，而虚无论则无从讨论，认定现存的一切均不可改变，也无法认知。这就是黑格尔所认定的真正的恶。这也是某种意义上的乐观主义与无所谓主义的区别。这里的“乐观”，可能正如阿伦特所说，“回家后就打开煤气或者以一种根本意想不到的方式跳下摩天大楼。他们似乎要证明，我们宣称的乐观是建立在对死亡的危险理解之上的……”①所以浅薄的乐观主义与愤世嫉俗的绝望还是相信历史有规律、有目的，就实现人的终极价值而言有意义；而在虚无主义或无所谓主义那里，则无诸如此类的荒诞，他们会一直活得很舒坦，很自在。追求这种舒坦与自在早已被我们理解为生活在当下的智慧。

于是这里又涉及一个我们对历史到底有无可能获得一个“共通

① 参见塞瑞娜·潘琳：《阿伦特与现代性的挑战》导论部分，张云龙译，江苏人民出版社，2012年。

感”的问题。也正是在这一意义上，阿伦特把康德的《判断力批判》理解为他的政治哲学的基础。因为对历史事实的判断与对审美的判断一样，都是构成一个共同世界的条件与效果。判断力既非完全主观，也非完全客观，就如历史事实一样，它的双重性构成了一个可以称之为“主观普遍性”的共同世界。①

然而历史虚无主义者却并不这样理解“主观普遍性”意义上的共同世界。“无根”“多余”“孤独”，都指的是一种“不属于这个世界”或“这个世界与我无关”的感觉。所以也就相应地表现为对公共生活（公共生活最集中地体现在政治中）的冷漠、不参与的态度与对“伪善”（hypocrisy）的道德辩解。黑格尔是这样解释“伪善”的：当主观性视一切客观性为虚无时，世上就只剩下了自己善的良知（灵魂）；又因为任何行为都有其肯定的一面（比如可以把消灭犹太人称之为消灭劣等民族，清洁人类环境；把“文化大革命”称之为反对资本主义伏笔，把今天的环境污染说成是工业化的必须等等），所以也就可以把此行为中这肯定的一面与自己的主观意图联系在一起，称自己的行为在意愿上是善的。黑格尔说，“对这种主观性来说，什么绝对的善和绝对的恶都消失了，它就可以随心所欲，装成各种样子。这正是绝对诡辩的观点，这种诡辩俨然以立法者自居，并根据其任性来区别善恶。……现在的伪善采取了更为精巧的形态，这就是盖然论的形态。它的含义是：行为人根据自己的良心企图把犯规行为设想为一种善行。这种学说，只有当道德和善

① 塞瑞娜·潘琳：《阿伦特与现代性的挑战》，张云龙译，江苏人民出版社，2012 年，第 109 页。

由权威来决定时才会发生；其结果，有多少个权威，就有多少个把恶主张为善的理由。”①

当主观性视一切为客观性为虚无时，在道德上的表现就是“伪善”。在政治上，从消极的方面讲，就是不参与任何政治活动，以为自己可以过一种与政治无涉的“自然生活”；从积极的方面来讲，就是政治投机，想通过投机来保存或牟取个人的利益。

没有了一个政治的、意义共享的共同现实，再加上伪善与在政治投机中谋取私人的直接性利益，这就是我们所理解的政治犬儒主义。这样的话也是阿伦特说的。她就认为极权主义的意识形态特点就是“一切皆有可能”，于是“人们被改造为低于人之物，没有行动或选择能力的生物。剥夺人们的权利和承担道德责任的机会仅仅是第一步，之后是个性本身被消灭”。所以玛格丽特·卡诺凡在《阿伦特政治思想再释》的第一章中就明确指出“在阿伦特的说明中，极权主义运动的其中一个特征是一种犬儒主义的等级制，根据这一等级制，那些进入极权主义运动内部阶层的人所知道的，要多于官方用以提供给普通成员的东西……在她看来，那些采用它们的人是否相信他们的特殊样式为真，最终无关紧要。对于那些认为真假区分不再有意义的人们而言，就有可能形成一个极权主义政体。按照阿伦特的说法，所有极权主义者都真诚相信‘一切皆有可能’。如果出现了与意识形态不一致的麻烦事实，那么，改变的不是意识形态，而是这些事实。”②

---

① 参见黑格尔：《法哲学原理》第140节，范扬、张企泰译，商务印书馆，2011年。

② 卡诺凡：《阿伦特政治思想再释》，陈高华译，人民出版社，2012年，第27页。

因此，历史虚无主义与政治犬儒主义是勾连在一起的。当历史虚无主义告诉了我们历史上的一切皆有可能、什么都是偶然的时，政治犬儒主义也就放弃了自己的权利和道德承担的责任。而这一切，至少在黑格尔看来导致的就是“伪善”，在阿伦特看来，则与极权主义密不可分。

那么，是不是我们就应该把历史理解为一个“在地上行走的神”，历史是不是一个有着无穷狡计的自在自为的理性化过程，我们或者认为我们可以把握其规律，改造其过程，实现其目标（比如共产主义），或者认识到我们在历史中最多也只是充当了一个环节或过客的角色，于是就用必然性或“交学费”解释一切。那种所谓的既非客观，也非主观的“共同世界”到底是如何在我们大家的共同努力中构成的，这不仅在理论上，更多的是在实践中，也依然是一个尚未解决的问题，因为“行动”对我们而言，尚未成为一个“开启某事、带着主动性、有意向地处理事情的过程”。什么叫“开启”？阿伦特说，就是在这个世界上与他人一起发生的事情。由于任何事情都具有不可控制和不可预测这两个方面的消极特征，所以只有通过承诺与宽恕，人才可能真正看到自己改变对过去的认识并为未来带来规定性的基本能力。也只有这一能力，才会使我们不再把虚无主义与犬儒主义仅仅看成是一个可以无限争论下去的理论问题。①

---

① 塞瑞娜·潘琳：《阿伦特与现代性的挑战》，张云龙译，江苏人民出版社，2012年，第37、38页。

7

政治秩序与伦理秩序，以及后面的观念秩序

人作为社会存在的动物，是一定要生活在秩序中的。这里所说的秩序，指的是社会秩序。所谓的社会秩序，是一个相对于自然秩序的概念。也就是说，人所生活于其中的社会秩序都具有人为性，是完全不同于自然秩序的人为秩序，姑且称之为社会秩序。

这也就是说，相对于自然秩序的自然状态，只是我们出于讨论问题的需要而设想的一个假设。今天的人们依然喜欢用“丛林社会”“弱肉强食”之类的比喻来描述人类社会，但这只是比喻。再丛林的社会，也躲不过权力的操控。而权力，无论是公开的还是隐蔽的，它毕竟表现出人与人的某种关系，而且体现出某种具有支配性的力量。这种支配性的力量与意图（设想、故意、

图谋、理念，等等）的实现有关，所以其本身就是人的社会性存在的构成要素。

我们在这里强调人的社会生活中秩序的人为性，从政治哲学的角度来看，是想突显秩序与政体之间的关系；从单纯的哲学思考而言，是为了回答这样一个哲学问题：人为的秩序何以具有了客观普遍性，也就是观念与现实之间的关系。

关于政体，吕思勉先生在《中国通史》的第三章中专门进行了讨论。他说，在国家出现之前，人类团结的方式，只靠血缘，其时重要的组织，就是氏族随着血缘相异的人，接触渐多，氏族便进而为部落，统治者的资格，非复族长而为酋长，其统治亦兼论地域，开国家领土的先河。他说，君主政体、贵族政体、民主政体，“这种分类之法，是出于亚里士多德的。虽与今日情形不同，然以论古代的政体，则仍觉其合适”。[①] 从这里也可以看出概念的重要。若没有先人或外国人给我们提供的概念框架，我们也就几乎无法整理、概括我们的经验。吕思勉先生借助于亚里士多德的概念，处理的是中国的史实。他告诉我们，古所谓“国”，是指诸侯的私产而言：包括（一）其住居之所，（二）及其有收益的土地。今之所谓“国家”，古无此语。必欲求其相近的，则以“社稷”两字或“邦”字代之。社是土神，稷是谷神，是住居于同一地方的人所共同崇奉的。汉高祖刘邦，汉人讳邦字，都改作国。于是国字和邦字的意义就搞混淆了。现在古书上的若干“国”字，本来是当作“邦”字的，如《诗经》里的“日辟国百里”等。另一个著名的例子就是，

---

① 吕思勉：《中国通史》，中国画报出版社，2012 年，第 39 页。

因汉文帝名刘恒，所以老子《道德经》第一句“道可道，非恒道；名可名，非恒名”也便改成了“道可道，非常道；名可名，非常名”。

所以我们今天讨论政体，说起来是“国体”，在古代就是“邦体”。吕思勉先生说，“贵族政体和民主政体，在古书上，亦未尝无相类的制度。然以大体言之，则君权之在中国，极为发达。君主的第（一）个资格，是从氏族时代的族长沿袭而来，所以古书上总是说君是民之父母。其（二）则为政治或军事上之首领。其（三）则为宗教上之首领。所以天子祭天地，诸侯祭社稷等。均有代表其群下而为祭司之权，而《书经》上说：天降下民，作之君，作之师。君主又操有最高的教育之权。”[①]周厉王被逐，宣王未立，周召二公，共和行政，凡 14 年。主权不属于一人，和欧洲的贵族政体，最为相像。按《左氏》襄公十四年，卫献公出奔，还有鲁国的鲁昭公出奔，国体均为共和之治。可见贵族政体，古代亦有端倪，不过未曾发达而成为一种制度。至于民主政治，则其遗迹更多。我们简直可以说，古代是确有这种制度，而后来才被破坏掉的。吕先生说，按《书经·洪范》所载，君主、卿士、庶人、龟、筮，各占一枚，而以其多少数定吉凶，亦必系一种会议之法。至于随意询问之事，如《孟子》所谓“国人皆曰贤，然后察之，见贤焉，然后用之”；“国人皆曰不可，然后察之，见不可焉，然后去之”；“国人皆曰可杀，然后察之，见可杀焉，然后杀之”。（《梁惠王下》）他说，野蛮部落，内部和同，无甚矛盾，舆论自极忠实。有大事及疑难之事，会

① 吕思勉：《中国通史》，中国画报出版社，2012 年，第 41 页。

议时竟有须全体通过，然后能行，并无所谓多数决的。他的结论是“原始的制度，总是民主的。到后来，各方面的利害冲突既深，政治的性质亦益复杂，才变而由少数人专断。这是普遍的现象，无足怀疑的。”[①]这里需要特别指出的，就是邓晓芒教授在这次会上的一个发言。他说，黑格尔在《法哲学原理》第75节中误解了卢梭的契约论，至少没有如卢梭那样区分开“众意”与“公意”，导致他把民主理解为按“众意”（国人皆曰、全体通过、多数决等）的意思行事。这种民主，也就是吕思勉先生所说的“原始的民主”，其实并无“公意”的概念。所谓“公意”，按卢梭自己的说法，具有这样几个特点：“个别意志由于它的本性就总是倾向于偏私，而公意则总是倾向于平等”；“众意与公意之间经常总是有很大的差别；公意只着眼于公共的利益，而众意则着眼于私人的利益，众意只是个别意志的总和，但是，除掉这些个别意志间正负相抵消的部分而外，则剩下的总和仍然是公意。”[②]卢梭在下面的一个“注”中说：“全体的利益一致是由于与每个人的利益相对立而形成的。如果完全没有不同的利益，那么，那种永远都碰不到障碍的共同利益，也就很难被人感受到：一切都将自行运转，政治也就不成其为一种艺术了。”由此可见，“公意”是在“众意”喧哗，各自坚持不同见解中显示出来的；没有了“众意”的相互争执，也就没有了“公意”的暗中存在。这种暗中存在的“公意”，如果理解为一种程序上的要求可能更好理解。就是说：我们的观点相互对立，但均应按某种

---

① 吕思勉：《中国通史》，中国画报出版社，2012年，第43页。

② 卢梭：《社会契约论》，何兆武译，商务印书馆，2003年，第32、35页。

程序表达出来，如果在这一点上没有异议，那就是“公意”的彰显。如常引用的伏尔泰的说法：“我不同意你的观点，但捍卫你发表言论的权利。”“我不认可这种法律，但同意国家必须以法治国。”这里所体现出的就是某种具有程序、仪式，哲学上所讲的形式意义上的“公意”。如果没有了你的不同观点，也就没有了你可以自由发表言论的权利意识；没有了对法律的不同见解，也就意识不到法治的必要。这里所体现出的“公意”意识，它超越了具体、有限的差异与不同，要在差异与不同后面寻找可能的“共识”，需要的自然是双方的妥协，以及对某种具有超验性的“公意”或“共识”的认同。人民是可以被欺骗的，但“公意”或“共识”却绝不会错。这才是卢梭的本意。如果把契约只理解为商业活动中的合约，忽略了契约论本身在形式上所需要的信仰（对天道的情感需要）、信任（对人道的起码要求）、信从（天道、人道的外在规则），这所谓的“三信”，就会把本身因其超验而具有的普遍性降低为经验世界中多数人意见的“众意”。这种把民主理解为“众意”的观念，很可能导致的就是“多数人的暴政”。

所以无论是政治秩序还是伦理秩序，作为人为的秩序，后面都离不开这里所说的“三信”。有的地方也称之为“集体意向性”。“集体意向性”指的是意义的共享，这种共享也主要是就形式上的一致而言的。再具体一点说，也就是任何社会秩序，都需要国家、宗教、文化这三大要素的合力，它们共同体现出的是人的“非本能性技能”。但在这种“技能”后面，人的哲学思维还要求着形式上的创造或一致。说到这里，就涉及我们到底应如何理解“人”这一概念。当女性争取自己的权利，特别是选举权时，当黑人、印第安人争取自己的权利时，都涉及对“人”这一概念的理解，或者说，正是在“人”这一概念的理解上所能达成的“公意”或“共识”，才逼迫着统治者不得不给女性、黑人、印第安人以人的尊严，人的权利。有人说过，女性与男性的差异之大，甚至超过了人类与黑猩猩的差异。但无论男女在内容等方面的差异有多大，他们在什么意义上都必须被称为“人”？黑人、印第安人在什么意义上也是“人”？这才是问题的关键。体力、智力、才干、基因上的差异再大，也未大过“人”的概念；或者说，没有这些内容上的差异，也就不可能构成“人”这一抽象的、超越的、永远也碰不到障碍的形式化概念。所谓的人权只是在内容上对“人”这一概念形式的填充，而且这种填充是无穷无尽的。“众意”（着眼于“人”这一概念在内容上的差异性）与“公意”（我们是否就什么才是人之为人的概念在根本上达成一致）之别，也就体现在这里。这是人之所以有人的尊严，也是“人”不愿意把自己等同于“物”，等同于工具、手段等具体内容，要为自己被承认为“人”而战斗的关键所在。这里所说：“人”，超越了种族、国别、阶级、出身、性别、教育等所有方面的差异，自然显得很抽象，但也正因为它的抽象，是纯粹思维的产物，所以才被理解为“人”的形式化构成要素，正如权力本身就是人的社会性存在的构成性要素一样。康德在《纯粹理性批判》中说他的理性所关注的一切可以结合为以下三大问题，即我能够知道什么？我应当做什么？和我可以希望什么？又过了 12 年，才在给司徒林的一封信中，补充了他的第四个，也是最后一个，可以概括前面三个问题的总问题：人是什么？

“人是什么”的问题，就康德哲学而言，可以有三个方面的思考：一是康德哲学对自己的先验哲学（对先天形式的关注）的转向，偏向于经验性的人类学（对内容的关注），包括心理学方面的经验研究；二是他终于发现了人类学意义上人的心灵中的知、情、意这三种经验能力与先验哲学中所讲的三种形式能力，即知性（能知道什么）、判断（应当做什么）、理性（希望什么）的对应关系；三是如阿伦特所言，康德的《判断力批判》，不仅关涉人的情感、伦理即事实方面的问题，也是他未完成的政治哲学的论著，因为在人的社会生活中，人不仅是自己的文化创造活动（非本能性技艺）的产物，更是共同体生活即政治活动（非本能性意愿）的产物。

黑格尔在《法哲学原理》第 75 节中是这样说的："契约双方当事人互以直接独立的人相对待，所以契约（甲）从任性出发；（乙）通过契约而达到定在的同一意志只能由双方当事人设定，从而它仅仅是共同意志，而不是自在自为的普遍意志；（丙）契约的客体是个别外在物，因为只有这种个别外在物才受当事人单纯任性的支配而被割让。"这段话就对卢梭的"社会契约论"的理解而言，可以说他误解了"众意"与"公意"的区别，卢梭的"公意"其实就是黑格尔自己所强调的那种"自在自为的普遍意志"。离开卢梭的原意，单就黑格尔这段话而言，他显然反对卢梭，也包括康德在内的近代自由主义思潮中的个人主义，即把意识、理性都只看成是一个作为"个人"的"人"能知道什么、能做什么、能信什么的问题。在他眼中，凡由个人做出的任何实质性的具体决定均属"任性"；凡只是由当事人设定的协议，都只是共同意志；凡属商业性的支配与割让的，均是对外在个别事物的处理方式。而家庭、国家，作为血缘和政治的范畴，显然并不是任性、协议、外在支配或割让的产物。吕思勉先生在他的《中国通史》中告诉了我们，中国古代社会如何从血缘性的氏族发展为部落，最后形成为国家（邦）。说明血缘的基础还是最根本的。重视血缘的基础性关系，在理论上就要求，第一，相信人心的内在良善，正是这种良善可以化解利益上的诸多冲突；第二，倾向于按照过去的传统来安排人的社会生活，如孔子所说："其或继周者，虽百世可知也。"（《论语·为证》）"继周"的什么呢？自然是那种社会秩序，以及构成那种社会秩序的价值观念。尽管强调"观念"就已经证明了社会秩序是人为的而非自然的，但在周以后，人们（特别是以孔子为代表的儒家）却要把那种人为的社会秩序说成是一种自然秩序。如《周易》所贯彻的一个原则就是观象取义，从自然界中的一些现象中推导出人世间的一般原则。在刘泽华先生主编的《中国传统政治哲学与社会整合》中，概括出了三种把自然秩序（天秩论）与社会秩序（礼义论）合为一体的方式。即第一，类比法。最典型的就是"天无二日，土无二王"，或荀子所说："天地者，生之始也；礼仪者，治之始也……君臣、父子、兄弟、夫妇，始则终，终则始，与天地同理，与万世同久。"（荀子·王制）董仲舒把五行中的"土"单独提出来，剩下的木（春）、火（夏）、金（秋）、水（冬）相对应，余下的土置于夏，然后讲出一通道理。他还把君主的貌、言、视、听、说与五行联系起来，说出一番"王者与臣无礼貌"，"王者言不从"，"王者视不明"，"王者听不聪"，"王者心不能容"就会怎么样的一番道理，虽然意在约束君主，但责任的主体并不是下面的民，而是上面的天。第二，溯源法。最典型的就是《易传·序卦》中的那段话："有天地然后有万物，有万物然后有男女。有男女然后有夫妇。有夫妇然后有父子。有父子然后有君臣，有君臣然后有上下。有上下然后礼仪有所错。”第三，道贯法。社会秩序是道的体现，《庄子·天道》中提出“天之道”与“大道之序”，认为尊卑等级关系就是符合于“天之道”的“大道之序”。《管子·心术上》说得更具体：“虚而无形谓之道，化育万物谓之德；君臣、父子、人间之事谓之义；登降、揖让、贵贱有等，等疏有体，谓之礼；简物小大，杀戮禁诸，谓之法。”把君臣、父子之义，登降、揖让、贵贱之礼，都说成是因道而设。[①] 这里应该特别强调一下，我们古代哲人的这种自然比附，与古代希腊的“自然法”观念是大不相同的。自然法其实更像是卢梭的“本意”，也就是说，自然法的观念并不是为现有的社会秩序做辩护，而是一种提出或表达质疑的理论。当时的智者学派曾提出过三个观念作为自然法的观念，对当时的希腊社会造成了强烈的冲击。这三个观念就是，第一，既有的法律服务于阶级利益，是人为建构的，只有自然地合乎道德，自然地正当的东西才是名副其实的道德；第二，所有的人都享有自然法上的自由和平等的观念，由此也就形成了人的权利和人类高于城邦的世界共同体的观念；第三，国家或城邦并不是最重要的，它起源于人的决定，也即起源于某种自愿的契约，而不是某种必然性。[②] 当然，我在这里必须立即说明，这里所说的“人”并不包括奴隶，甚至也不包括女人，但由此也可看出，全部问题依然集中在对“人”这一概念的理解以及什

---

① 刘泽华：《中国传统政治哲学与社会整合》，中国社会科学出版社，2000 年，第 39 页。

② 海因里希·罗门：《自然法的观念史和哲学》，姚中秋译，上海三联书店，2007 年，第 9 页。

么样的人才不能算人。如果所有的人都应该是人（尽管有着各种很大的差别），那么，所有的人也就应该享有自然法观念上的自由平等。这也是在两千多年中，人为争取让自己能被作为人来看的努力奋斗史。

人就应该享有人所应该享有的尊严，哲学上叫“是其所是”。但这应该被理解为一个过程，一个漫长的，几乎并无终点的过程。其中的矛盾，依然是形式与内容的关系。自亚里士多德以来，形式，即思维的活动本身就受到了重视，包括形式逻辑都是对思维活动的形式规则的要求；而我们则偏重内容，更重视的是实际的效果，能得到什么，这与对真正属人的特征到底是什么的不同理解有关。

尽管在古代社会，我们的先哲们在自然比附上与古代希腊的哲人们的自然法观念有如此大的不同，我也并不认为我们的先哲们在说法上有什么大错，特别在古代社会，能如此类比、溯源、道贯已实属不易，而且自成一套理论。仅就“虚而无形谓之道，化育万物谓之德”而言，已经极像黑格尔的学说。问题只在当人们不再相信政治秩序与伦理秩序均来自于自然，或由道一以贯之时，传统的信仰就丧失了。随着信仰的丧失，信从与信任也就日渐萎靡，不堪维系世道人心。剩下的，只有强权。于是色拉叙马霍斯所说的“正义即强者的利益”与孔子所说的“礼乐征伐自天子出”及《汉书·刑法志》里的“天子以兵定天下”，就成为了我们在文革中大讲的“无产阶级专政”理论所不得不面对的问题。而对这一问题的讨论，应该说直到今天也并未完全展开。

古代民主的原始性或众意性，加上大同理想的破灭，在理论上既无法为一个自在自为的普遍意志（公意）做出超越自然现象之比附，在实践上也无法弥补代议制民主中的“代议”环节（党派之蜂拥而出本应视为一种替代），于是在所谓的现代性危机中，我们中国自有我们自己特殊的问题与难处。

我之所以想写一本关于尊严的书，就与我们应该讨论一下“人”这一概念的形式含义，以及人在现代社会所面临的实际问题有关。很多年之前我就讨论过这一问题，但当时并未与尊严的维护联系起来，更未具体化为政治秩序与伦理秩序的关系。依据上面的论述，我们大体上可以引申出如下三个结论：

首先，人性并非一种自然实在。人有人性，就如人有思维一样，但思维什么、如何思维却大不相同。概括而言，人性本身善恶参半，一半天使一半魔鬼，就如人的思维活动有对错、善恶、真假之分一样。我们更关注的是人性本身，或曰思维本身的抽象性，并在这种关注中寻求对“公意”，即那种永远也不会错的、最为普遍性的概念的理解，使之在思维中不断具体化（黑格尔）。我们所有关于人性的讨论，都与人性的善恶有关，而这种善恶的标准又都是人制定的，人性的养成也离不开社会的培育和环境的影响。就是《三字经》里的那句老话：“性相近，习相远。”我们的幼儿，必须从幼儿园起就培养他与人相处的能力，礼貌以及对规矩的服从（信仰、信从、信任），这种对人性的理解要比学外语、背唐诗、弹钢琴重要得多。从中又可见国家、宗教、文化的合力。

其次，政治秩序和伦理秩序均为经由人们普遍同意后所构成的社会实在。所谓的“集体意向性”也就是“主观普遍性”。“红色”与我们眼球的独特构造有关，但这并不影响我们认为“红色”是一种客观实在。伦理秩序与传统、习俗、人心向背的关系更密切，政治秩序则必须考虑制度的调整性与构成性的关系。这二者的关系类似于黑格尔的市民社会与国家的关系，也在某种意义上类似于文化与制度的关系。我们的文化尽管在“文革”中惨遭破坏，但依然还在那里，而制度，则需审议，不断完善。关键的问题依然在对“人”这一概念的认识与理解。

最后，政治秩序与伦理秩序间的差别除上面所说的外，主要取决于人们集体意向性中的心理向度，也就是说，自然比附，认为“有天地然后有万物，有万物然后有男女。有男女然后有夫妇。有夫妇然后有父子。有父子然后有君臣，有君臣然后有上下。有上下然后礼仪有所错”，还是如 1620 年乘坐“五月花号”的清教徒们在到达北美大陆的科德湾角，登陆前先制定一个“五月花号公约”，写明：“我们，下面的签名人，在上帝面前，彼此庄严盟誓签约，自愿联合结成一个公民政治实体……以及为了实施……公正和平等的法律……（这些法律条规）理应最能满足和最为便利于促进殖民地的一般利益。”这样，在美国历史的初创阶段，就有了这样的观念：一个社会应该以一整套由其成员制定出的规则为基础。后来，这一观念在《独立宣言》中也得到了体现。注意，他们自视为脱离了英国政府的管辖，但仍视北美这块土地为“殖民地”，而他们选出的第一任总督威廉·布雷德福也自认为是代表英国对这一块地方进行统治。[①]

---

① 卡恩斯、加勒迪合著：《美国通史》，吴金平等译，山东画报出版社，2008 年，第 30 页。

是以血缘关系看似自然演进的父子君臣关系实施统治，还是以一整套由其成员制定出的规则为基础，这里面的差别是观念，而观念确实建构着、改变着世界。

于是，我们在这里一共涉及众意、公意、自然类比、自然法、政治秩序、伦理秩序等诸多概念，里面贯穿着形式与内容、程序与实质的哲学思辨，体现出对人的尊严的形式化思考（何谓人的概念）与实际要求（人权）。而当我们讲人为、建构、社会这些概念时，契约论依然是一个绕不过去的问题。黑格尔在契约论上误解了卢梭，是因为他更看重的是普遍精神的自我否定这一形式化的，也就是根本性的力量。这个区别暂且不论。如果我们想到契约总是一个个的人签订的，那我们就会想到与契约相关的，就是市场经济，就是市场经济中须臾也离不开的诚信、责任与义务。没有这些东西，契约就是一纸空文。而这些东西，恰恰提高的是人们的道德意识。如果我们觉得仅仅依靠人们的道德意识还不够，或者并不保险的话，就需要法律制度的介入，而这等于“引狼入室”。这个“狼”，就是霍布斯所说的“利维坦”。当然，这只是在逻辑上的一种论述，现实生活中并无如此鲜明的时间上的前后或逻辑上的结论。但就最简单的直观的事实而言，如果在市场经济中，我们明显感受到道德的堕落、信任的缺失、戾气的增长，那么不是市场经济本身出了问题，就是政治秩序不够完善，或者说我们还没有找到把“利维坦”关进笼子里的方式。所以问题论述起来很复杂，其实明眼人早就一目了然。

概括一下，就是在政治秩序和伦理秩序后面还应该有一个观念秩序。所谓观念秩序，就指的是道德观念或价值观念。这种观念秩序都表现为某种形态的决定论：目的论的，一切取决于目的的得失好坏；实在论的，一切都来自一种可知或不可知的最高存在或神秘力量；因果论的，自然科学的思维方式，有果必有因，用因来说明果，比如经济基础决定上层建筑之类的说法。只有当某种观念秩序破灭后，人才开始重新思考，所以“密涅瓦的猫头鹰，要等黄昏到来才起飞”。观念秩序也是一种逻辑关系。当我们在探讨任何一个概念时，都会遇到许多别的概念，于是就有一个如何将概念之间的逻辑关系梳理清楚的问题。中国知识分子（士）的出世、入世，当谋士、造反，看起来与当时的政治秩序或伦理秩序有关，实际上是与后面的观念秩序有关。我们接受的任何信息，都只有在适合于这种观念秩序时才会成为知识，做出自己的善恶对错判断。西方哲学家把对这种观念秩序的研究称之为逻辑学，因为观念之间确有一种逻辑关系。这从黑格尔和胡塞尔的研究中就能看出来。还有一点，就是这种观念秩序的逻辑关系也可以理解为时间关系，于是就变成了历史的观念，通过研究观念之间的先后逻辑关系而勾勒出历史的发展方向，或以此说明历史的进步。

进一步的思考，就会涉及观念秩序的先验性，或者，观念秩序的外在化而成现象界。总之，从康德到黑格尔，对观念秩序的重视开辟了我们思考人与世界的现象之间的可能的存在论上的关系。对我们来说，更重要的就是通过理解政治秩序与伦理秩序后面的观念秩序，来理解人的自由意志、人的创造力和人自身的发展，甚至可以将这些理解扩充为历史的发展。

8

论黑格尔“法的命令”

高兆明教授是伦理学博士、南京师范大学哲学教授，已出版了至少十八本书，全都是关于伦理学、政治哲学方面的著作，有几本已经被一些学校和老师选用为伦理学教材，受到广泛好评。但贯穿这十几本书的核心思想是什么？什么又是他立论的基础，特别重要的，就是：他对中国的政治与伦理的未来在逻辑上是怎么论证的？这些问题似乎并未引起人们的细究与关注，因为它太“抽象”，似乎距离中国的现实很远。通过微信、微博这样的交流工具，人们无形中被巨大的、发生于每时每刻的事件裹挟而去。包括我在内，真的很难静下心来认真读书、思考。1818 年 10 月 22 日，黑格尔在对听众的致辞中说：“因为在短期前，一方面由于时代的艰苦，使人们对于日常生活的琐事予以太大的重视，另一方面，现实上最高的兴趣，却在于努力奋斗首先去复兴并拯救国家民族生活政治上的整个局势。这些工作占据了精神上的一切能力，各阶层人民的一切努力，以及外在的手段，致使我们精神上的内心生活不能赢得宁静。世界精神太忙碌于现实，太驰骛于外界，而不遑回到内心，转回自身，以徜徉自怡于自己原有的家园中。”到了 1818 年 10 月，黑格尔认为现实潮流的重负已经减轻，除了现实世界的治理之外，思想的自由世界也会独立繁荣起来。[①] 但对我们来说，这恐怕还需要一段很长的时间，在此背景下，精神遑回内心，转回自身，“以徜徉自怡于自己原有的家园中”，到底有无可能，又意味着什么？

我和高兆明教授相识十多年了，心相近，意相投，有共同关心的人与事，也有共同的学生。坦白讲，人与人太熟了，彼此的书反而就不大看了，在一起的大部分时间都是在讨论这样的“可能”与“意味”，而把真正的宁静与家园留给自己的书房。

问题是：还是得读书，读那些在宁静与家园中的思想产品，怕的就是由于总陷于讨论和争辩那些现实潮流的重负之中，人就会渐渐失去读书和思考的习惯。

由于一些特殊的、偶发的原因，近一个多月来，有一种发自内心的力量迫使我很想坐下来认真阅读高兆明教授的著作。我的书架上一共有七本经他签名、盖印送给我的书，我全部仔细读了，做了详细的读书笔记，其中最下功夫的就是这本《心灵秩序与生活秩

① 参见黑格尔：《小逻辑》，贺麟译，商务印书馆，2019 年。

序——黑格尔〈法哲学原理〉释义》了。

之所以下功夫研读这本书，首先是因为黑格尔是我们所共同关心并有很大兴趣的一位哲学家。哈贝马斯认为黑格尔是第一位意识到现代性危机的哲学家，“他所处的时代的特征是古典模式发生了崩溃。因此，为了调和四分五裂的现代，黑格尔预设了一种伦理的总体性，它不是从现代性土壤中生长出来的，而是源于原始基督教的宗教团契和希腊城邦对过去的理想化。”[①]其次，是因为我在学校给博士生们开讲“伦理秩序与政治秩序”这门课也有很多年了，期间也会讲到这两种社会秩序（高兆明教授称之为“生活秩序”）后面的观念秩序（他称之为“心灵秩序”）之间的关系；他依据的读本是黑格尔的《法哲学原理》，我也是，但由于是讲课，视野也就更开阔一些，有古代的柏拉图、亚里士多德，也有现代的哈耶克、罗尔斯和美国的谢尔登·S. 沃林的《政治与构想——西方政治思想的延续与创新》。这本书的英文名是 *Politics and Vision: Continuity and Innovation in Western Political Thought*，作者在第一章第六节中专门解释了“Vision”这个词的两重含义：视觉（描述性）与构想（想象性）。在美学、宗教学，特别是政治哲学中，“想象”的含义更根本，因为它体现出观念的力量，也就是说，政治哲学家们认识和构想世界的基本方法并不是“视觉”（描述性），视觉与事实也限制不了他们，他们更依靠的是想象与逻辑。我在这里想补充一句：视觉与事实会影响政治哲学家们的心情与情绪，而某种情绪性的东西又会在行文中体现出来；第三，就是这么

① 哈贝马斯：《现代性的哲学话语》，曹卫东译，译林出版社，2004年，第35页。

多年来，我们读的都是范扬、张企泰两位先生翻译的《法哲学原理》。我在自己的书的扉页上签有自己的名字和购书的时间，恰好是 1979 年 10 月 12 日，距今（2019 年）整整四十年。现在，我们的手上又都有了邓安庆教授的新译本，纳入张世英先生主编的黑格尔著作集第七卷，人民出版社 2016 年底出版，于是也就有了更多的参照。特别是，安庆在他的译本中，专门谈到了德语“Recht”的翻译问题。他在“译者序”中说，首先，在《法哲学原理》中，黑格尔把“法”（Recht）等同于“法律”（Gesets）的地方并不多。Recht（法）要比 Gesets（法律）的含义宽泛得多；第二，英译本几乎一律把 Recht 翻译为 Right（权利）。所以很多人也就把黑格尔的“法哲学”理解为“权利哲学”。安庆说，其实，黑格尔的“自然法”并不等同于“自然权利”，他的“法哲学”也不能直接对应于“权利哲学”；第三，如果 Recht 既有“法”的意思，也有“权利”的意思，那么能不能就把它直接译为“法权”呢？安庆也否定了这一想法，认为我们只能根据黑格尔自己的表述，在某些地方把 Recht 译为具有强制性的、否定性的禁令，在另一种语境下又把它译为同样具有强制性的、肯定性的权利。关键的依据就是黑格尔《法哲学原理》第 29 节中的表述：“一种定在总而言之是自由意志的定在，这就是法。所以一般说来，法就是作为理念的自由。”也就是说，Recht 是一种保障人的自由得以实现的东西，哪里有自由的实现（也就是权利的实现），哪里就既具有强制性的否定性的法，也具有强制性的肯定性的权利。那么回到这篇文章的标题，它出自《法哲学原理》第 36 节，全文如下：“人格一般包含着法权能力，并且构成抽象的、因而也是形式的法的概念和其本身权利的抽象基础。所以法的命令是：成为一个人，并尊重他人为人。”在我 40 年前的书中，第 36 节在印刷上变成了第 6 节，全文翻译的差别，第一，把邓译中的“法权能力”译为“权利能力”，第二，安庆强调了，人格作为法权能力（注意：这里是把 Recht 译为法权），是形式的法和其本身就是权利的抽象的基础。范、张的译本强调了形式的法，“和这种法的其本身也是抽象的基础”。由于一开始他们就把 recht 作为权利能力来理解，所以，在后面就只能说“和这种法的其本身”；但邓译本强调了“法的其本身”其实就指的是“权利”。他在下面的一个注释中，引用 Joachim Ritter 的论述：“法权能力（Rechtsfahigkeit）在这里意味着，自由者（Freie），有对事物的支配权并以这种支配权作为个人立足于同其他自由者的合法关系中，他就是个人。”

这段注释很重要，至少说明了以下三个问题：

第一，什么叫“成为一个人”？只有当你拥有对事物的支配权时，你才是一个自由者，也才成为了一个人。“事物”也可以理解为“物”，包括人所拥有的生命与财产；

第二，什么叫“拥有对事物的支配权”？只有自由者才拥有对事物的支配权；这里的“支配权”，也就是我们平时所说的“所有权”，对属于自己的生命与财产的所有权与支配权；

第三，这段话，也就是第 36 节的内容，为什么要放在“抽象法”这一部分中？黑格尔《法哲学原理》三大部分，范、张的译本分别译为“抽象法”“道德”和“伦理”。邓译本在“道德”和“伦理”后面都加上了“法”字，于是变成“抽象法”“道德法”和“伦理法”。这里的“法”，自然不是“法律”的“法”，而是既具有强制性的、否定性的禁令意义上的法，也具有强制性的、肯定性的权利意义上的法。把道德和伦理都从这样的意义上理解为“法”，于是，才有了这样一句话：“法的命令是：成为一个人，并尊敬他人为人。”这里的这个“法”字，既是“抽象法”意义上的“法”，也是“道德法”和“伦理法”意义上的“法”。

（一） 为什么说“抽象法”意义上的“法”更为根本？

什么叫“抽象法”？相对于“道德法”和“伦理法”，“抽象法”中的“抽象”无疑对我们来说也更为“抽象”一些。

高兆明教授在给我的微信中说：抽象法是理解所有的“法”的命令的前提和起点。黑格尔通过抽象法事实上确立了现代意义上的普遍的（因而也就是抽象的）人格概念，从而也就为后面的道德人格、伦理共同体和政治国家奠基。一个人要成为人，而不是抽象意义上的人，就必须拥有对事物，这里也就指的是生命有机体和财产的支配能力，没有合法的（受法律保护的）个人的私有财产，一个人也就算不上自由人，也就是一个必须依附于家庭、组织、国家的人，这样的人当然就不是自由人，也不是真正意义上的人。他说，黑格尔对抽象法的强调，可以把握启蒙时代以来西方近代思想的全部重要内容。安庆在他的“译者序”中也说，在严格的意义上，只有抽象法才是否定意义上的法。之所以称之为“抽象法”，就是因为它只局限于否定的方面，即不得侵害人格或从人格中产生的东西（“物”或“事物”）。因而也只有在抽象法中，才只存在着禁令。至于命令的肯定方面（法的命令是：成为一个人，并尊重他人为人），也是以禁令（不得侵害人格或从人格中产生的东西）为基础的。[①] 与范、张译本不同的，就是邓译本加上了黑格尔在讲课时随手所作的“笺注”。在第 37 节的“笺注”中，黑格尔强调说，我拥有对事物的支配权，此物就是我的东西，比如房屋、水果等等，可以是我的生存之需。也可以走到反面，成为法权的形式主义，即多吃多占，表现出法权的形式主义，或者说，投身于一种抽象的意志，轻易伤害到别人对“物”的支配权（大意）。黑格尔在“补充”中又说，只有那些心胸狭隘、偏执、情怀有限的人才最坚持自己的权利，即我的就是我的，谁也不能动，这种权利意识其实只是一种单纯的可能性；而高尚的情怀总要考虑到是否还有其他一些方面。“抽象法”的抽象，就在于第一，它所具有的普遍性，每个人都必须拥有对事物的支配权，才谈得上是自由人，才可谓是个“人”。第二，这种对事物的支配权又只是一种可能性，因为它极可能只是一种形式（嘴上或字面上的）的规定，也可能只是一种单纯的可能性（随时随地都可能以各种形式受到各种方式的侵害）。从这些方面来理解“抽象法”中“法”的含义，对我们来说并不抽象，因为我们都知道“法”本身是在什么情况下才会变得“抽象”了的。所以，第三，在抽象法中必须强调“禁令”，或者说，在“抽象法”中只存在着禁令。这种禁令要能得到落实，必须从单纯的外在规定，变成人与人的关系中的共同的东西，即“我做是为了他——一种让他从我获益、由我来成就他的应该”。[②]

① 参见黑格尔：《法哲学原理》第 38 节，范扬、张企泰译，商务印书馆，2011 年。
② 参见黑格尔：《法哲学原理》第 38 节“笺注”，邓安庆译，人民出版社，2017 年。

这也就是说，“抽象法”正在慢慢走出它的抽象性，变得具体起来：对我的“禁令”，其实是一种出于义务的为了他，这是一种让他从我获益、由我来成就他的应该。

显然，紧接着“抽象法”的“道德法”在这里已呼之欲出。

从“抽象法”向“道德法”的过渡，安庆在第104节前，有一个注释说，这种过渡，也就是从“强制法”到“主观自由之法”的过渡。

高兆明教授在这里表达出更多精辟的见解。比如，在黑格尔的体系中，如果说他的“伦理”是“外在的法”与“内在的道德”的“合题”的话，那么“外在的、抽象的法”其实也就是“外在的、抽象的伦理”。这也是我在讲课中为什么要把伦理秩序与政治秩序区分开来的一个重要依据。再比如，高兆明教授说，自从休谟提出“是”与“应是”，“实然”与“应然”的关系后，道德的“应该”是否只是纯粹的主观性，有无客观依据，就一直是一个哲学—伦理学的核心问题。黑格尔正面回答了这个问题，“在抽象的角度，黑格尔以自由精神、自由概念来规定道德‘应然’的普遍（客观）内容。在现实角度，黑格尔则以伦理实体、伦理关系来规定‘应然’的客观内容——这就是他在后面所说的做那个伦理实体中所‘熟知’的。”[①]他按照黑格尔区分“道德活动”（现象层面的具体行为）与“道德精神”（行为主体的精神规定）的思路，深入讨论了“善”（实现了的客观自由）与意志（主观意志的法）的关系，善的相对绝对问题，性善性恶的问题以及何为“伪善”等方面的问题，所有

---

① 高兆明：《心灵秩序与生活秩序》，商务印书馆，2014年，第113页。

这些讨论都很深入，大大推进了我们对黑格尔哲学的理解。

在此过渡中，最重要的两个环节就是与“所有权”无法分开的“契约关系”与“不法关系”。

所有权，从理论上讲，既然是我的，就是我可以转让的。黑格尔在这里强调了两点：一是只有成年人才有所有权；二是财物可以转让，但我的自由意志、伦理、宗教，即内心中绝对的、实体性的东西无法转让，因为那等于是“我的所为是与我的自身作对”，或者说，我是想把自己变成一个不是我的他人。这等于说，人其实是无法“自甘为奴”的，“自甘为奴”是人格分裂，因为他总会有属于自己的思想。黑格尔在这里还表达出一个很深刻的见解：古代雅典的奴隶与今日的佣仆或短工、雇工之间的区别到底是什么？尽管奴隶很可能比佣仆或短工、雇工干的活更轻，但他们毕竟是奴隶，因为他们把自己在劳动中获得具体化的全部时间和全部作品都转让了，这就等于把自己的人格也转让给主人了。所以婚姻不是契约，国家的本性也不处于契约关系中。他给契约下的定义有三个要点：（A）从任性出发；（B）当事者双方达成共同意志；（C）契约的对象只是个单一的外在物。从这三点来看，婚姻倒完全可能成为一种契约的产物，因为它是从任性出发，是双方达成共同协议，也是交换和使用单一的外在物，如康德所说的“性器官”。但国家无论如何都不是所有人的任性的产物，人从一开始就生存于某个国家中，这对于任何一个人来说，都是绝对必然的。①

至于“不法”，黑格尔也区分了三种情况：第一，无犯意的不

① 参见黑格尔：《法哲学原理》第 75 节补充，邓安庆译，人民出版社，2017 年。

法，就是说，我把自己设定为独立的存在，在你看来是“犯法”，在我看来就是“合法”，因为这不是就我的行为而言，而是就“法”本身是否“合法”而言的。我在讲到这个问题时，常常会引出“合法性”（legality）与“正当性”（legitimacy）这两个概念，就是说，“无犯意的不法”也可能恰恰具有某种正当性，如美国西部电影中的侠义行为。第二，欺骗。它与“无犯意的不法”恰恰相反：“无犯意的不法”是把我的“不法”看成假象；欺骗则是把“法”看成假象，比如医生不对一个身患癌症的病人说出实情，就是因为他把诚实这一禁令的要求看成为假象。第三，是黑格尔所理解的真正意义上的犯罪，即意图犯法，而且连法的假象也不需要，如杀人、抢劫、强奸等等。

兆明兄在他的这本书中还较为详尽地讨论了人能不能转让生命（为了什么而献出生命）和自杀的正当性问题：我的生命既然属于我，那么自杀就是我自由存在的一个环节。但黑格尔又是反对自杀的，因为单个的人只能是特殊的存在，而其普遍性精神是伦理实体（其实也就是国家），人的生命应该服从于伦理实体的要求。于是这里就有了一个悖论：生命到底是不是我的人格规定？黑格尔反对自杀的思想其实来源于基督教，但他把基督教中的上帝转换为凌驾于个人的人格规定性之上的绝对精神，再把绝对精神的体现等同于伦理实体，即国家的实现，于是就自陷于无法解脱的自我矛盾之中。兆明兄反驳了黑格尔关于个人没有自杀权利的观点，认为他在这里混淆了两种意义上的“个体”：一个是作为特殊存在者的“个体”，一个是作为普遍精神之定在的“个体”。对前者来说，普遍高于特殊，并对特殊具有支配权；对后者来说，“个体”就是普遍性取

“个体”而定在的特殊样式。这时候，看起来是“我”个人在决定我的生命，其实在“我”后面是一种普遍性的意志要求。但在黑格尔心目中，“个体”的特殊意志本身要具有普遍性、个人的权利即体现着普遍的义务，那是要到伦理的实现即国家作为“法”与“道德”的“合题”而出现在地平线上时才有可能。能这样看吗？只有到“那一天”到来，个人才有权（也就是成为了义务）安排自己的生命吗？安乐死问题又当何解？遗憾的是高兆明教授没有在这里展开对“契约”和“不法”的进一步讨论，因为他认为“契约”与“不法”都是对所有权问题的近乎技术性的展开；所以，他就把“契约”与“不法”的问题都放在“市民社会”中的“司法”和“警察与同业公会”中加以讨论。当然，他有他的道理，即在论及“契约”与“不法”问题时，最好把这里的“法”理解为“法律”。[①] 而在我看来，“契约”与“不法”所涉及的“法”，依然不能仅仅理解为“法律”。

黑格尔在《法哲学原理》的第 40 节中说，人格权（自为存在的抽象意志：我要成为一个人）和物权（所有权，对物的支配权）构成了罗马法的基础，这说明黑格尔在理论和逻辑上的讨论，其实有着历史上的真实依据。不过黑格尔也认为，罗马时代的人对人格权和物的所有权的理解还是有些肤浅，因为人格权和物权都还需要诉权（司法权）的保证和拓展。

从这里也可以看出，黑格尔更看重的是外在的司法权、国家制度（其实也就是伦理实体）对“Recht”这个概念得以实现的“外

---

① 高兆明：《心灵秩序与生活秩序》，商务印书馆，2014 年，第 94 页。

在保证”，无论你把它理解为“法”“权利”，还是“法权”，它实际上都附着在“自由”这一概念之上。也就是说，是“自由”要让你成为一个人，并尊重他人为人的，而“自由”是伦理实体的自由，而不仅仅只是你内心的理想或愿望。所以高兆明教授在他这本书的“尾言”中特别强调：“自由既是心灵秩序，也是生活秩序……正是在此意义上，日常生活秩序相对于心灵秩序才更为根本。”这或许正是黑格尔在其思辨体系中以伦理，以作为真理性环节的国家，作为否定之否定环节的深刻缘由。

（二）“有理性”与“合理性”

作为一个德国古典哲学的集大成者，黑格尔当然非常强调理性，特别是生活秩序与心灵秩序中的理性。这一思想，也体现在这本《释义》的各处地方；也就是说，仅就“抽象法”中“我要成为一个人”的抽象的权利要求而言，其实是离不了“尊重他人为人”这一道德义务上的要求的。高兆明教授说，“权利与义务关系，始终是黑格尔客观精神部分的核心内容。自由及其实现，核心就在于权利与义务的关系状态，在于权利与义务间是否能够真实统一。只有一个权利与义务真实统一的社会，才是一个真实的人类自由生活的社会。”[①]这样说当然有些抽象，因为它成了对一个理想社会的向往（哈贝马斯所说的对原始基督教的宗教团契和希腊城邦的理想化），而且在黑格尔的思辨体系中，也只能理解为一种理论上的

---

① 高兆明：《心灵秩序与生活秩序》，商务印书馆，2014 年，第 181 页。

"可能性"。所以这里就又涉及对黑格尔在《法哲学原理·序言》中那段最为著名的话的理解："凡是合乎理性的东西都是现实的；凡是现实的东西都是合乎理性的。"（范、张译本）邓译本是："凡是有理性的，都是现实的；凡是现实的，都是有理性的。"安庆在下面有一个注，说明在现代德语中，"有理性的"（vernunftig）与"合理的"（rational）这两个词是可以通用的，但如果考虑到词源，我们就会发现，源于古希腊的最古老的哲学词汇"理性"（vernunft）是宇宙的逻各斯，是自然秉有的、自在自为的；而希腊文拉丁化后的"合理性"，则具有评价的、算计的、反思的意思，总之是主观的。黑格尔的理性主义是古希腊的，而不是现代的。所以他所使用的 vernunftig 只能翻译为"有理性的"，而不是"合理的"。黑格尔自己在这段话后接着说："由于这本书，仅就它以国家学为内容而言，它就该是把国家作为一种自身有理性的东西来把握和阐述的尝试，除此之外，它什么也不是。"这也就是说，自由的实现，权利和义务的统一，都应该理解为"有理性的"（范、张译本作"理性的"）国家自身所要实现的目标。国家是一种有理性的存在，并不是说它的存在就是合理的。这里面有一种微妙而又根本性的差异。我们只能在思想中把握自己的时代（也就是在有理性的国家的发展进程中理解它所处的阶段），而不能想当然地依照一个"应然"的（合理性的）世界去随意添加上自己的想象。有理性的国家的现实性，毕竟与个人的理性不是同一回事。黑格尔在这里主要强调的是个体的理性的有限。黑格尔作为一位"客观唯心主义"的思想大家，与"主观唯心主义"的最大不同在于，如果说"主观唯心主义"是过高强调了人的主观认识上的超越能力的话，"客观唯心主义”则用一个超越性的“客观存在”限制住了人的这种自以为是的超越能力。在生活的实践中，我们慢慢都体会到了这种对人的主观能力的限制，在某种意义上也就是对人性中本来就有和不可磨灭的“恶”的限制。看起来，就人类的日常生活秩序而言，让一个人更有些谦卑、敬畏之心显然要更好一些。当然这也只是一种“可能性”，是就人的行为的“有理性”而不是“合理性”而言的。

所以在黑格尔的看似关于权利与义务的真正统一、自由的彻底实现这种对理想社会的向往中，其实恰恰体现出的是黑格尔的保守主义思想，即“有理性的国家”并不是“合乎理性的国家”，因为它与“应该如何存在”无关，有关的只是我们应该如何认识它。凡是读过《法哲学原理》的人，都会很快发现黑格尔的核心思想是维护人的精神自由，维护人的人格权与物的所有权，维护希腊的而不是现代意义上的“理性”。所有这一切，也都仅仅只能证明黑格尔是一位保守主义的思想家，他所保守的，就是伦理实体（即国家）是“有理性的”“自由”的。这与他对法国大革命的反省是密不可分的，这也是他与康德在精神气质上的一个根本差别。关于这些问题，感兴趣的读者可以参看我的《浅析黑格尔与孔子的保守主义》。[①] 当然，如果说孔子的保守主义是文化保守主义的话，黑格尔的保守主义则是国家保守主义。所以在黑格尔那里，伦理秩序最后也是通过国家意志体现出来的。安庆在“译者序”中说：“尤其是，黑格尔第一次来柏林当教授，那是国王亲自选定奉召而来，他内心对皇上的那种感恩之情，是很自然的。所以，人们确实有理由怀

---

①《云南大学学报》,2011 年第 3 期。

疑，他在《法哲学》里对普鲁士国家制度、君主立宪制的赞美，究竟是出自这种自然的感恩之情，还是就法哲学的学理而得出的科学结论呢?”这段话有点反讽的或嬉戏中不乏揶揄的味道。其实早在黑格尔去柏林大学讲授《法哲学原理》之前，他的哲学体系就已经成形。安庆说,1802 年，黑格尔的《论自然法的科学处理方式》和《伦理体系》就已经为后来的《法哲学原理》打下了基本框架。任何一个人都不可能仅仅出于感恩之情就构造出一个哲学体系。作为一个保守主义思想家，黑格尔确实是在赞美传统的伦理秩序、稳定的社会环境，特别是当时的普鲁士就已经具有的“立宪”色彩的开明君主的国家制度，而且这种赞美是不言而喻的。除了他把基督教中的上帝转换为“有理性的绝对精神”之外（对这样的“上帝”，我们也确实不可能说他应该是什么样的存在，而只能讨论如何认识他，甚至要强调是我们所认识不了的，只能肯定他是“有理性”的存在，这就已经足够了），他真的只想着“维护”和“保守”，就是有“反对”与“不满”，也尽可能控制在“维护”与“保守”的范围内，因为精神的自由依然在自由表达。他毕竟经历了从 1815 年到 1830 年整个的德意志宪法运动，一切看起来都真的在往好的方向发展，包括 1815 年通过维也纳会议，德意志联邦取代了德意志帝国；在奥地利著名的保守主义首相梅特涅（1773—1859）的主导下，“正统主义”已经成为一种社会潮流。这种心情要远大于对弗里德里希王室的知遇之恩。但无论怎么说，也正是在德意志兴起的启蒙意识，才导致了后来的马克思所加入的“青年黑格尔派”对现实的更大不满。这一切都正如托克维尔在《旧制度与大革命》中所说：革命来临之前，政府已经开始改革；而对于一个坏政府来说，最危险的时刻莫过于它开始改革的时候。就英年早逝的黑格尔而言，他是想象不到在他以后所发生的1848年革命和1918年11月，主张“世界政策”（开始与英国争夺世界霸权，企图重新瓜分殖民地）的威廉二世国王（Wilhelm II，1859－1941）出逃荷兰和霍亨索伦王朝的最后终结的。

（三） 个人在伦理实体中的义务与正直

就高兆明教授的这本书而言，在我看来，还有三个比较重要的问题需要特别阐释一下：

一是道德问题。黑格尔认为，道德以自我意识为开始，自我意识是意志的自我区分，即把意志区分为“自为的”（道德判断与道德行为）与“自在的”（本身就是自由的客观存在）两个方面。中国的传统文化多讲道德，佛教传入并被加以改造后，到宋明时期，更讲修身养性，主观修炼。所谓“修、齐、治、平”，也是从主观的、内在的“修”开始的。这事实上等于把道德仅仅看成是个人的事①，个人内在修养好了，人就自然具有了道德判断和道德行为的能力，也就是说，道德就是自觉按主观意志的法行事（康德称之为“道德的绝对命令”）。但黑格尔反倒认为，这样一种道德观，实际上只能是一种“抽象的、局限的、形式的”道德观；这样理解道德，也是一种“有限性和现象的观点”。因为“主观意志的法究竟

① 把道德理解为“主观意志的法”，这也是安庆坚持要把“道德”一章译为“道德法”的根据，参见黑格尔：《法哲学原理》第107节，邓安庆译，人民出版社，2017年。

在个人修炼中”如何变成“法”的真实概念，成为其普遍性意义上的自在的，即客观的东西，这才是道德的核心问题。所以道德的问题始终就是特殊意志（自由的定在，主观意志的法）与普遍意志（自由自身）的关系问题。如果说“修”强调的是主观的东西如何体现于外的话，黑格尔更强调的是外在的、生活秩序的东西如何内化于己，成为心灵的秩序。黑格尔把“自由自身”理解为“伦理”，于是，“特殊意志”与“普遍意志”的关系也就变成了道德与伦理的关系。高兆明教授论证说：“在黑格尔看来，个体自由意志是一个否定之否定展开过程：个体主观意志——扬弃纯我的主观性——个体特殊意志与普遍意志的统一。”[①]黑格尔在《法哲学原理》第108节的“附释”中说：“道德的东西并非自始就被规定为与不道德的东西相对立，正如法并非规定为直接与不法相对立，毋宁应该说，道德的和不道德的一般立场都是立足于意志的主观性基础上的。”把道德和不道德、法与不法的立场归结为主观性的基础，这是一个很可怕的结论。它事实上等于在告诉我们，凡是人为制定、规定的法与道德，都基于一种主观性的立场。黑格尔在对这一节的“笺注”中说，“主观意志的差别在于它的目的、故意和利益——我何以知道它——而且欲求它。”高兆明教授在写这本书时，还未看到这些“笺注”，而且也未如安庆这样从翻译的角度区分Subjectivity（相应的德语单词是Subjektivtat）在何种语境中应该译为“主体性”，在何种语境中又应该译为“主观性”；但他在展开自己的论述时，已经把黑格尔自己在后来的讲课中补充进去的“笺

---

① 高兆明：《心灵秩序与生活秩序》，商务印书馆，2014年，第107页。

注”中所要表达的意思，表达得足够清晰、明白。他说，没有个体自我意识、没有个体主观意志，就无所谓道德；但有了个体的自我意识和主观意志，又万万不能以为这种主观性就为道德与不道德、法与不法提供了一个依据或标准。“主观”与“主体”之别，就在于一个相对于客观的意志，或如高兆明教授喜欢说的那样，相对于概念的意志（有理性的意志）；一个则相对于他人的意志，即主体间具有“合理性”的意志关系。于是，从“主观”的角度来理解法与道德的“主观性”，“扬弃纯我的主观性就成了意志的普遍性、客观性的必然要求”；[①] 而从“主体”的角度来理解法与道德的“主观性”，则就是本文的题目中所强调的，要想使自己成为一个人，就必得先把他人尊敬为人。这也就是“主体间性”绝非“主观间性”的道理。高兆明教授在这里讲了一大通道理：“道德是两个（人的）意志或意志间的肯定性关系，意味着道德是既有‘我’也有‘他’。道德是有‘我’的，道德有‘我’的利益，‘我’的幸福，而不是人们往往习惯以为的那种‘无我’，以为道德就是不能讲‘我’的利益。然而，道德还必须是同时有‘他’的。他者的意志与我的意志均为普遍意志内部的关系。”[②]

第二个问题，就是他概括出了“伦理实体”（其实也就是国家自身的结构关系和人们的生活秩序）的五个特征：其一，伦理实体是现实的，这里的“现实”并不等同于“现存”；“现实”是一种活的善的伦理。它的后面隐藏着伦理精神，所以又不能把其现实性理

① 高兆明：《心灵秩序与生活秩序》，商务印书馆，2014 年，第 109 页。
② 同上。

解为一般意义上的传统习俗和靠惯例调节的人际关系；“活的善的伦理”其实也就是“在地上行走着的神”。其二，伦理实体是人的现实生活及其秩序，权利和义务在伦理实体中是统一的，一切权利和义务都不是空洞的，而是伦理实体这个现实生活及其秩序的要求或规定；“抽象法”讲权利，“道德法”讲义务，义务一定会涉及他人，即“主体间”的关系，要求“尊重他人为人”。所以黑格尔在第 155 节的“补充”中阐明了一个极其重要的观点：“奴隶不可能有义务，只有自由人才有义务。如果一切权利都在一边，一切义务都在另一边，那么整体就要瓦解，因为只有同一才是我们在这里能够稳固的基础。”其三，伦理实体是理解权利——义务关系奥秘的基地。对于任何一个具体个人而言，当其来到世间，就会首先被规定为自由或不自由的，就会先有一系列权利、义务加于其身。这些权利、义务对于这个人而言，在具有先天性的同时也具有神秘性：它们从何而来？为何具有此等权威？如果是人的自觉创制，那就具有偶然性和任性的性质；但为什么有些法和道德规范具有永恒性？这就不能不提到伦理实体的先验存在。其四，伦理实体具有无限的样式。活的善的实体不是抽象的善，而是具体的善，即，它是以特殊样式存在着的普遍性的善。“家庭是以情感为基础、未经反思的直接自然统一体，市民社会是以契约交换为基础的独立个体通过共同体需要结合在一起的合作社会，国家则是以公共伦理为基础的公共理性共同体。”于是血亲家庭、市民社会、公民国家，就构成为伦理实体演进的三个基本历史阶段。其五，伦理实体自身是一生命有机体；所谓“有序”“体系”均指权利——义务间的价值关系，这种价值关系不仅确定了具体的权利——义务要求的合理性根据与范围，而且还规定了不同权利——义务关系的层次性和价值优先性，如家庭的伦理精神是（血亲的）孝亲慈爱，市民社会是（个体的）诚信互惠，国家的伦理精神是（公民的）平等自由。这个“必然性的圆圈”不能在抽象法、道德法和伦理法中来把握（因为这种把握具有“历时性”特征），而应该在伦理实体本身是一有机体的家庭、市民社会和国家的圆圈运动中来把握（“共时性”特征），“这个必然性的圆圈的各个环节就是调整个人生活的那些伦理力量”。[①] 黑格尔在这一节的“补充”中说，“因为伦理的种种规定构成自由概念，这些伦理的规定就是实体性或个人的普遍本质，个体只是作为一种偶性的东西才同他发生关系。个体存在与否，对客观的伦理秩序是无所谓的，唯有客观的伦理秩序才是用于治理个人生活的持久东西和力量。因此，各个民族都把永恒的正义，作为自在自为存在着的诸神（范、张译本中是“神”而不是“诸神”，英译本是“gods”），相对于诸神，个人虚浮的忙碌只不过是玩跷跷板的游戏罢了。”我们到底应该如何看待个人在历史中的地位与作用？这是我在年轻时就不断思考、争论，而且无法自圆其说的一个问题。当时读得最细致的就是普列汉诺夫的《论个人在历史中的地位》。个体在伦理实体性面前，到底只是偶性的、特殊的、主观的定在，其实无足挂齿，哪怕就是再伟大的人物，也不过是在诸神面前玩跷跷板而已；还是能决定历史发展方向的决定性力量？在启蒙的、左翼自由主义看来，黑格尔的这套学说无疑是反动的，因为他把个人的主观意志只看成是一种消极的、无所作为的主观

① 参见黑格尔：《法哲学原理》第145节，范扬、张企泰译，商务印书馆，2011年。

性存在；但当我们老了，回头去思考黑格尔这套保守主义（也可以理解为右翼的自由主义）学说，又会感到他把“诸神”所管理和支配的、客观的伦理秩序置于人为的“创制”之上，也许更在权力（而不是与义务发生关系的权利）上保障并维护了个体的自由。我们那时都没有意识到“权力”才是公共生活或伦理共同体的核心问题。

高兆明教授更在意追求一种理论的完备，他认为：“伦理实体既是个人的生活世界、出发点，又是个人活动的创造物，因而，它在个人的创造性活动中成为开放的。”并且认为黑格尔的这一思想在其封闭体系中受到了压抑、窒息。[①] 这话当然说起来是对的，也合乎黑格尔本人的诸多论述；但为什么黑格尔非要得出这样一个结论，而且要通过“体系”的力量来把“偶性的、特殊的、主观的”创造性力量“压抑和窒息”住呢？他是否预见到以后的威廉二世会完全背弃俾斯麦的对内、对外政策，下令德国全速前进，要从一个大陆强国变为世界强国（海洋强国）的狂妄野心呢？不管怎么说，自黑格尔以后，体现为伦理实体的国家主义就已经成为了德意志民族的主导意志。在这种“主导意志”中，黑格尔只是想尽可能地压抑、窒息住“个体的意志”。但人们当然可以反过来问：当国家意志主导了一切时，是不是那种体现了这种主导意志的个人就一定是不可压抑、不可窒息的？想想第一次世界大战与第二次世界大战的历史，如果当权者会意识到自己虚浮的忙碌不过是在诸神面前玩跷跷板的游戏，那么德国，甚至人类的生活是否会平和、安宁得多？

---

① 高兆明：《心灵秩序与生活秩序》，商务印书馆，2014 年，第 215 页。

当然，这也只是一种想象而已，我们毕竟免不了总会充当一些“想当然地依照一个‘应然’的世界去随意添加上自己的想象”的人。威廉二世所处的那个时代其实并未永远成为“过去”。[①] 做那个伦理实体中所熟知的事，与对新事物的无动于衷、消极无为的界限到底在哪里？对这个问题的回答，其实就是何谓“正直”以及为什么伦理与法仅仅要求你正直，而道德却无法满足于一个人的正直，它会对人提出更高的要求。这是一个很关键的问题，就是我们在谈到美德、良心、品质时，是从伦理与法的角度提出要求，还是把它理解为一个道德上的“应然”问题？对于我们这样一个惯常于大讲道德的民族，这个问题其实是非常重要的。

所以最后一个问题，在权利与义务的关系中，高兆明教授特别强调了义务。义务是“道德法”的主题，义务的唯一原则就是自由和人格平等；它的一般性要求就是“成为一个人，并尊敬他人为人”，它的特殊性要求就是“正直”。[②] 什么叫“正直”？黑格尔在《法哲学原理》第150节中说，正直是一种德行，“只要它不外乎表现为个人在其所属的义务关系上单纯地尽其应尽的本分，那就是正直。”在这一节的“附释”中，黑格尔更是强调了正直就是履行了自己该履行的义务而已；德行则不同，“它不是一种单纯的义务论，它包含着以自然规定性为基础的个性的特殊方面，所以它就是一部精神的自然史。”注意：“德行”在这里超出了“正直”，它更强调的是“个性的特殊方面”，即个人行为上的特殊才能。黑格尔说，

---

① 丁建宏：《德国通史》，商务印书馆，2002年，第279页。
② 高兆明：《心灵秩序与生活秩序》，商务印书馆，2014年，第223页。

当社会和共同体还处在未开化状态时，德行的形式就会很多（想想孔子关于“仁”的种种说法，想想古希腊英雄的种种品性），其实都表现的是个人的偏好和独卓的天才本性。只有当伦理性不再是个体的独特品行的形式时，“正直”也才恢复其本来的（也可以理解为“底线的”）要求。黑格尔认为法国人最喜欢谈论德行，因为他们把德行看成是自己的事情；德国人不大讲德行，多讲正直，因为“相同的内容在德国人那里就获得了普遍性的形式”。当然也可以反过来看：对任何一个社会而言，具有个人偏好和独卓的天才本性的人都不会嫌多，什么叫“光辉灿烂的历史”？难道不正是因为有了这些具有个人偏好和独卓的天才本性的人，我们今天才有了炫耀和享受的资本吗？当然，对黑格尔而言，他更强调的是个人在伦理实体中的义务与正直，而高兆明教授则有些偏重个人在德行上的提高与创造力。我想，这里的区别大约与对现实生活的不同感受有关。

问题不在谁说得是否更有道理，而在我们如何进一步加深对自身的反省。我们中国人到底是怎么理解“正直”与“德行”，“道德”与“伦理”的，这正是需要我们加以深思的地方。高兆明教授专门列出一节讨论“正直与美德”的关系，并且强调一个社会，如果能让正直成为一种风尚，那这个社会就是清明良俗的社会，我们也就生活在一个美好的生活秩序中；至于一些具有“天才本性”的人是否会不满足于正直，而要通过自己的美德来弥补伦理的缺陷，这当然更好，而且也就等于在重写人类“精神的自然史”。我们看书，看电影，看小说，那些具有“天才本性”的人，不正是通过自己的独特行为才完善着伦理法所规定的高度吗？但对我们个人来说，特别是现在，能不能“正直”，尽其所属的义务，而且只是单纯地尽其应尽的本分，不要过于在“德行”上要求或拔高自己，确实是一个至关紧要的问题。我认为这也是高兆明教授在谈到这个问题的两个方面时所想竭力让我们大家都想想明白的问题。

9

再议法国大革命

（一）

1989年前后，在法国大革命二百周年纪念之时，一种被称为是“修正主义”的对法国大革命新的理解与解释系统在西方世界占据了主导地位，主要代表人物和作品就是弗朗索瓦·富勒的《思考法国大革命》。他也因此而被称为“法国大革命两百年学术王”。我现在推荐的《法国大革命》，是英国人威廉·多伊尔写的，2017年3月由译林出版社出版，属于牛津通识读本中的一本，所以篇幅很小，通俗易懂；不但关于法国大革命的前前后后都做了详细记述，特别是人物关系与时间地点，很细致，很具体，而且几乎完全吸收了1989年前后关于法国大革命的所谓“修正主义”的新观念，全书有中英文对照，是一本很好读的书。我用两天时间读完了全书，做了详细读书笔记，受益很大，特别是对照富勒的书，感受到重新认识了法国大革命。事实上，在某种意义上，也就等于在重新思考1796年巴贝夫密谋领导的人类历史上第一次“革命”的尝试，还有1871年的巴黎公社，一直到1917年的十月革命，因为所谓的法国大革命的“修正主义”史学观的一个核心观念，就是把法国大革命所开创的“民主文化”（由此而有了以后的一系列概念史研究）与革命者实际上的行动方式（血腥、屠杀、暴力、恐怖、极权）区分开来，分头加以论述，然后再让读者自己去思考观念与行为之间的关系。当然，有人会说，大革命是一个整体，要么否定，要么接受；接受就是接受大革命的一切，包括血腥与恐怖在内，因为暴力与恐怖，就是大革命的集体力量的体现，不如此，大革命也就无所谓大革命。而对于那些想从整体上否定大革命的“后修正主义”的学者们来说，恐怖无疑是雅各宾主义的主流部分，弑君、非基督教化和断头台也并非只是那一时期的“非常行为”，它会一直延续着，直到令人震惊到不可思议的“苏东波”的到来。所谓“到来”，也不过是1989年后不到两年的事情。

（二）

我个人一直保持着对法国大革命浓厚的研究兴趣，我曾系统比较过马克思在不同场合有关法国大革命的点滴论述与几位最为著名的法国大革命史学家的不同观点。这几位史学家指的就是米涅的《法国革命史》、托克维尔的《旧制度与大革命》、马迪厄的三卷本的《法国革命史》和英国思想家艾德蒙·柏克的《自由与传统》。马迪厄是公认的法国革命史研究中的“罗伯斯庇尔派”。他曾一度加入法国共产党，并在 1907 年创办了“罗伯斯庇尔学会”，这个学会的刊物叫《法国大革命历史年鉴》。按多伊尔的说法，直到 1990 年代，这本“年鉴”才开始小心翼翼地刊登非罗伯斯庇尔学会成员的论文，并且开始评论他们的著作，而不是简单地加以斥责。而在此之前，这个学会的成员一直占据着索邦大学的大革命史讲坛。富勒发起的挑战，主要针对的就是马迪厄及其学会对法国大革命的研究。

我读马迪厄的书，始于 1973 年。当时还是用大号字印刷的“内部读物”。那年头没有什么书可读，我至少就把这三卷本的厚书读了三遍，写下了大量的眉批，包括丹东走向断头台时所说的那几句话：“温暖的春天，树全开花了……生命多年以来还没有这样快乐过。”以及李健吾先生在翻译完罗曼·罗兰的描写法国大革命的剧本《爱与死的搏斗中》后所写下的一段话：“道德离开了恐怖是有毒的，恐怖离开了道德是无力的。”这当然是在仿照康德的语式在表达，再以后，以赛亚·伯林也仿照这一语式说：“无理念的感觉是盲目的，无感觉的理念是僵死的。”齐泽克则表达得更为直接：“无政治的道德是空洞的，无道德的政治是盲目的。”

马迪厄之所以坚定站在罗伯斯庇尔一边，最基本的观点是因为他坚持与马克思、恩格斯相近似的阶级与阶级斗争的观念。尽管罗伯斯庇尔的山岳党并算不上无产阶级，但国王、王后，以及拥有更多财产的吉伦特党人，与山岳党（无套裤党）人比较起来，无疑更应该是革命的对象。总之，谁在立场上越靠近社会下层民众，谁就越支持革命，因为“真正的革命并不限于改换政治形式及执政人员，而在于改变制度及转移财产”。

关于大革命，我最欣赏的还是托克维尔的论述。他也认为必须讨论阶级问题，因为“唯有阶级才应占据历史”。但与恩格斯认为法国大革命是资产阶级反对封建贵族的第三次起义不同，他认为自17世纪英国革命以来，英国的贵族阶级基本已被消灭，当英国革命发生时，“英国已处于中世纪的人连想都想不到的社会状态之中，国家行政机关已日益取代了贵族统治的官僚等级制度”。那么法国呢？托克维尔正是在这里说出了他的那段最为著名的话：“革命不是在那些中世纪制度保留最多，人民受其苛政折磨最深的地方发生，恰恰相反，革命是在那些人民对此感受最轻的地方爆发的，因此在这些制度的桎梏实际上不太重的地方，它反而显得最无法忍受。”

至于米涅，他的角度很独特。在他看来，第一，法国大革命爆发时，无论国王、王后，还是成批走上断头台的贵族，还有杀掉他们的丹东、罗伯斯庇尔、圣鞠斯特，每个人都大义凛然，无所顾忌。包括罗兰夫人，在听说自己的丈夫已被处死后，立即走上街头自杀，一点避难、躲藏的意思都没有。英勇地死去已经成为一种时代的标志，而不再仅仅是个人的行为，就如“文化大革命”时的我们一样。第二，忠于理想与渴望统治的欲望在一开始总是结合在一起的，真正掌权后，到底谁能掌握最高权力就成为了根本性的矛盾。第三，关键时刻，其实就看谁敢干，“敢干，就是革命的全部秘密”。第四，伴随着大量的血腥与恐怖后，一定是尽情地娱乐和享受。罗伯斯庇尔一死，舞会、宴会、车马、放荡的生活，又重新出现，而且远远超过大革命以前的局面。

所有的这一切，差不多都是我十年前写下的文字，也正是在这一背景下，我才要推荐现在这本《法国大革命》。

（三）

这本英国人所写的《法国大革命》，更注重的是介绍，评论不多，但句句耐人寻味。作者给法国大革命的定位是：法国大革命更像是对可能发生的事情的警示，而不是对必然到来的事情的药方。

可能发生些什么事情呢？

第一，法国大革命宣告了民族主权的诞生。1789 年的革命者假定，各民族主权只能以代议制的方式行使，但十年之后，拿破仑就表明，民族主权可以用来为独裁乃至君主制提供合法性。从 1799 年到 1804 年，拿破仑为使自己成为世袭皇帝而采取的每一步，都得到全民表决的认证，表决结果也从未受到质疑。第二，自由主义作为一种思潮是法国大革命以后，当拿破仑的权威已经衰落时，才出现的。自由主义的基本要旨，可以在 1789 年 8 月 26 日通过的《人权和公民权利宣言》中找到，那就是选举自由、思想、信仰和言论自由，免于被专断课税和监禁的自由，此外就是法律面前的平等，权利平等，机会平等，保障财产所有者的绝对权利。第三，人民成为了一个流行概念。马拉创办了《人民之友》，1793 年被刺杀后，他被尊奉为“人民事业的殉道者”，下层民众皆因自己是“人民”而自豪。第四，恐怖的出现。罗伯斯庇尔和圣鞠斯特在演说中说：要打击人民的敌人，只有彻底消灭他们。于是谁都有可能成为人民的敌人。第五，有了左派与右派之分，左派坐在议会主席台的左边，右派则坐在右边。左派认为大革命无论出现了什么，善总是多于恶，而右派则就是现代的政治保守主义的鼻祖。第六，密谋者与革命者合二为一。大革命时的雅各宾俱乐部，以及后来不断在各个国家被视为政治激进主义的“共济会”，就是这样的密谋者兼革命者。第七，法国大革命成为以后各种形式的革命的模式与典范。美国人可能会说当美国已经制定出自己的宪法时，法国人正在忙于提出制宪诉求，但美国远离旧大陆，而且说着当时仍处次要地位的语言，所以没有哪次革命会认为自己是在复制美国革命。第八，对保守主义和反动的理解都与如何处理宗教问题密不可分。拿破仑就认为法国大革命给法国社会造成的最深刻的创伤就是与罗马天主教会的纷争，而宗教所扮演的稳固且公认的角色，才是秩序和权威的最坚固的支柱。第九，1789 年的革命者之所以要摧毁宗教，就是想推进人类事物的理性化。他们认为，大革命提供了一次千载难逢的机会，使人类可以按照自己的观念安排社会，控制环境，重塑人类事务，这既说明了只要统治者下定决心，现代化变得多么容易，也同时说明，当这样的狂热者得胜时，会有多么大的灾难降临。如法国，前前后后有几百万人丧失了生命，几乎相当于第一次世界大战的死亡总数。第十，早在 1789 年 6 月 27 日，生活在巴黎的英国人阿瑟 • 扬就说：“整个事态看来已经结束了，革命已经完成。”然后是拿破仑宣布革命完成了，革命的原则已经得到实现。但直到 1978 年，当富勒说“法国大革命已经结束”时，很多知识分子仍旧深感恼怒，他们认为革命仍在继续，如果说富勒对法国大革命的解释是“修正主义”的话，紧接着他的，就是另有一批人，更多从话语，从公共舆论是怎样摆脱国王的控制，从而爆发这样一场大革命的角度进行研究。这种研究吸引着富勒也不得不长期生活在美国，并认为这些人的研究属于“后修正主义”。

最后，我想说一下，“后修正主义”认为，对一个理性化国家的美好信念，是启蒙运动的第一个、也是最后一个美好幻觉。但无论怎么说，正如法国总统弗朗索瓦·密特朗在纪念法国大革命二百周年时所表示的那样，独裁和屠杀肯定不能占据对法国大革命的全部记忆，《人权和公民权利宣言》与拿破仑时代的《民法典》毕竟体现着人类的共同意志。法国大革命的抱负十分宏大，如果说“苏东波”证明了雅各宾派的失败的话，欧盟的出现则是吉伦特党人的计划。欧盟走到今天，如果说也摇摇晃晃的话，它也依旧属于基督教创立以来的第二个时段的开始，这就是作为法国大革命中曾出现过的各种设想与结构的倒影，一种真正意义上的现代社会的实践。

10

“阴性政治”与“阳性政治”

这是一本阿兰·巴迪欧的著作，名为《哲学与政治谜一般的关系》①。蓝江在为这本书所写的“导读”中提到了巴迪欧关于“阴性政治”与“阳性政治”的区分。在法语中，“政治”本身是一个阴性词语，但巴迪欧通过使用两个定冠词把政治区分为阴性政治（la politique）和阳性政治（le politique）。由于法语中根本就没有阳性的“政治”这一用法，所以又只好把阳性的“政治”写成“政-治”。

法语中的“政治”为什么是阴性的？我不知道，也许，它与我们都熟知的 1789 年的大革命、1848 年的街头暴动和 1871 年的巴黎公社有关。这是几次最为典型的大规模的群众革命事件，也

① 阿兰·巴迪欧著，李佩纹译，中央编译出版社，2017 年。

就是法语中所理解的“政治”。于是我们就发现了一个有趣的现象：在法语中，阴性的政治（也就是本来意义上的政治）是公开显露的、直接诉求的、大众展现的；与之相对的阳性的“政-治”，则是国家管理的、程序第一的或选举中的统计选票。阴性的政治是未掌权的群众的斗争，阳性的“政-治”则是掌权后的统治者所设计的政治。与之相关的，就是在汉语中，凸凹、日月、天地、刚柔、贵贱、智愚也总是与阴阳这两个概念相关，而“阴”总代表着“阴面”，即不可见、柔弱、愚昧、贫贱的一面。再进一步，制度、法律、规则当然是阳性的，潜规则、默许原则、买官许愿之类的事当然是阴性的。但当民众都认可了这些阴性的“规则”后，阴阳就发生了转换：心知肚明的“阴”就变成了理所当然的“阳”。当然，这只是一种联想，本身并无多少道理可讲。

巴迪欧为什么要区分开“阴性政治”与“阳性政治”？哲学总遵循一种区分，比如对正确与错误、真理与意见、智慧与疯狂之间的分离。那么，哲学要介入政治，就只能是一种阳性的“政-治”。如果按理查德·罗蒂的说法，“民主比哲学重要”[①]，那么哲学就在政治事件、艺术事件、科学事件、爱的事件（政治、科学、艺术、爱是巴迪欧所理解的哲学的四个条件）之后，即黑格尔所说的，密涅瓦的猫头鹰要到黄昏才起飞。哲学不过是对事件的反思而已。

但另一种看法则相反：哲学不是认识，也不是对认识的认识（反思），而是一种活动，一种“有逻辑的反抗”。[②] 于是，战斗性的

---

① 阿兰·巴迪欧：《哲学与政治谜一般的关系》，李佩纹译，中央编译出版社，2017年，第19页。

② 同上，第7页。

断言是对哲学的第一位的要求，于是哲学本身就是一种必然的民主活动。有人会说，黑格尔、尼采、维特根斯坦、海德格尔的哲学思想与民主没有任何关系；另一方面，人们也会反驳说，怎么没有关系？哲学的真正本性就是一种关于自由思想和经过论证的理智讨论的民主构想。如果没有这一基本条件，也就根本不会有黑格尔、尼采、维特根斯坦、海德格尔的哲学创造。于是，在“阴性政治”与“阳性政治”后面所引发的是民主、政治与哲学的关系：从民主过渡到哲学，再从哲学过渡到政治。什么意思？就是说，从民主过渡到哲学，指的是真理是向所有人开放的，任何人都可能成为哲学家；再从哲学过渡到政治，指的是哲学与政治一样，不会接受言论自由的民主原则，因为这里存在着一种严格的推论规则。所以柏拉图说，哲学比民主重要得多，与之相应的，就是公共的正义比个人的自由重要得多。

所以，正义就是在政治领域中真理的哲学名称。

于是在民主、政治与哲学的关系中，民主作为“阴性的政治”，是哲学的条件，它处于哲学的下游，作为现实的民主运动，指的是民众追求解放的运动或手段，它促进着哲学的发展；而在哲学的上游，则是“阳性的政治”，作为一种形式条件，要求的民主，指的是自由论证所需要的程式、模式，或者可以理解为反思、沉思、精神上对任何界限的突破。

当我们都关心政治，要求民主时，可曾想过另一角度的阴性、阳性，或者民主、政治的上游、下游的问题？

11

什么是新时代的政治？

《论爱》[①]一书的作者是吕克·费里，既是巴黎索邦大学哲学政治学教授，也当过法国的教育部部长。所以听他讲“爱”，就与我们的教育指导思想有了关系。在他看来，“爱的革命引发对我们的观念和实践的重构，我们呼唤这场生机勃勃的革命立刻改变我们的各种民主的面貌，生活意义的新原则要在我们集体生活的组成中具体化，一旦揭示出其实现的各种途径，我们就能够在艺术领域和教育领域理解爱的革命效果。”[②]

在吕克·费里看来，截至目前，我们一共有两次人道主义革命。第一次叫共和人道主义，即

① 吕克·费里：《论爱》，杜小真译，北京大学出版社，2017 年。

② 同上，第 77 页。

强调人的权利与理性，我们也称之为启蒙运动。在从尼采到海德格尔的解构主义革命中，第一次共和人道主义的形而上学意味受到解构。第二次人道主义革命不再有严格意义上的形而上学意味，也没有任何高悬于生命之上的整体，而就是胡塞尔的“生活世界”所向我们展示出的“超越”。这种超越指的是让一个人在生命体验中感受到“走出自我”的必要和现实。所以生活的、私人意义上的“爱”，就与“美”一样，都要求一个人走出唯我中心主义，在最隐蔽的私密中，在对我最为敏感、也最为彻底的内在性中体验到一种超越（超出自己）的感情变成了经验（是我的感受）。这也是把对他者、对相异性的超越变成了经验。

吕克·费里说，“这种超越不是从天而降，不是从上天，也不是从上帝，甚至不是从实践理性和理性地对他人的单纯的‘尊重’那里降临下来。”①它就来自胡塞尔现象学那种最为紧致的内在性。这里是不是有点抽象呢？费里说，第二次人道主义革命并不是要否定第一次。他说，人的权利与理性，仍然是人的最基本的权利。启蒙并不是“主体性的形而上学”（海德格尔）、“虚无主义”（尼采）或资产阶级意识形态（马克思）。他说，解构主义肇始于极端反人道主义（福柯的“人之死”），所以他要为人道主义进行新的辩护。这种辩护的要点就是回答“为什么爱会成为我们生活意义的基本原则”；而要回答这一问题，又必须论证“非形而上学的人道主义”是完全可能的。他首先回答了什么才叫“神圣”的问题。他说，这个词主要不是宗教意义上的，而是指一种“准备为之献身的东西”。

---

① 吕克·费里：《论爱》，杜小真译，北京大学出版社，2017 年，第 70 页。

古往今来，人们为之献身的东西无非是上帝、祖国和革命。但今天，只有爱能诱发一种神圣性功能，即我们准备为世间的一个什么人而去死。这就是一种世俗的人道主义的诞生地。就是对那些“非直接的当事人”，也就是谈不上为之去死的人来说，爱，也依旧会引起我们的关注、同情、愤怒、震撼和感动。所以，爱看起来讲的是私人领域里的情感，但实际上引发的是政治领域里的革命。因为爱是一种“精神生活”的范式的更换，它一定会颠覆对人类来说最残酷、也超越了私人生活框架的三个领域，即政治、教育和艺术。问题只在于通过教育和传授，寻找到实现具体的爱的途径。

当我仔细读完这本书后，好像他讲得离我们很远，但又似乎很近。他说，爱不同于过去所讲的博爱，也不同于基督教或公民道德中所提倡的勇敢、坚强、战胜懒惰、克服心中的兽性、战胜肉身、情欲，等等。他知道如果把情爱和欲爱置于婚姻的中心，那将等于引狼入室。所以，今天讲爱，就应该记住黑格尔的“扬弃”（在解构中的保留），至少，用哲学的方式（没有上帝的关于拯救的学说），关注私人领域，也就是真正个人间的“民主”（其本意就是比其他任何制度都能为更多的人所接受）制度的实现。而“友爱”（友情与爱）就是这一过程中最具决定意义的一个历史性选择。

12

让我们分享阿伦特的爱

阿伦特诞辰一百周年了。她生于1906年10月14日，1975年12月4日因心肌梗死病逝，享年六十九岁。

当我想到应该写点什么来表达自己的纪念之意时，曾列出了四个不同的题目，其实也就是想通过阿伦特的著作来理解她的基本思想。这就是：阿伦特与现代性的挑战；极权主义的起源；康德政治哲学的讲座；以及艾希曼在耶路撒冷。与现代性有关的话题，阿伦特讲的是“人权现象学”，其核心意思就是作为一种标志，人们从对自然法（不能违反自然秩序）的敬畏转向了对个体的人的权利的维护，而人权是以人的尊严为基础的，康德则是第一个发展了对人类尊严的非神学意义上的辩护。[1] 于是这就又与她对康德哲学（特别是《判断力批判》）的重新解读发生了关系。关于现代性的特定条件，潘琳根据阿伦特的思想概括为“超验的不可能、权威的丧失和传统的断裂”。所以，阿伦特认为必须在这一背景下发展出一种能够理解我们的经验共同性的方式。也就是说，当超验的存在已经无法再给我们提供共同经验的依据，当一向被认为是权威的言论（无论是官方的还是民间的）都已经受到了各种质疑，当传统的习俗也不再能为我们人类生活的共同之处提供证明时，尽管我们仍然不得不与他人生活在一起，但人权，这种单单属于个人的权利如何得到维护，我们人与人之间的、人类共同体的生活结构又当如何得以证明和论证?《极权主义的起源》是阿伦特影响很大的一部巨著。关于这个问题，我们在这里就不必说更多的话了，但有一点必须强调，这就是个人的孤独感与缺乏正常的社会联系（公共生活），会变成一种哲学（把历史解释为阶级之间的经济斗争和种族之间的自然混战），它在政治上的表现就是失落、厌恶、排外和盲目仇恨，于是有了暴民们想走向历史、改变历史的政治冲动。[2] 关于“艾希曼在耶路撒冷”，与此相关的一系列著作有《犹太复国主义的困境：随笔和评论》《以色列和反犹主义：论文集》。她的《论革命》《过去与未来之间》《权力和暴力》《论时代：政治随笔》都与上述四个话题有关。而这四个话题，又可以集中概括为人的处境、人的情感、人的

---

① 塞瑞娜・潘琳：《阿伦特与现代性的挑战》，张云龙译，江苏人民出版社，2012 年，第 56 页。

② 参见林骧华为《极权主义的起源》一书所写的“译者序”，生活・读书・新知三联书店，2008 年。

精神生活（思想，意志）与人的判断。当然，这里所说的这些“人的”，都指的是人与人的，或人在共同生活中的。

但如果仅仅这样提出问题，还远远无法满足我内心深处对阿伦特的崇敬，以及那种有着深深切肤之感的对友爱与交往的渴望。

我曾经读过的一本《爱这个世界：汉娜·阿伦特传》，是 2001 年 4 月 29 日崔卫平寄给我的，我读了两遍，做了详细的读书笔记。在此之前，我在海南大学时的研究生王凌云翻译了阿伦特的《黑暗时代的人们》[①]，她当时就给了我一本，而这本集子中的第一篇《论黑暗时代的人性：思考莱辛》，又涉及我来同济大学后的第一位硕士研究生乐燕蓉所写作的硕士论文，当时讨论的主题就是如何解读莱辛的剧本《智者纳旦》（*Nathan the Wise*）。所有这些往事，在瞬间忽然汇集成一个词语，这就是“爱”，或者可以理解为阿伦特在特定场合下所强调的“友爱”。我的博士生陈郑双所写的博士论文就是《政治哲学中的友爱问题》，而随便抬眼一看，书架上又是托克维尔的一本讨论“政治与友爱”的书信集。

阿伦特无疑是一位政治哲学家，托克维尔也没有问题，他讨论的就是政治问题。为什么要讲政治中的友爱？柏拉图在《吕西斯篇》中到底是如何讨论政治与友爱的？《智者纳旦》又与友爱有何关系？

事情过去了十来年，自己的学生当时也许无意中所写下的一句话，竟如此投合我此刻的心情。这也正迎合了阿伦特的这样一个哲学观念：思维不是一种主动状态，而是一种被动状态，它有赖于世

---

① 阿伦特：《黑暗时代的人们》，王凌云译，江苏教育出版社，2006 年。

界的现象界向你敞开，而且被你所感知。存在和显现同时发生；而显现的多样性与人所感知的多样性总是相对应的。你永远也不可能事先就知道什么样的显现被你所感知，以及如何感知，有何意义。[1]

现在我们只讨论阿伦特的《论黑暗时代的人性：思考莱辛》。这是她1959年接受汉堡自由市所授予她“莱辛奖章”时所发表的演说。

什么是阿伦特所理解的“黑暗时代”？她说，历史上有过许多的黑暗时代，它的特点就是“公共领域被遮蔽，而世界变得如此不确定以至于人们不再过问政治，而只关心对他们的生命利益和私人自由来说值得考虑的问题”。这种情况久了，就会发展出一种特殊的人性，这就是《智者纳旦》中贯穿始终的一句体现主题的台词：“做一个人就足够了。”或者换一句话说：活着就行，还想怎样？

幸好我们已经是人，而且还活着，还想怎样？还要怎样？除了广场舞、各种健身方式、养生秘籍，我们还想、又能到哪里去寻找“人性的踪迹”？

于是，在这样一个黑暗时代，《智者纳旦》中的另一个主旋律就是“做我的朋友吧”。

在人生中，朋友总是不可缺少的。“一种没有朋友的生活是不值得过的。”[2]朋友，指的是“无须证明就被视为真朋友的人”，而不是我们通常所说的“患难知真情”的朋友。

为什么她要强调“无须证明”？因为在她看来，当“公共领域

---

① 参见阿伦特的《精神生活·思维》中的“导论”与“显现”一节，江苏教育出版社，2006年。

② 阿伦特：《黑暗时代的人们》，王凌云译，江苏教育出版社，2006年，第21页。

被遮蔽，而世界变得如此不确定以至于人们不再过问政治”时，能够比较私密地进行言谈的人就是朋友。言谈什么？言谈政治。当然，我们也可以把这种“言谈”本身就视为一种“证明”，但它毕竟就是我们的日常生活本身。阿伦特说，对古希腊人来说，友爱的本质就在于言谈，也只有不断地言谈才能把公民聚集为一个城邦（polis）。谈论政治就是关心我们共同的世界，“这是由于，世界并不会仅仅因为它是人类所造而有人性，它也不会仅仅因为在其中有人的声音就变得有人性，它只在人们把它作为谈话对象时才会如此。”[①]阿伦特说，她的意思是要讨论“在一个变得非人的世界中，我们必须保持多大的现实性，才能使人性不被简化为一个空洞的词语或幻影”？[②]

对我们而言，没有什么比我们对世界的态度更根本的了。莱辛从未与他的世界和平相处过。他认为激情，哪怕是最让人不快的激情，作为一种激情，都是让人快乐的。他最怕的就是当人们在抛弃了对社会现实的关注的同时，也抛弃了人性。于是世界就变成了一个非人的世界。莱辛试图从恐惧中剥离出逃避现实的方面。于是就有了与恐惧相关的同情。是的，当我们感受到恐惧的同时，也一定感受到了同情或怜悯。但从另一面来看，无论是恐惧还是怜悯，都使人无法行动。亚里士多德曾经把同情与恐惧都看成是纯粹被动、限制人行动的感情。恐惧比较好理解，说它是被动的感情，因为权力（暴力）总比个人的力量大，碾死个把人完全不算什么。同情为

① 阿伦特：《黑暗时代的人们》，王凌云译，江苏教育出版社，2006年，第21页。
② 同上，第19页。

什么也让人被动呢？阿伦特说，因为古希腊人把同情理解为胆怯，它其实是恐惧的另一面。恐惧发生在自己的外面，同情则是对自己的同情。尽管这里可能有误导的一面，但毫无疑问，都会使人无法行动，不敢交谈。于是阿伦特就提出了一个全新的概念："内在移民"（inner emigration）。近一个时期，"外在移民"在我们国家已经蔚然成风，但对更多无法移民的人来说，不妨听听阿伦特的分析。她说："这是一种奇特的暧昧现象。它一方面意味着，某些人身在德国但其行为却仿佛不再属于这个国家，他们在感觉上像是移民；另一方面它又说明，他们并没有真的移民，而只是退缩到了内在的领域，退缩到思想和情感的个体性之中。"[①]当然，与之相对，阿伦特可能还没有意识到还有另一种情况，那就是"内在未移民"：人已经走了，已经移民了，但心还在这里，也并没有离开这里的意思。这都是一些可以被称为"奇特的暧昧现象"。关键的问题在哪里？阿伦特说，"内在的移民"（在我看来，也包括"内在的未移民"）所导致的一个最直接的遗产就是：人们把1933年到1945年这段历史当成仿佛从未存在过的一页，不但从史书上抹去，而且也要从人们的记忆中抹去。由于某种困扰，由于无法直面历史，由于大家都曾被直接卷入的有组织的犯罪，所以最好的逃避方式就是外在或内在的移民。阿伦特也假设，也许只有对"局外人而言"，才可能更好地谈论这个世界。交谈，特别是"叙事"（narrative），本身就是"对过去的征服"。因为叙事会把我们的生命经验作为新芽嫁接到世界的树干之上，于是就会不断激发人类潜在的可能性，它

① 阿伦特：《黑暗时代的人们》，王凌云译，江苏教育出版社，2006年，第16页。

比我们活得更长，而且，“所有的哲学、分析和格言，无论它们多么深刻，在意义的强度和丰富性上，都不能与一个讲得好的故事相提并论。”①

讲故事的人与听故事的人也许就是从未谋面的朋友。这也就是阿伦特所理解的友爱，双方都既没有不当的内疚感，也没有不当的优越感或自卑感。我们已经习惯于把友爱仅仅视为一种私密现象：彼此敞开心灵，不受当时世界所发生的一切的困扰，而是通过交谈，让过去的一切“变得属人”，也就是“人性化”。这种友爱，在古代的希腊社会也被称为“仁爱”（philanthropy），亦即“对人的爱”。到罗马帝国时，这种普遍性的“仁爱”或“善意”就在“人道”（humanities）的意义上有了许多的改变，因为罗马帝国种族庞杂，哪些人才能获得公民权就成为了一个严重的问题，于是教养或教化就被提到了日常生活的议事日程上。这也是我们今天看到西方的孩子在接受小学教育时，并不特别偏重课程、作业，而是要学会与人交往，在交往方式上要显得有教养。阿伦特更看重的是交往中的友爱，这种友爱不是私密的个人行为，而是政治的要求和对世界的防护。《智者纳旦》中的冲突发生在友爱与真理之间。这有点类似于我们的“亲亲相隐”。只是有点形式上的类似而已。因为对纳旦而言，他心目中所要维护的并不是“亲”，即父子或兄弟姐妹的关系，而是朋友间的友爱，这种友爱高于真理。

这并不是说莱辛不要真理，而是说真理一旦说出，便立即转化为许多意见中的一条，于是便不断地被人争论、重构，简化为谈话

---

① 阿伦特：《黑暗时代的人们》，王凌云译，江苏教育出版社，2006年，第19页。

的话资。假如只存在一条唯一的真理，就等于宣布了谈话的死亡。而谈话的死亡，也就是人性的终结。

和康德比较一下，康德在道德上无疑是冷酷无情的，他提倡宁肯为了真理而牺牲友爱，因为道德的“绝对命令”至高无上。而莱辛则要温情脉脉得多，他通过智者纳旦告诉我们，在人性与真理之间，人们不会陷入康德的二律背反，而会更加婉转地寻找到一种妥协，因为友爱是可贵的，而真理则需要不断证明。既然没有谁说只有自己掌握了真理，那么“真理”这个概念就应该改换为更贴近我们生活经验的词语，比如“正确性”“客观性”“事实性”，等等。但无论怎样，“任何学说，无论它们得到了多么令人信服的证明，它是否值得人们为之牺牲两个人之间那独一无二的友情呢？”①

在现实生活中，我们知道真理往往是为政治服务的。一般来说，真理也就掌握在手握大权的人手中。那么我们也就由此看出《智者纳旦》是一个政治戏剧，而莱辛则是一个完全政治化了的人。正因为他关注政治，才相信真理只存在于因谈话而获得人性的地方。所以当莱辛说“让每个人说出他所认为的真理，并让真理自己被引向上帝”②时，阿伦特说，这是在所有有关真理与人性之争中最为深刻的一句话。

也就因为这句话，阿伦特这个人，而不是作为思想家的阿伦特，在我们的心目中也就渐渐清晰了起来。我看过一部有关阿伦特在耶路撒冷的电影，那是一段她最为受到犹太人的攻击，也是她几

---

① 阿伦特：《黑暗时代的人们》，王凌云译，江苏教育出版社，2006 年，第 26 页。
② 同上，第 27 页。

乎就要丧失掉她维护了几十年友情的一段日子。但电影让我们牢牢记住的，除了她永远不停地在抽烟之外，就是热情地与人拥抱，哪怕刚刚猛烈抨击过她的人。然而该坚持的，她还是坚持住了。所有这些，我们只要看看她的《艾希曼在耶路撒冷》就清楚了。

对这个让她受尽了屈辱与苦难的世界，她有的只是爱。对那些与她一起从纳粹的魔爪中逃了出来的朋友，无论是犹太教的、基督教的，还是穆斯林，她都充满了友爱。当周围这些人一个接一个地离开了这个她深爱着的世界时，她给她的好友玛丽·麦卡锡写信说："我不得不承认，这种'树叶凋零'（或者叫'树倒猢狲散'）的过程使得我的感觉都有点麻木了。好像衰老的过程并不如歌德所说——意味着'逐渐从现象世界引退'（我对此没什么反对意见），而是一个熟悉的世界（无所谓朋友敌人）逐渐（很突然）变成了一片充满了陌生的面孔的荒芜之地。换句话说，并非我引退，而是这个世界正在垮台。"

"并非我引退，而是这个世界正在垮台。"她竭尽努力地想挽救这个日渐垮台的、她所深深爱着的世界。但，这个世界还是垮掉了。

在她的写字台上，永远摆放着她的母亲玛尔塔·阿伦特的照片，还有两个人，一个是她的丈夫海因里希·布吕歇尔，另一个就是她早年的恋人，大名鼎鼎的哲学家海德格尔。她并不赞同海德格尔的所有学说，认为这个人有一种"冷静的沉着"，表现为完全放弃了意志而听任事物存在。这既指的是他在纳粹执政时的一些往事，也可能包括当她晚年三番五次地去探望海德格尔时，这个人所表现出的无动于衷（当然也并不一直这样）。去世那一年的八月，她还去见了海德格尔，而结果比她预料得还要糟。她在给玛丽的信中说："海德格尔现在突然间真的老了，与几年前相比变化很大，耳聋得很厉害，过着隐居的生活，拒绝和人交往，我以前从没有看见过他这样。几个星期以来，我在这儿被那些突然之间变老了的人们包围着。"

她被变老了的人们包围着，她不知道她自己也已经是一个老人了。四个月后，她去世了，再过一年，海德格尔也离开了这个世界。

我们不知道或者无法想象她在生命的最后时光里想与海德格尔谈些什么，我们只知道雅斯贝尔斯说海德格尔是他"彬彬有礼的敌人"。而她自己在海德格尔八十华诞时写了一篇由巴伐利亚广播公司播出的文章，里面说海德格尔与柏拉图一样参与了政治，但他却始终不肯直面盖世太保的黑暗世界和集中营的刑讯逼供中的真实，这是一种"职业的畸形"。但所有这些话，都没有改变她对海德格尔在感情上的依恋。[①]

这也许是另一种"人性的畸形"，即对人在交往上的执着，以及对事在探究上的不懈。

人生，就是人的生活，让我们在生活中分享阿伦特的爱。这种爱贯穿在人与自己的关系（哲学），人与他人的关系（伦理学）和人与群体的关系（政治哲学）之中。

---

① 参见阿洛伊斯·普林茨：《爱这个世界——汉娜·阿伦特传》最后一章，社会科学文献出版社，2001 年。

13

市场经济的道德力量来自哪里？

奥地利经济学派的主要代表人物路德维希·冯·米塞斯（1881—1973）活了九十二岁，在经济学家中算是很长寿的一个。汪宇先生在为《米塞斯回忆录》所写的“出版弁言”中说：“在乱世，所谓寿多则辱，因此他经历的苦难也更多。”米塞斯在欧洲经历了两次世界大战，算是“乱世”。六十岁上下流亡美国，包括冷战时期，恐怕算不上“乱世”。所以米塞斯由于“寿多”，相对而言，“乱世”对他的影响反而并不很大。他的“受辱”，大约主要是就他始终未被经济学界的主流学派所认可而言的。

看来这是一位固执到有些偏激的经济学家，对自己自由主义市场经济的理念不做丝毫让步。

但就是这样一位几乎可以说最为著名的自

由市场经济学家，他的学说怎么反而在资本主义国家受到种种冷遇，怎么会是这样？

所以对“社会主义”“资本主义”“计划经济”“市场经济”这些概念的大而化之的理解，是导致我们并不理解米塞斯，或者说并不理解在资本主义国家里的经济学说到底在围绕哪些问题而展开的一个关键。

我是研究西方哲学的，所以当人们说米塞斯的奥地利学派的经济学主要坚持的是反对客观价值论的主观主义革命，并把这种“主观主义”中的“主观”归结为人的行动中的“动机”；而“动机”说则意在强调个体的人，最后再把“动机”中的观念归结为先验主义这一逻辑进程时就比较好理解。

对我这样研究西方哲学的人来说，困难的只在：米塞斯作为一个坚定的市场经济体系的维护者，为什么要强调价值中立，强调经济学与政治、科学与信念的两分，认为“福利国家仅仅是将市场经济一步一步地转变为计划经济的手段”[①]，从而也就否定了一种可以把自由市场与中央财政、货币政策、市场规制两方面的优点都结合起来的“第三条道路”，也就是“混合经济”的可能，而我们在现实生活中又明显能感受到这种“混合经济”的存在及优劣，比如北欧诸国。

依然是一些对概念的大而化之的理解困扰着我们。而概念，作为思维活动的一种抽象功能的产物，在某种意义上说，又不得不是

---

① 米塞斯：《米塞斯回忆录》，黄华侨译，上海社会科学院出版社，2015 年，第 169 页。

大而化之的。

所以我们也只能从总体上来理解米塞斯，理解他的总体意向和价值取向。

首先，作为一位坚决维护经济学的科学性的经济学家，他反对什么？他刚到美国，就反对当时最为时髦的凯恩斯的经济学说及罗斯福总统的新政（幸亏是在美国，否则会被驱逐出境的）。这没有问题。但就学说本身而言，这本书告诉了我们，第一，他反对历史主义，因为历史主义认为经济知识来源于社会特定的历史形态。由于历史形态总是特定的、多变的，因而也就否定了经济学本当存在着的、具有超验性质的普遍性规律，在哲学上势必导致相对主义或虚无主义。第二，他反对同样源于奥地利的“逻辑实证主义”，这让我们一下子就想到了一大批与维特根斯坦有关的哲学家，如石里克、卡尔纳普、艾耶尔等。但在现代西方哲学的研究中，对“逻辑实证主义”的反驳与批判远不及米塞斯这样来得猛烈与尖锐。我们知道“逻辑实证主义”反对古典哲学与形而上学，但在经济学领域，它导致的就是工具理性与操作主义，表现在经济学领域里的理论与方法就是数理经济学与计量经济学的爆炸式增长。这种经济学理论当然既反对笛卡尔式的“内省”与“洞见”，也不认为我们生活在一个“动机与利益”的现实王国之中。第三，他反对政府对市场的干扰，但又绝不是一个“无政府主义者”，也不认为政府是社会生活中“必要的恶”。因为没有政府，就谈不上对私人产权的保护，而私人产权又是自由市场经济的根本性前提。第四，米塞斯的经济学理论把企业家、消费者作为活生生的具体的个人放在经济活动的正中央，于是也就用这些人的“动机与利益”取代了对经济现象中的“均衡”“垄断”的“客观分析”，从而提倡一种市场过程中的动态竞争和价格理论。于是，这里就引申出一个在我们看来具有普遍意义的问题：什么是“保守”？米塞斯是一位保守主义者吗？米塞斯本人决不把自己看作是一个保守主义者。哈耶克是米塞斯的学生辈的人，但并未在维也纳大学听过米塞斯的课。在这一点上，二人是一致的，尽管在别的一些方面（如混合经济），二人的分歧也很大。作者引述利兰德·耶格尔的话说：“米塞斯绝非一个保守主义者。在他的著作《国家、民族与经济》中，他一遍又一遍地对政治和经济特权予以尖锐的批评。他拥护政治民主和自由市场经济。他推崇民主革命，反对世袭和威权政体。”该书作者说，在这一点上，米塞斯和哈耶克是极为相似的，并建议参见哈耶克的《我为什么不是一个保守主义》和《自由秩序原理》。

于是，他就把自己认定为一个“古典自由主义者”。在他看来，古典自由主义的政治原则和经济学说之间的界限是很难明确划分的，或者说，经济学说只是政治原则的应用。当然也可以反过来看，把自由主义视为一种“应用经济学”，断定没有经济学上的理解，就不可能理解自由主义。但他同时又要把政治原则与经济学说区分开来，因为在经济学说中，妥协就是背叛；而在政治原则上，妥协则是一种美德。在他的书中，除了亚当·斯密之外，他不断引用的就是孟德斯鸠、边沁、休谟等人的著作。于是我们也就知道了，市场经济的道德力量并不来自于自由、正义、平等、荣誉等概念，而只是来自经济学说本身的“价值中立”。为什么既是价值的，又会是“中立”的？因为“经济学知识的本体，是人类文明结构中的一个基本因素，它是现代工业和最近一两百年中，所有道德的、知识的、技术的和医疗的成就所凭借的基础。至于经济知识提供给人们的这些丰富宝藏，今后是否被利用，或置之不用，这就要由人们来决定。但是，如果他们不能善于利用它，且不理睬它的教义与警告，那么他们不会消灭经济学，将被消灭的是社会和人类”。[①]于是，这又让我们想起了休谟在《人性论·引论》中的论述：显然，一切科学，即使是数学、自然科学和自然宗教，总会以不同方式回到人性，因为这些科学都是在人类的认识范围之内。所以，人性本身才是人类文明结构的最基本的因素。而经济学的道德力量，就来自于对人性本身在善恶上的理解与认识。米塞斯概括出了三点：第一，看经济政策的制定者与实际的经济结果之间的关系；第二，看“成功地完成那个政策鼓励的计划是可能的还是不可能的”；第三，看生产者在决策时多大程度上取决于消费者所偏好的方式。结论自然是：“一个支持无拘无束的自由市场的政策，一个自由放任的、没有任何政府干预的资本主义政策，已被科学地证明是最好的政策。”[②]

最后，让我引用哈耶克在为《米塞斯回忆录》所写的《导言》的最后一段话作为这篇书评的结尾：“维也纳人从来没有意识到，我们时代最伟大的思想家之一，曾经生活在他们中间。”

---

① 米塞斯：《米塞斯回忆录》，黄华侨译，上海社会科学院出版社，2015 年，第 85 页。
② 同上，第 159—160 页。

14

关于儒家思想的思考

——一次会议上的发言

听了孙震校长的演讲，很受启发。我准备谈四个问题。

第一，关于儒学，我的基本态度是：首先，相信“儒虽旧学，其命维新”。中国的传统文化是有其持续不断的发展动力的，只要有中国人在，只要使用中文表达，只要我们依旧保持着这样的生活习惯和生活方式，说中文，写方块字，那么用这样的语言文字和生活方式构筑而成并能体现出这种构筑动力的文化就活着；其次，“世界经济的发展与儒家思想的现代使命”是一个很有意义的话题。整个世界范围内的学术活动都想重新从古代人那里寻找到应付当下这个时代的智慧。文化意义上的保守主义，甚至复古主义已经成为“显学”。既然我们的博士生们可以写有关柏拉图、亚里士多德的博士论文，而且也不乏创见，那么我们为什么就不能重新理解孔子及其儒学呢？但这里有一个问题：孔子和儒学不一定是一回事。我曾经在一本书中提出，马克思与所谓的“马克思主义”并不是一回事。马克思如果活在今天，也一定会说“我不是一个马克思主义者”。这也适用于对孔子的学说以及所谓的“儒学”“国学”“中国传统文化”等概念的理解。孙校长说，自董仲舒提出“罢黜百家，独尊儒术”以来，就歪曲了孔子的学说，因为孔子的学说是“道”而不是“术”。这对人很有启发。余英时先生也在一个地方说过，有对现实不满、始终反抗着的孔子，也有努力维护统治秩序的孔子，就看你要的是孔子的哪一面了。这大概也就是“道”与“术”有所不同的一个方面。当然，如何理解“道”与“术”这两个概念又是另一个问题了，而且可能是更重要的问题。

问题的提出到底说明了什么呢？说明我们必须重新理解“进步”这一概念。“进步”是一个有关如何理解历史或者时间的概念，属于纯粹形而上学领域里的问题。科学技术毫无疑问是有进步的，这里的“进步”只相对于能更快捷、迅速地实现人的实用性的目的而言。那么人性、道德呢？这里要讨论的恰恰是如何理解人的目的。这又涉及自由意志、欲望、想象等方面的问题。正因为都与形而上学领域里的问题有关，所以就不好说了。随着对“进步”这一概念的重新思考，我们也就不再相信今人一定比古人聪明。就对人性、本能、教育、管理等方面的理解而言，古人也许比我们看得更透彻，更具有直接性的特点；或者说，我们可以在古人那里获得更有启发性的理解。

第二，我有三个问题要说出来与大家讨论一下，这三个问题在逻辑上是连贯的：（1）中国到底怎么了，或者说世界到底怎么了，使得我们想要从古老的孔子学说那里寻找救治的智慧？（2）这种古老智慧还有用吗？能解决我们在经济发展中所面临的问题吗？（3）中国，我这里指的是内地，与台湾、香港到底有何不同？儒学普遍适用吗？当然，当我们说西方时，也应想到美国与欧洲、东欧与西欧，还有北欧等国的不同。到底中国的问题或西方的问题指的是哪里的什么问题或教训？

问题出在哪里？一般而论，也就是我们已经讨论过很久的“现代性”问题。我们大陆有时更喜欢用“现代化”，实际上也就是想把问题限制在工业、农业等生产领域的现代化、高度技术化，也就是前面所说的技术或手段上的“进步”上，不想涉及政治体制、价值观念等方面的“现代性”问题。汉娜·阿伦特说现代性导致三个方面的问题：超验的不可能、权威的丧失和传统的断裂。这是《阿伦特政治思想再释》这本书告诉我们的。同时，这本书也告诉我们，阿伦特一直在两面作战，既是一位反现代主义者，同时也是一位现代主义的支持者。这就要求我们必须在“现代性”内部做出区分，并在不同的位置上划出战线（该书第一章）。与此相关的就是对极权主义的认识。概括而言，极权主义就是相信“一切皆有可能”，于是企图通过改变人性来取消人性，企图把人等同于一个自然存在物，取消“他们的个性与他们开始行动和思想的能力”。极权主义的出现是现代性的产物。当我们今天谈论儒家学说时，到底在什么意义上是针对着极权主义而言的，在什么意义上又是一般而论地谈论超验的不可能、权威的丧失和传统的断裂。这是我作为一个大陆学者所必须思考的问题。现在许多人谈论西方的民主制度使得“民意独大、民权独大”，于是出现混乱。也许台湾的情况有点类似。我去年十月访问台湾，通过在高雄的访谈、看电视也体会到了这一点。我觉得台湾的民主制度有点类似于当年德国一战后出现的魏玛共和国，在风雨飘摇中期望有强人出现。无论是国民党还是民进党，都希望能出现一个真正英明、杰出的人物。但正如孙校长所言，你怎么能保证所出现的那个“强人”不是希特勒？儒学的真正实体性的（与土地、人口等因素有关）承担者应该是大陆；而大陆的儒学又是最值得怀疑的。我所谓的怀疑，就指的是儒学到底是“道”还是“术”上的怀疑。就内地、台湾、香港三地而言，弘扬传统文化，仅仅把儒学当成一种学问来看是一回事，想通过儒学的弘扬来解决世界经济发展到今天所面临的问题，特别是中国所面临的问题是另一回事。我相信，现实中的具体问题都不是理论研究所能解决的。理论的引导又取决于领导者对现实问题的清醒认识。所以中国的统治者历来就有“儒表法里”之说，读书人则是“儒表道里”。儒家学说只是“表”，几乎从来就没有被当真对待过。

第三，孙校长区分开经济发展的停滞时期与快速发展两个时期，而且强调这种区分主要着眼于个人所得的不同。经济停滞时期，也许国家的收入也在增加，但由于人口的增长和战乱、扩张的需要，个人所得并未增长。经济快速发展就指的是个人所得的增长。这是一种自由主义的、或称之为个人主义的哲学观念。我也拥护这种观点。但这仅仅强调的是经济领域里的问题。孙校长是经济学家，这是他的专业。如果我们不仅仅只讨论经济状态，而是从社会形态的角度来看中国历史，除了古人所说的“乱世、小康、太平”的三世说外，还有另一种三世说。比如龚自珍、魏源等，就认为有“乱世、治世、衰世”之分。其中特别引人注意的就是“治世”与“衰世”在表面上看起来几乎是一样的，因为都不是“乱世”。不同的就在于“衰世”指的是文化已经丧失了根本的活力。这当然与思想、言论的不自由有关，表现上就是价值系统的崩溃，用古人的话来说，就是礼崩乐坏，是非不分。这与现代性，特别是极权主义的“一切皆有可能”有关，因为充满了不确定性，所以也就丧失了安全感。最主要的是人与人之间丧失了基本的信任。在这种情况下，孙校长强调孔子对“信”（民无信不立）的确立，这在理论上当然是对的。但对于今天的我们而言，问题已不在古人（包括孔子）有哪些论述值得我们注意，而在于我们必须认清中国古代社会的秩序原则与今天的秩序原则之不同。古代，我认为一切立足于“等级制”，等级保证了秩序的稳定。就如《中庸》中所说的，仁，人也，亲亲为大；义，宜也，尊贤为大。一个“亲亲”（小共同体的血缘秩序原则），一个“尊贤”（小共同体的秩序等级原则）。有了这两条，伦理秩序就可以代替政治秩序，社会就可以不乱。这是古代儒家学说的秩序原则。现代社会成了大共同体。弗朗西斯·福山先生在《政治秩序的起源》中说，中国自秦汉以来就成为人类历史上第一个中央集权的大共同体，也就是后来的民族国家的榜样。而“亲亲”和“尊贤”已经显然不行了，靠谱的只能是法治，也就是宪法的确立，以法为大，以法为尊。记得秦晖教授曾在一个地方说过，“五四运动”只反“小共同体”（家庭），不反“大共同体”（国家），所以批儒。因为儒家就讲的是“小共同体”的秩序原则。“文革”后期，大陆有一个大的政治运动，叫“评法批儒”，继承的还是“五四运动”的传统。但我读《商君书》，真的感到很恐怖。我在台湾，感受到这里的人的道德素养明显高于我们大陆，这大约与相对于大陆，台湾还是一个“小共同体”有关。当然，台湾也一直在讲“礼义廉耻”，讲“仁义礼智信”。在香港，又感受到他们的法治观念强于内地，这大约又与英国人当年留下的传统有关。具体的原因和不足的地方就不说了，但就儒家学说而言，在个人的思想与行动，法治的观念与制定上的欠缺显然是无法适应现代社会的经济发展的，无论怎么解释都无法适应。当然，这并不影响我们。我们必须认真讨论我们的儒家文化。

第四，也就是最后，我想表达自己的两点希望。这就是第一，我们都应该寻找到一种可在理论上清晰表达的历史秩序。就是说，我们必须有一种普遍性下又体现着差异性的历史表述，能把历史的故事讲清楚；第二，应该讨论一下历史到底有没有周期率的问题。前不久我与香港的洪永远先生一起参观了上海川沙的黄炎培故居。黄炎培先生当年在延安问毛泽东，我们能否走出治乱循环的周期率。说明中国的几千年历史，确实有一种类似于“周期率”的东西。我近来看到一位美国历史学家说美国的历史也有周期率，基本上是八十多年一个周期，从独立战争到南北战争，再到第二次世界大战，差不多都是八十多年，那么从二战结束到现在，又接近八十年了，美国似乎又到了一个转折点。那么我们呢？如果我们能在历史周期率的大背景下讨论儒学的历史使命，也许会更有意义。最后，我来表达一下我对当下中国为什么会出现“儒学”或“国学”热的思考。我认为有这么四个方面的问题可供参考：第一，就是想通过“儒学”来提升国民的道德素养。台湾也许是一个榜样，至少，台湾没有那么严重的贪腐，也没有那么多的“假冒伪劣”产品。上面的人在利用手中的权力搞贪腐，下面的本以为最淳朴的农民也开始用各种手段坑害他人，进入一个“互害”的循环模式。这在以前都是不可思议的。加上人与人的基本信任感的丧失，真可谓“礼崩乐坏，天下无道”了，所以就想起了传统的儒家学说。第二，就是我在前面说过的，想在古人那里寻找智慧。趋古或复古成为世界性的思潮。但任何“古”都具有两面性。西方的“两希”，古希腊，有城邦民主，广场辩论，但民主制度也处死了苏格拉底。中世纪的希伯来—基督教传统，有政教合一时的宗教裁判所，也有宗教改革后的平等、博爱、宽容、慈悲和对个体的人的自由意志的肯定。中国的儒家，既有以“道”制约“官”甚至“帝”的一面，也有把“道”变成“术”，辅佐统治，专门制约人心，使人变得越来越虚伪的一面。就看谁来选择，怎么选择了。第三，就是想找到“马克思主义中国化”的新的途径，使马克思主义能够与中国传统文化更好地结合起来。至于能不能，是个太复杂的问题，此处不再展开。第四，也就是最后，在我看来也是最为根本或最为重要的，就是想通过文化认同来确立文化自信，再通过文化自信来凝聚人心。这里面涉及一个重要的哲学问题，就是“文化认同”也就是“自我认同”，而“自我认同”又是现代性中的一个核心问题。因为现代技术的发展正在使人的自我认同变得越来越空虚，在时空的急速变换中，我们几乎已经无法断定“我就是我”了。“自我认同”需要反省意识，或者说，对一个没有自我意识的人来说，也就谈不上自我认同。自我意识是什么呢？黑格尔在《精神现象学》中说，意识作为一种空洞抽象的存在，一定要有具体的、特殊的内容，这就是对自身的欲望、对自己的生命的意识。按照意向性的学说，意识是一定有其对象的，但这个对象是外向的，还是自我反思的，二者并不一样。这里面涉及一个是不是把“外”，或外物视为工具的问题。要自我反思，前提又得是把自己视为一个单个的人的存在。所以一个作为个体的人的存在，一个个体的人的自由意志，这两点是我们的传统文化中基本没有涉及的问题，而对于文化认同与自我认同来说又是绕不过去的问题。当我们还绝口不讲人的自我意识，不讲人格、尊严，以及这一意义上的人与人的平等时，我们怎么可能在反省中、在流逝中，努力获取某种意义上的认同感？如果我们的一切都是出于实用的目的，都是为了解决当下的政治问题或伦理问题，那这本身也就只能引导着人们把一切都转化为工具性的使用价值。好了，这就是我的发言。谢谢大家。

第二辑

生离与死别

1

记忆中的追忆

——一篇序言

同济大学哲学系的博士生邓刚曾去法国留学，翻译了巴黎索邦大学资深教授尼古拉·格里马尔迪（Nicolas Grimaldi）的一本小书——《巫师苏格拉底》。书很早就送给了我，这两天我才看。其中有一段话深深打动了我，这就是："回忆对我们来说就是遗失了的永恒性的图章，并且也证实了我们丧失权利的境况。在形而上学的意义上，我们是一些侨居者。"

正因为我们是侨居者，所以记忆能给我们多少乡愁也就能给我们多少希望，因为我们的故居就在那里，我们还可以回去。比如从黄山回到徽州，从襄樊回到襄阳，从仙桃回到沔阳，从五指山回到通什，从专事理工科的同济大学回到曾是理、工、医、农、文齐全的综合性大学。这几天，同济大学人文学院正在隆重纪念建院70周年，不过就是这种“回到”的一种方式。

但如果回不去了呢？这里指的是永远也回不去了，因为它不存在了，消失了，或者说，它本就是一个从来就没有过的“故居”“故地”“故名”。我相信有成千上万的人从来就没有过“故”这样的概念，有的是居住在外国的中国人，有的是还依然生活在这片土地上的人。不要说“故居”“故地”“故名”，就是过去发生过的许许多多的事，又有多少人还曾知道，还曾记得，还曾念及那些本应刻骨铭心的细节？也许，可感之物（住宅、食品、用具，或者图片、影像、讲述）可以帮助我们回忆起它们，但可感之物留给我们的记忆就是在脑海中重建一幅幅图画，哪怕加上想象，也是为了保留住对消失了的东西或再也不会出现的东西的记忆。注意，这里指的是对消失了的或再也不会出现了的东西的记忆。格里马尔迪在书里却用另一个概念区分开了与这种“记忆”不同的“追忆”。

“追忆”是为了记住那些一直存在并将永远存在的东西。

就苏格拉底而言，永远存在的东西指的是灵魂曾居住过的那个稳定、静止、完满、真理、典雅的世界。他相信那样一个世界的存在，因为灵魂的不死性就是灵魂本身的非物质性的一个推论，而灵魂的非物质性又是存在着一个理念世界的推论。所以“追忆”与“记忆”最大的不同，就是“记忆”只是语言的表述（述谓），而“追忆”则是逻辑的推论：从灵魂不死推论出一个理念世界的存在。理念的世界也就是我们平时所说的概念的世界。任何概念都不是复合的，单独的一个一个看似孤立的概念是怎么让我们在“追忆”中构成某种概念组合的逻辑的？柏拉图举例说，当我们提到“圆”这个概念时，就期待着有人能想到“由一个点产生的图形，这个点围绕着一个被称作中心的点作移动，而它与中心的距离始终不变”。于是就有了点、不动性、运动、距离、不变或相等这一系列的概念。它们共同构成了一个非时间性（也就是永恒、不变）的概念系统。同样的道理，当我们提到“阶级斗争”时，就会想到出身、立场、敌对、你死我活、镇压、反动等一系列的概念，它们也构成一种非时间性的概念谱系。这些概念中的任何一个，比如“出身”，马上又会让我们想起别的许多概念，比如“黑五类”“红五类”，“老子英雄儿好汉，老子反动儿混蛋”，还有许多奇奇怪怪的概念，比如“城市贫民”“小生产者”“小业主”“红色资本家”等等。而“黑五类”“小业主”“反动”之类的概念更可以让我们想起更多的概念。正是这些概念，让我们“追忆”起那样一个我们曾生活于其间的“非时间性”（也就是不可消失，或者说永恒不灭）的世界。我之所以用了“不可消失、永恒不灭”这样的词语，就是因为这样的概念依然活在我们的话语方式中，而我们离开了这样一些概念，几乎就不会说话。

我曾写过好几篇文章讨论“文革话语”。那是一整套被教会，从而变成了自己的话语方式的话语。主要的，又应该是讨论那样一整套看起来似乎是孤零零的概念系统，讨论这些概念是如何被组织成现在的表达方式，从而被赋予了某种固定含义的。苏格拉底曾认为这种追忆的体验能够治疗死亡的恐惧，因为追忆本身证明了灵魂曾经生活在永恒之中，而我则更悲观地认为，这样的追忆可以治疗我们企图挣脱它的焦虑，因为我们发现我们根本就挣脱不了它。

这些概念是如何被组织起来表达善恶美丑，表达自己的愿望、信念的，我们似乎从未想过，更谈不上清理。所以几十年过去了，仍然需要我们在记忆中构筑一个又一个被遗忘了的历史画面，同时，用格里马尔迪的话来说，更应该追忆的就是那些看起来永远也不会消失的概念系统。

南铁兄离开了《粤海风》，我们的一些记忆也就随风而去，但“记忆”本身却正企图以另外的方式，比如微信、微博，继续提醒、唤醒着那些逝去的记忆。当然，在记忆中，我们都应该想到那些永恒性的概念与把这些概念连接起来的那种话语方式，那种思维的逻辑与习惯。只要我们人还在，语言就在；只要有语言，就有概念。就此而论，概念是非时间性的，需要我们去做的，就是联想，就是在联想中让更多的概念复活，以便记住那些永恒性的、永远也过不去的“过去”。

南铁兄编的这本文集中都是一些很小的文章，恰似记忆的碎片，但也正是这些碎片化的记忆，让我们想到人所能告诉别人的，其实只是他已经知道但却又忘记了的东西。苏格拉底之所以把自己的方法叫作“引产术”，就是希望通过对话，使大家的生命因此而得以复活，并通过对追忆的激发，思考诸如“美”“正义”“平等”“法治”“尊严”“伟大”等概念的永恒性，并思考一下，在这样一个碎片化的时代，在追忆中重建某种意义上的完整性是否可能。

2

回忆中的问题意识
——一篇序言

张胜利曾是我的博士研究生，博士论文写的是《自由、人格与尊严——青年黑格尔的承认理论》。自由、人格、尊严、承认，这是我国学界在当下这个时代的讨论中常会用到的四个很大，也很“热门”的概念。人们都在用，但大都不甚了了，甚至有人见到讨论这样的概念就反感。这种心理性的反应我很理解。张胜利原来的博士论文叫《相互承认中的尊严问题》，也是集中讨论青年黑格尔的思想。我觉得可以，因为强调相互性中的尊严问题在理论上很重要。尊严虽说是着眼于人的个体性存在，但它又一定只会发生在人与人的相互性关系之中。但后来，他还是决心要讲自由与人格的问题，认为没有了这两个概念，尊严与承认就会被架空。

这中间围绕着论文的题目，还有多次的讨论。正是这些讨论，让我想到了当一个人要写博士论文这样比较重大的问题时所应该会有的“问题意识”。何怀宏曾把他的一本书送给了我，题目就叫《问题意识》。他说，他所理解的“问题意识”，是指一种很强烈的精神投入和价值关怀，然后以梁漱溟和李叔同先生为例，说明“问题中人”的“问题”，就是一种问学的动力，能帮助我们把问题集中化、聚焦化，然后使人能把精力投入到一个中心题目上。

我是一个常常在阅读别人的文字（包括博士论文）时总会不断回想自己问题的人。也就是说，“私心”很重，无论是讲课还是审读论文，看起来只是在说给别人听或看别人的东西，实际上关心的还是自己的问题。所以在大学讲了三十五年的课了，始终也没有一个固定的讲稿，因为自己的问题总在变。有了问题，有了不断变化的问题，才需要讲给自己听。写作也是这样，只有在写作中，自己的问题才能清晰化。那么到底什么才是自己的问题呢？自然很多，而且在变。要说出来，等于要给出一个规定，所以就得“想一想”。所谓“不断回想自己的问题”大概就是这个意思。

回想几十年前，我在读柏拉图的《美诺篇》时，看到苏格拉底说，一切研究、一切学习都不过是回忆而已。支持他的理由就是灵魂不灭。如果我们不相信灵魂不灭（当然，这只能是一个信不信的问题）了，回忆说是不是就不成立了？我后来想明白了：只要当一个人有了自己的问题意识，那他就一定有了可回忆的资本。所以读书、听讲、学习、写作，就都与自己对自己的回忆相关。正是在回忆中，我们才有了一句一句的话要表达出来，然后还是在回忆中，又会觉得表达得不恰当，于是有了反复的修改和论证。这都是一个自己与自己对话的过程：一个是当下的自己，另一个就是过去的，只存在于回忆中的自己。

是不是年岁越大，可回忆的东西就越多呢？那可真不一定。因为回忆不是一个量上的概念。回忆的深度，或者说挖掘的深度，这里主要指的是逻辑上的追根溯源，并不受年龄所限。

所以近十来年，我是常常想起20世纪80年代中期所有过的“要康德，还是要黑格尔”之争的。差不多我们这代从事西方哲学研究的人都还记得这场争论。我那时是一个坚定的“要康德派”，讲主体性，讲个体意识，讲道德绝对命令，当然也讲人类永久和平。后来，特别是到了新世纪，更多呈现在我脑海中的还是黑格尔。仔细想想，大约与自己思想上越来越趋于“想维护住什么，而不是要争取到什么”这样一种心态有关。相应地，把“道德”转化为“伦理”，把“意识”转换为“精神”，把“主体性”转换为“客观性”也就顺理成章了。古代希腊的“城邦制”也就在某种意义上可以取代现在所说的“民主制”。因为“城邦”本身是一个整体，在秩序的维护上，除了法律，还有一种“伦理精神”。而黑格尔心目中的历史，无非讲的就是这种“伦理精神”的实现。它显然要比康德在“实践理性”中所讲的“道德”，甚至也比《共产党宣言》中所特别诱人的那句“每个人的自由发展是一切人的自由发展的条件”要好。尽管马克思在《资本论》的第二版“跋”中一再强调“因此，我要公开承认我是这位大思想家的学生，并且在关于价值理论的一章中，有些地方我甚至卖弄起黑格尔特有的表达方式”，但我还是要说，从黑格尔到青年黑格尔或左派黑格尔（除了马克思，还有一大批杰出的思想家），我们在看到他们的思想（也许

“精神”这个词更恰当）比黑格尔“多出了”一些什么的同时，还要看到也就会同时“失去了”一些什么。对某些人，在某种情况下，“失去”的也许比“多出”的更可宝贵。个体的成长是这样，人类的历史似乎也是这样。至少，这是一种看问题的角度，或者理解为“问题意识”。

也正是基于这一点，张胜利的博士论文无疑会更加深人们对青年时代的黑格尔是如何理解自由、人格、尊严、承认这些引起当代哲学家们极大关注的哲学问题的认识。

这几个概念贯穿了黑格尔哲学的全部。为什么要偏偏想到“青年黑格尔的思想研究”？这大约也就是张胜利的“问题意识”吧。

是为序。

3

云南印记

看来我的一生就会在这四座城市中度过了：西安、武汉、海口、上海。相较于这四座城市的夏天，我不能不承认，昆明或安宁就是我心目中的天堂了。我以前来过云南多次，但印象并不深，大约和年纪还轻，也根本没有选择“养老”的意识有关。20世纪90年代初，我就和另一家人来过这里，去了泸沽湖、中甸（现在改名香格里拉）、丽江等热门景点，在大理住了半个月，记得是民宿，一天只要十元钱。街道上很繁华，熙熙攘攘，到处有外国人用外语写的纸条贴在街道的拐角处，告诉后来者该去哪里住宿、吃饭、喝咖啡。我印象很深，也按照纸条上的指引去吃过饭。这大约也就是今天这条“洋人街”的由来。但我对此并不敢肯定。那时的大理城门楼上还没有建“五华楼”，人们的衣着、饮食和古旧的城楼很相配，更显出这里的一切，在变革之初，也许都更接近其原初的形态。

但这里的“原初”，又到底指的是哪个时代呢？我们是否可有一个关于“原初云南”的想象？关于内地的城市或省份，我们大概都能想象出它更早以前的样子，唯独云南有些困难。就如古时的楚国派大将西征到云南，一下就被这里的民风和建筑所震撼住了一样。

我不是这里的人，真的没有多少发言权。只是很早以来，就知道在历史上，这里曾有过南诏国、大理国，有蔡锷将军和小凤仙以及反袁护国的故事。再就是“金三角”以及贩毒之凶险，还有五彩缤纷的少数民族服饰。2018 年我在安宁住了近两个月，是为了写我的《五十年间有与无》。今年，再与邵敏夫妇来到这家位于昆明官渡的“栖云阁养生公寓”度夏，真的算是过上了神仙般的生活：没有了写作的压力，也没有了可料理的家务，一日三餐，加上下午茶，每天测三次血压、血氧度和体温，不但去了久已向往的腾冲，住在和顺古城，瞻仰并祭拜了“国殇墓园”以及李根源（想想以前对这位大名鼎鼎的人物竟一无所知，真有些羞愧不已了）的旧居，还探访了从昆明到巍山一路上的白族、彝族的古旧遗迹，终于搞明白了云南的文明（注意：是文明而不是文化）进程是如何从巍山（南诏国）到大理（大理国），再过昆明（民国）的演进线索。当然，这里还是要首先排除掉来无踪、去无影，神秘出现而又神秘消失了的“古滇国”。在云南博物馆看到，汉人“夷化”当时曾是一个普遍现象。“古滇国”就曾被本为中原移民，被“夷化”后又成为了这片土地上的实际统治者的“爨氏”大姓统治了四百多年。这种统治是如何消失的，至今仍是一个谜，有待考古学家的进一步发掘。我更感兴趣的还是这片土地上的所谓“少数民族”立国这一事实。在巍山偶遇彝族研究会的会长，他说了一句让我和毛羽都大为吃惊，但又不得不铭记在心的话：没有立过国的民族就无法称其为“民族”。于是英语中的“民族”（Nation）也才与国家是同一个意思。那么想想中国，虽说有五十几个“少数民族”，但真正立过国的，大约也就只有蒙、藏、彝、白几个民族。而彝、白之国，也就是我们现在所注意到的南诏国与大理国。不来云南，对这一切就无所认识。而这一切都要感谢我三十多年前在华中科技大学的朋友毛羽，是他租车让我们绕洱海一圈，并去了所想去的地方。在喜洲喝白族的三道茶时，也参观了严家大院，看到蒋介石、李根源、龙云等人给严子珍遗像的题词，才明白了当地的人当时为什么要把“穷大理，富喜洲”挂在嘴上。这里的“富”，其实也就是对以严家为首的“四大家族”的赞美。他们以家族之富，使得整个地区都富庶了起来，而这种富庶，又凝聚着茶马古道上的斑斑血汗。

公元前109年，汉武帝在此设益州郡，公元225年，诸葛亮设云南郡。我不知道“云南”二字是否与此有关，反正“七擒孟获”的故事大概就发生在这里。到公元738年，最南面的“蒙舍诏”（今在巍山）统一了其余五个“诏”，于是有了历史上的南诏国。按我的想象，既然一直使用“诏”字，总免不了与皇上（中央政权或中原王朝）的关联。因为最早的益州郡毕竟是汉武帝设立的。但后来还是这位彝族研究会的会长告诉我们，彝族语言中的“诏”其实就是“王”的意思。于是这一点也就更强化了某种意义上的“独立”意识。无论是秦统一六国，还是蒙舍诏统一六诏，看来中国的历史总免不了分合之争。不过在公元 751—754 年的天宝之战中，南诏国大胜不可一世的唐军，还是让人心头一震，不知怎么竟让我有了几分兴奋。我的小学同学、当然也就是老朋友段宪文知道我去了巍山、古“南诏国”旧址，特发来一首白居易的诗《新丰折臂翁》，诗中“无何天宝大征兵，户有三丁点一丁，点得驱将何处去？五月万里云南行”就写的是天宝之战。陈寅恪认为唐亡于黄巢，而祸则基于桂林。大约也就指的是天宝之战和南诏国之乱，对大唐而言才是真正致命的祸。公元 902 年南诏国灭亡，也是一个从“合”到“分”的过程。大长和、大天兴、大义宁相继更迭，后于 937 年，白族大姓段思平联合滇东“三十七部蛮”统一云南，是为大理国。承袭的基本上就是南诏国的制度与疆域。大理国是段家天下。看其年号，也都是“文德”“文经”“至治”“明德”之类，看似与中原王朝大致相似，除了人种上（又让我们联想到种族主义与民族主义之间的关系）有别外，更多了些文化上的差异。这些文化的多样性均被视为“蛮”，并不为当时的大宋王朝所接纳，所以对这个独立于“普天之下，莫非王土”的大理之国也就不予理睬。但文化的“多样性”总归是要服从于制度上的“合法性”或“正当性”的。不管汉家王朝本身的“合法性”来自哪里，他能打下天下，本身就具有了某种正当性的依据。所以段家王朝还是想祈求获得“赵家天下”的认可。于是段家人九次请求赵家人册封。终于，1117 年，那位有名的亡国之君宋徽宗就封大理国段正严为“金紫光禄大夫”，听起来神乎其神，其实也就是一个云南节度使而已。但这个“节度使”又是“大理国王”，所以更多自主的权力。这一点从历史上延续下来，也就使云南人更多了“独立”意识。云南讲武堂，西南联大，后来的国殇墓园，大约都与某种形态的“独立意识”有关。在大理，我们在一家名为“洱月”的餐馆连着吃了两顿饭，一顿是饺子，一顿是火锅菌。有几位诗人陪同，话语间免不了一些感伤之意，说是今天的大理，诗人们能走的都走了，就剩他们几个人还在厮守和坚持，一年一度，曾连着“独立”举办过十一届的诗歌节也似乎举办不下去了。大家只好默默吃菌，都是一些很珍稀的品种。但我们并不知道，就与有关方面也不知道诗人在我们这个时代是多么稀缺一样。

相较于我长期生活过的西安、武汉、海口、上海，这里自然可称得上是高原气候。一开始血压似乎都有点高，后来也就习惯了。除了在腾冲、大理的参观、游历外，在昆明也有一系列的活动，在王云霞老师的带领下去了大哨的松树深林野餐，也在“山水之间”的茶舍品茶，给几位优秀的初中毕业生及其家长讲了社会秩序的伦理依据。这是个很有点深奥的哲学问题，也是我给博士生们所讲的一门课；但大家竟都听得很专注，包括刚刚上到四年级的小朋友王梓苡也可以满不在乎地说：我还有几个地方不懂。这一切真让人高兴不已。后来又与徐医生当年的两位同学在一起聚餐。先是喝茶，自然又是两年前就领教过的张瑾的手艺，可是她很不满意，说是矿泉水和温度都不行。我们不懂，就我个人而言，已达“醉茶”程度，走路开始摇晃。至于酒，那就更是让人陶醉其中了。董院长的一首“小河淌水”，唱得我泪流满面。当然，在此之前，“辉哥”的那句“古今多少事，都付笑谈中”就已经让人有些按捺不住了。

云南，可去的地方，可说的话，太多太多。

4

从庞贝古城到古中山国

2019年9月28日晚，我到了浦东国际机场，零点时分飞往西班牙的巴塞罗那，12个小时后抵达，是当地时间29日的上午8点。然后在巴塞罗那参观“魔法喷泉”、加泰罗尼亚广场（幸亏还没有独立出去）和市民的马拉松比赛。晚间起航，经过一天两夜的地中海航行，10月1日清晨就到了意大利的纳波利（Napoli），亦称那不勒斯（Napoles），然后第一站就去了庞贝（Pompei）古城遗址。

庞贝古城遗址，久闻其大名，今天就真的来到了这里。周围的一切显然都在努力维护原样，几乎看不见现代建筑。导游是意大利西西里岛人，中文名叫“黑龙”。他首先声明自己不是黑手党，因为从小在外地读书，包括曾在中国学过中文。他中文说得不错，但我们往往不知道是应该专心听他讲述，还是径自端详古城遗址中的一切，特别是那些细微的雕刻。据他说，庞贝古城不过一万五千至一万八千人口，但大型的浴场有五个，可坐上千人的大剧场一个，小剧场两个，现在已经用数目字排列开来的商店有几十家。此外，还有两家妓院，用男性生殖器作路标，所谓的“床”只是一块石板，上面有原始保留下来的几幅壁画，均与做爱姿势有关。所有马路（真正的马行之路）上隔不远就有一道道用石块铺就的“斑马线”，石块之间有马车过往的痕迹。“黑龙”站在一条马路上说：这就是庞贝古城的南京路。看看两边的住家和商铺，可见当年的繁盛。行人街道很狭窄，最多只能两个人并行。当然，这里还有三处人形骨架，或站立、或侧卧，据说都还保持着当年维苏威火山爆发，将庞贝古城掩埋时的神情与姿态。还有一个孩子和一条狗。一座城和城里的所有生命瞬间化为乌有。让人想到了比原子弹更为可怕的自然威力。远远望着静静的维苏威火山，怎么这么远就能一下子爆发，而且把这么远的一座城池就这样整体掩埋？对这种自然的威力，人除了表示敬畏，还能怎样？这可与原子弹不一样，尽管都是毁灭一座城市，但一个是人的事，另一个则是自然的事。自然之事自然有其自然之理。也许我们可以联想到罗马帝国中后期（公元一世纪正是罗马帝国的鼎盛时期）的扩张、掠夺与奢华、腐败，但人与天之间真的存在着这样的因果报应关系吗？看着阿波罗和宙斯这两座神殿的遗址，也想到了在人的敬拜之心后面所隐藏着的功利成分。什么才算纯正的信仰？对我们这些游客来说，来到庞贝古城遗址，是想到赶快今日有酒今日醉，还是在生命的短暂与虚无中，有如薇依那样，因为有了一种就像耶稣基督预感到耶路撒冷即将遭受洗劫时的悲哀，所以才会为自己的不安感到几分宽慰？

就这样一路走来，当你漫步在意大利托斯卡纳（Toscana）地区优美的自然风光与建于公元六世纪的圣·吉米纳诺（San Gimignano）小镇，而且联想到但丁、彼特拉克、波提切利、米开朗基罗、马基雅维利、伽利略、普契尼等人也都曾在这里住过或路过时，心中也会有一种异样的感觉。在外旅游，特别是出国，对中国人喜欢大声喧哗、不注意文明细节的事已说得很多，但对狭义的文化，也就是一般意义上的求知欲，哪怕只是想泛泛了解，也似乎总觉得标准过高，于是就并不作为一种要求提及。后来，当我又回到巴塞罗那时，由于没有时间差，就与住在巴黎的宣良聊了很久。我说，无论哪国人，在意大利，凡不知道但丁与达·芬奇，在西班牙不知道哥伦布和塞万提斯的，就算没文化，就如在中国不知道李白、杜甫、曹雪芹一样。宣良并不同意我的说法，他说，李、杜、曹与意大利、西班牙这几位人物在世界范围内的影响还是远不可同日而语。就是在法国，知道《水浒传》和《三国演义》的人也要比知道《红楼梦》的人多得多，尽管我在这里仅仅指的是“知道人名或书名”而已。但这种差异，到底要怪我们自己宣传得不够，还是怪外国人来得太少？宣良提到了语言。是，语言无疑是一个重要因素，因为中文在他们看来太难了。还有什么因素呢？为什么我们对外国的了解要远比外国人对我们的了解更深入？这仅仅是就我们这一代人而言，还是可以囊括后两三代人的总体情况？为什么？我之所以有这样的感慨，是因为我真的感受到随着出国的人越来越多，但似乎大家出去走一趟，却并不把文化上的触动或收获看得有多重要。在俄罗斯，有一个旅游团，与我在候机回国时随便说话，周围有好几个人竟然都不知道普希金、托尔斯泰是何许人物。于是我就问：那么你们到俄罗斯到底要看什么？他们自然面面相觑，不知作何回答。在土耳其，对古罗马的遗址，对宗教冲突没有感觉，也不知道曾有过的奥斯曼帝国。在伊朗，尽管所有妇女也都佩戴纱巾，但如果想想曾有过的巴列维国王的改革，又会对皇权与宗教的关系、背后又是现代性问题产生新的疑问。在奥斯维辛集中营，只有我们夫妇两个人坚持进去看了一下监舍，在四周走了走，而且真的想献一束花，其他人则一直站在大门口等候。在约旦，几乎没有一个人愿意与我们一道沿着崎岖的山路寻访古罗马在此的遗迹。我们整个民族的文化水准正在不知不觉、但又真的是大幅下降着，因为关心现实生活中的事情（比如购物）的人太多了，手机上传播的零碎消息也太快，太杂，所以看书的人越来越少。宣良说，塞万提斯和哥伦布都有高高的塑像直入云霄，被视为民族英雄，中国的文人和探险者能有这样的待遇吗？你该问康熙大帝或乾隆大帝，作为电视剧中的主角，可能知道的人更多。我们讨论更多的还是“免于匮乏”与“免于恐惧”之间的关系。他说，我们更看重“免于匮乏”，因为匮乏的历史太久远，而且远远高估了西方人的富裕程度，但却对自由和“免于恐惧”缺乏意识。其实，“自由”与“匮乏”也是一种“恐惧”。所以他认为“免于恐惧”更根本。对此说法，我并不完全同意，觉得“匮乏”很可能就是一种生活的实在。当然，这里的“匮乏”应该包括精神与物质这两个方面的程度，有比较才会有“免于”之说，而不出来走走，“比较”也只会流于空谈。我们是高估了西方人（包括美国人）的富裕程度。我曾向几个外国人问了不该问的收入问题，大都在月入三四千欧元左右。在游轮上工作的几个中国人，月入人民币一万元左右，换算成欧元才一千三百来元。我们消费时不能总想着把欧元换算成人民币，因为他们并不生活在中国。这点钱，喝喝啤酒、咖啡，吃吃冰淇淋是够了，但想旅游还远远不够。对外国人来说，主要是社会的制度性保障好，不为教育、生病、养老之类的事发愁。这不知道该属于“免于匮乏”，还是“免于恐惧”。但我们心目中的“小康”，应该既包括“免于匮乏”，也包括“免于恐惧”。整个欧盟，人员自由流动，但也未见人们从贫穷地区往富裕地区迁徙的现象，因为富裕地区有富裕地区的问题，比如高昂的税收、对相应的生活技能的要求，等等。所以贫穷是一个绝对与人们的想象力、创造力和工作技能联系在一起的概念。这也证明了我关于“免于匮乏”的论证，等等。隔着一座比利牛斯山，在法国和西班牙之间聊天，这就要感谢科技，特别是即时聊天软件的功能了。这方面要说发达，还真的要数中国。巴塞罗那的奥特莱斯（Outlets）也可以用微信和支付宝了，可见这方面的影响之快。

就这样一路走来，10 月 10 日上午回到上海，时差还未倒过来，11 号就飞到了正定（石家庄）国际机场，参加《社会科学论坛》期刊改革与创新学术研讨会。如果不是有着特殊的感情和缘由，我想，恐怕谁也不会这样马不停蹄地赶到这里参加一个地方性期刊的座谈会。

这特殊的感情和缘由是什么？凡参加了 12 号整整一天座谈会的人心里都清清楚楚。至少有近 50 来人发言吧，说是每人限定 8 分钟，但超过的人不少，主持人也舍不得打断，就这样一路说下来，无人退席、聊天、迟到早退，都静心在听，努力去说，每个人都试图找到最能表达自己感情的语言来述说缘由。笼罩在整个会场上的是那种用南腔北调的普通话所表达出来的浓浓情意。我谈的还是我的哲学问题。《社会科学论坛》创刊于 1999 年，我 2000 年就在上面发表了《理想主义与意识形态》，接着就是讨论黑格尔在 1831 年，也就是在他生命的最后一年所发表的关于英国改革方案的文章《如何使正义感成为意识活动的指南》。这两篇文章标志着我的哲学研究一直关注的问题：一是观念性的构建（意识形态），二是何为美好未来（理想主义），三是共同体的秩序与个人的正义感之间的关系，或者说，是集体与个人的关系。用黑格尔在《法哲学原理》第 36 节中的表述来说，就是如何才能“使自己成为一个人，并尊敬他人为人”。近二十年来，我一直在关注着这一问题，因为对黑格尔来说，整体与部分、普遍性与特殊性的关系，也就是他全部哲学的核心。哲学，严格说来并不属于“社会科学”的范畴，但我的哲学文章也照旧发表在这本期刊上，这本身就表明了它的独特。我在上面共发表了十来篇文章，还有一篇很长的访谈，但这都不是多么值得我说的内容，我所要表达的赞赏，或者说，让我感动的，是我的三位博士生的文章也都发表在这本刊物上。赵虹说,20 年来，我们当初发表的几篇硕士研究生的文章，文章的作者们今天都已经成为了博士生导师。

就这样一路说着、走着，我们就来到了中山国遗址。我知道古有中山国，但春秋之际诸国争霸，更引人注意的是吴、越、晋、鲁等国，因为它们流传下来的故事颇为有趣，也编成了各种戏剧作品，一直久演不衰，如伍子胥一夜白头、越王勾践十年生聚，等等。到现场一看，才发现今天的中山国遗址，已成了一座公园，建筑宏大、雄伟、壮观。吕思勉先生在《中国通史》中说，当时异民族杂居内地的颇多，也有相当强盛的，同族中的小国，颇受其压迫，所以甫在萌芽状态的民族主义，就让攘夷狄之说大受欢迎。① “古史辨派”创始人顾颉刚先生更是告诉我们，从昭公十二年（公元前 575 年）至哀公三年（公元前 492 年），约八十年间，鲜虞强大，建中山国号。“鲜虞，白狄别种，在中山县新市。”他反驳了认为“中山武公为西周桓公之子”的谬说，认为中山国之所在，“犹然为春秋时狄人之区域也”。我们在遗址中参观，尽管大部分展品已移至河北省博物馆，但我们也依然能深切感受到当时的“夷狄非无文明，惟与周族文明有所不同”而已，如“不好道德而好声色，不好仁义而好勇力”。顾先生说，但这也恰恰说明中山王已意识于仁义、道德。② 最显著的还是中山王譽墓中青铜器群的铸造工艺，数量大、类别多、做工精细，这是考古学家们一致的看法。公元前 296 年，赵国吞并中山国，中山国就此“消失”，比庞贝古城的消失早了 370 多年，但如上所说，一个是消失于人力的征服，一个是消失于自然的威力。我也仔细观看了想象中的中山国的城市布局。与庞贝古城的不同之处，一是公众活动的场所，如露天剧场、公共浴池的缺如；二是大型石刻人物造型很少；三是下水、排水系统以及对排泄之物的处理，也远不及罗马帝国来得周密。最后这一点，我在土耳其、约旦等地参观古罗马遗址时也注意到了。我们的

① 吕思勉：《中国通史》，中国画报出版社，2012 年，第 343 页。
② 参见《战国中山国史札记》，《中山国研究》第四期。

精细在器物上，双翼神兽、四龙凤方案和十五连盏灯的形体结构与铸造工艺，其精细程度，真的让人叹为观止。可惜这些东西都作为陪葬品被埋到了地下，就如我在伊朗参观时，巴列维国王对外开放，社会风气为之一变，但大量精美的珠宝玉石还是深藏宫内，秘不示人。总之皇权政治固有的君国子民，子孙世袭，还有“普天之下”之类的说法，都让人只能在以后的考古发掘中来欣赏皇家器物的精美。吕思勉先生说：“中国的民主政治，虽然自己久有根基，而亲切的观感，则得之于现代的东西列强。代议政体，自然要继君主专制而起。但代议政体，在西洋自有其历史的条件，中国却无有，于是再急转直下，而成为现在的党治。”①这里自然要赶紧声明一下：吕思勉先生的这本书写于民国三十年的抗战时期。

历史迂回，时光荏苒。就这样一路走来，《社会科学论坛》也已经过去了二十年。张平几次提到，二十年前，他与赵虹主编在北京西单彻夜长谈，喝着小酒，说着这本杂志的办刊方向。经费拮据，地处一隅，身边又有京津两个庞大都市的覆盖，要想把这样一份刊物办好还真的不容易。其间的辛酸苦辣，恐怕也只有具体的当事人才能知晓。“多少事，欲说还休”，赵虹在会议上的一度哽咽流泪，足以替代了他的千言万语。好在还有两次私下喝酒的机会，也只有在那种情况下，方见得一个人的性情与刊物的格调是如何统一的。

无论是在庞贝古城还是在中山古国，过去的、消失的，总会过去，也总会消失，但遗址还在，痕迹也有，总还会有那么多人记

① 吕思勉：《中国通史》，中国画报出版社，2012 年，第 52、53 页。

得，会来此参观，寄托各种复杂的感情。《社会科学论坛》也还会办下去，走马上任的黄主编，为人诚挚，做事干练，我们也会一如既往，无论怎样，看着这份刊物继续走下去，直到我们自己也从这个世界上消失，无论是来自人为的，还是自然的力量。

5

圣地的永恒性

此行以色列，在埃塞俄比亚转机。出机场时，见到一幅巨大的埃塞俄比亚的宣传画，上面是各种“原生态”的自然风光与原始部落，下面有一行字，写的是“A Land Without Time”（无时之地），这句标语很是引起了我的注意，觉得意味深长。埃塞俄比亚的发展在整个非洲其实算是快的，已经有些快取代南非的地位了，至少，非洲最大的飞机中转地就在埃塞俄比亚。二十多年的和平生活，各种宗教，各派势力，包括各类部落，都能和平相处，民主选举。尽管也只是把选举当作一种平衡各种势力的手段，但都能信守彼此间的契约，实在并不容易。而且这种遵守也一定会通过民风的淳朴与社会的有序反映出来。主要是人与人的关系，一下就能让你看出那种似乎久违了的平和与谦让。导游小高说，埃塞俄比亚人民的幸福指数在全球算是高的，大家都生活得很满意。我不知道“幸福指数”是怎么统计出来的，但人的欲望少了，加上文化层次偏低，自然也就要求不多，容易满足。当然，宗教本身也是一条让人获得心灵满足的通道。那里宗教氛围（东正教）的浓厚简直让人吃惊。而且，他们可以很自豪地说，正是这种宗教的力量，使他们成为整个非洲唯一没有被殖民化的国家，当时他们面对的就是意大利的侵略者。我们只在首都亚的斯亚贝巴转了一天。老实说，就城市建设而言，这么大一个国家的首都远比不上我们长三角和珠三角一带的任何一个县城，但令人吃惊的是，在没有红绿灯，只有警察，而且同时有几千人都挤到“圣三一教堂”去听布道的情况下，拥挤在一起的汽车竟然都不鸣号、不抢道，就那么秩序井然地等在那里，慢慢移动。不鸣号，见到行人过马路就立即停车，示意让行人先走，这不正是我们大上海在大规模整顿交通中所要达到的目标吗？

“Without Time”，指的原本就是这样，我们以后的努力只是要回到其原初的状态，还是否定之否定（时间的自我否定），在更高层次上实现其初始的状态？循环或者轮回能不能理解为另一意义上的“Without Time”？

我们的人类学家们现在普遍承认人类最早出现于非洲，“走出非洲”后才有了以后的各个民族。在埃塞俄比亚的国家博物馆（其简陋也只相当于我国一个县的博物馆），我们看到了依据现在挖掘到的人类“始母”露西（Lucy）的残骸所复原的人形。我一边在博物馆里走，一边在想，当霍布斯、卢梭、洛克、康德等这些伟大的哲学家们设想人类的原初状态并发明了“契约论”的一整套理论时，他们是肯定不知道露西们其实生活在非洲的，但，也许他们的英明，就在于他们合逻辑地论证出了那时，当最初的人类还没有时间意识时，就有了第一个，同时也是最基本的自然律，按照霍布斯的说法，这就是每一个人只要有获得和平的希望时，就会力求和平；在不能得到和平时，就会寻求并利用战争的一切有利条件和助力来满足自己的欲望。欲望指的就是要获得不在眼前的任何利益，它可以无穷无尽，但也会因爱（对象就在眼前）而止步。非洲那些正在厮杀着的部落，大约就是因为一旦开始厮杀，爱就消失了，他们所看到的只是永远不在眼前，需要奋力抢夺的利益。而埃塞俄比亚，则让我们看到了他们对和平的寻求与信守。

看着满街上拥挤着，但又不相互推搡的前去聆听布道的男男女女，我感受到了在这片“无时间”大地上的那种原初的爱的神圣感。

到了以色列，看到的最多的一个词语就是“Holy Land”。我们把它译为“圣地”。这是真正意义上的“圣地”，世界三大宗教的共同发源地。当然，这里指的是耶路撒冷，而耶路撒冷划分为四个区，分别居住着犹太人、巴勒斯坦人、亚美尼亚人和广大的基督徒。只有在这里，你才能切身感受到一种原本意义上的“Without Time”（无时之地），因为那种古老的城墙、街道、石块铺成的小路，还有人们的衣着、饮食，特别是表情，都给人一种很古老的感觉。途中几处地方见到有人在下棋，棋子竟然是小石子或纸片。时间在他们这里真的停滞或是消失了吗？

之所以这样问，是因为我们已经习惯了生活的紧张，时间逼迫着人飞速前行，追求 GDP，追求时尚，但要到哪里去，为什么这样，并不知道。旅游是很累的，但到了这里，你忽然发现生活的节奏很慢，慢到让你感觉不到时间在流逝。街边有那么多杂货店，但没有一家在推销、在吆喝，东西只是摆在那里，似乎只供展览，时间也停滞在某处，似乎只让你去诵经、哀哭。所谓的“哭墙”，只是第二圣殿所遗留下来的西墙，而第二圣殿又是在第一圣殿的遗址上建造起来的。第一圣殿毁于巴比伦人之手；第二圣殿再毁于罗马人之手。我们从橄榄山上下来时，有一“主泣教堂”，就是耶稣看见第二圣殿后泪流不止，预言其也将被毁。所以今天的信徒们才会在哭墙如此大声地哀哭，一面哭，一面诉说着什么，而且尽量大声，近乎嚎哭。我也见到许多小朋友被集中带到这里，他们并不知道哭，但也把双手扶在墙上，默诵经文。

在亚的斯亚贝巴，我们参观了人类的“始母”露西，那么在以色列，我们又是从圣母玛利亚（Virgin Mary）的故居拿撒勒开始的，到了耶稣的出生地伯利恒。我们前一天晚上住在橄榄山上，从山上走下来，也就是耶稣当年走的路。

我们先是到了加利利海（其实是湖）边发表“登山宝训”的小山丘。旁边有一教堂名“八福堂”，即虚心的人、哀恸的人、温柔的人、饥渴的人、怜悯的人、清心的人、和睦的人、为义而受逼迫的人何以会有福（受保佑）。最后到了耶路撒冷，途经耶稣被捕和被关押的地方，最后再沿着耶稣受难的路一共走过了 14 处地方。街道的墙面上标明这是第几处，包括耶稣身负十字架两次摔倒，中途妇人为他擦汗，他劝妇人们不要哀痛的地方，等等。直到最后换衣受刑，被钉死在十字架上。

这是一条弯弯曲曲、越走越高的小路。当年是不会变成石子路的，但你可以想象当年的路就如此弯曲，慢慢向上，直到一个叫各各他（髑髅地的意思）的地方。

我们只是一群置身事外的旁观者，但在阿伦特看来，只有旁观者才会做出判断，而行动者与旁观者的冲突也就是政治与道德的冲突。无论是当耶稣出生时的希律王，还是最后决定处死耶稣的彼拉多，包括出卖耶稣的犹大，还有那些祭司，都是行动者，都因政治或宗教而决心处死耶稣。跟随耶稣一路走来的“旁观者”则站在道德的立场上表现出他们的哀恸、温柔、怜悯和为义而受逼迫的一面。我们就当然更是“旁观者”了，但一路走来，尽管不会如那些虔敬的教徒那样亲吻石板，抚摸石柱，但也依然心怀不安，在一个只是一位“旁观者”的面具下掩饰着内心的悲悯与哀痛。

这一切怎么会是真的？圣经上的记载（主要是四福音书），除了神迹，怎么在这里都能找到原址？是后人按照圣经建造的这一切？

这样想，这样问，自然有些不恭。但更重要的，是不能这样去想，这样去问。这样想问题、问问题的方式本身就不对，因为所谓“真假问题”只是人在经验范围内所能验证的一个很小很小的领域；更为广大的超越经验的领域与问题只属于信仰。你可以信，也可以不信。信了就有“信、望、爱”；不信了，就是我们作为无神论者所信奉的一切。但“信”，总是我们人类在社会生活中离不开的东西，而且所信者，大都不是我们自己所验证的。真正让人惊奇的，倒是在这成百上千年的时间里，经历了几乎数不清的战争与掠夺，巴比伦人、罗马人、拜占庭人，然后就是与阿拉伯人的反复拉锯战，这一切古老的遗迹竟这样神奇地保存下来了。我也忽然明白了什么才叫“世界文化遗产”。真正的遗产，就是时间的凝固，那也叫永恒。而真正的永恒，一定属于超验的领域。

以色列应该算是一个发达国家了。“发达国家”与“幸福指数”不同，它应该有一些具体的统计指标。其实到了以色列，也就能立即感受到它的现代与发达。这里是只有红绿灯没有警察，但交通秩序良好，听不见汽车鸣号和拥堵。特拉维夫更是一个现代化城市，毗邻地中海，高楼林立，海滩上到处有人在戏水、冲浪。当然，离这里不到50公里的地方，就是“哈马斯”的营地，但人们却没有表现出丝毫的忧虑或恐惧。一位嫁给了犹太人的兰州姑娘是我们的导游，她说：以色列是世界上最安全的地方，没有之一，就是最安全。为什么？不在那短短的一截隔离墙，而在人心。这个苦难的民族自认为是上帝的选民，所以心中有他人，有未来，有远超血缘关系的团结，即一种共同体的生活理念。我刚看完托尼·朱特的《思虑20世纪》，他在书中说：“德意志文明是一种犹太普世价值理想，国际革命——他的对立面——则是另外一种。从某些方面来说，我们这个世纪的悲剧就在于这两种普世价值在20世纪30年代遭到诋毁，这一瓦解的影响和恐怖之处波及了此后的数十年。”①他还说，犹太人被宗教、阶级、语言、文化与机遇（或缺少这种机遇）所分离和割裂得太久太久了，所以一旦走到了一起，就会表现出空前的团结，就如他们也曾努力使自己德意志化、俄罗斯化、波兰化、立陶宛化一样，他们现在正把自己不屈不挠地希伯来化。

所以希伯来语是他们的官方语言，在任何地方，所有的文字都

---

① 托尼·朱特：《思虑20世纪》，苏光恩译，中信出版社，2016年，第18页。

按希伯来、阿拉伯、英语的顺序排列，不会缺少任何一种语言，也更不会排列错顺序。

我知道他们都会说英语，但只对外国人说。就是阿拉伯人，也说的是希伯来语，信的是基督教，尽管不一定都这样。而且在“哭墙”后面，就是现在的耶路撒冷的标志性建筑金殿——阿拉伯的清真寺，但，现在的以色列，在这片被叫作迦南的应许之地，一切是不是又回归了其原初的状态，这就是多民族、多信仰共同的和平与信守？

这难道不是我们在埃塞俄比亚所看到过的那种人与人的关系吗？

Holy Land：A Land Without Time.

（圣地：无时之地。）

6

今宵月，昨夜楼

一个极其漫长、炎热的夏天终于过去了，接着就是好几天的大雨。转眼就到了中秋节。

才办了退休手续。一个人默默坐在桌旁胡乱看书，希望能找到一个说服自己为什么要看这本书的理由。然而没有。但对我们这样的人来说，看书就已经成了生活本身，不看书，还能干什么？什么也不会，更不想学，学也学不会。

还有几个没有毕业的硕士、博士，是为了指导他们的毕业论文要再找些书来看吗？

其实不是。

这种不知所措、胡乱看书的状态，让我忽然想起了我的中学时代。

平心而论，我真的觉得小学老师是所有老师中最幸福的，因为他们知道自己要教给孩子们些什么知识，比如拼音、认字、背课文。

到了初中、高中，目标越明确，压力也就越大。如果一切都只是为了考上更好的学校的话，那么学习、复习，准备的范围也就会相应缩小，小到以能猜准考试题为目标。

所以越没有目标，越不知道为什么看书，不知道该看什么书，但还在不断找书看才越好。这是我个人就学、从教几十年的切身体会。

我从 1962 年到 1966 年在西安市第四中学读初中、高中。然后，“文化大革命”就开始了。

今天的第四中学已经不复存在，据说是和旁边的省女中合并了，统一叫第八十九中学，而原来的校址，则变成了一所有利可图的私立学校。

不过我再未去过，也并不了解具体情况，只是听别人这么说说而已。

一切都在可想象的范围中。

第四中学在西安市后宰门，不远处就是因连战的访问而热闹过一阵子的后宰门小学。

第四中学是一所很有些历史的老学校了，先是德国人办的教会学校，叫圣路学校，在北大街的圣公会，离我们家很近。后来搬到了后宰门，改名第四中学。

我们的城市名、地名、街道名、学校名总在变来变去；城市越变越大，街道越变越宽，日新月异到不到一个月就已面目全非的地步。

后来去了欧洲许多地方，特别是小镇，都是几十年、上百年不变。华沙在二战中几乎全部毁掉，但人们细心保留了原来的图纸，战后重建时要求丝毫不变，所以整个城市就被列为世界物质文化遗产保护项目。类似的地方太多了。走在那种碎石子铺就的小道上，我总在想我们的历史那么久远了，但“古城”“老城”“旧城”到底还有多少，都在哪里？

从1962年到1966年，几乎是中国当代史中最可大书特书的一个无可捉摸到令人感到某种怪异的阶段了。

1962年，“困难时期”似乎已经过去了，尽管一切都得凭票，但也许这就是本来应该有的限制。大家又像重新活了过来一样生龙活虎，而且对未来充满憧憬。我们生活在城市，并不知道农村的事，陕西的情况总的来说还比较好，大家都浮肿得厉害，不过既然大家都浮肿，当然也就是正常的。

一切说起来都是“本来应该”或“正常”，其实大家又并不知道什么是“应该”和“正常”。最明显的例子就是学校。

现在回想起来，那时的中学，从校长到教师，其实就已经不知道学校到底应该怎样办下去了，因为不知道到底应该讲些什么，什么样的学生才是好学生或榜样。“拔白旗”“批唯成绩论”“反成名成家思想”，一天到晚开会，老师们既自顾不暇，也不知该怎么教，教什么。因为在我们心目中，“好学生”的标准与学习成绩无关，与守纪律、听老师的话无关，当然更与公民意识之类的大话无关。有关的只是积极参加集体活动，军训，学雷锋，做好人好事。但实际上又没有那么多好人好事可做，于是几乎天天擦洗公交车，到别人家担大粪，或帮售货员站柜台。慢慢也就形成了一种相对固定的观念与秩序：反正“白专道路”是不对的，大家也没有谁敢说自己的理想是考上大学了。

那时也有学习小组，晚上几个家住得近的同学聚在一起学习。

说是学习，其实就是聊天。我们班有个叫“咪咪”的同学，拉得一手好二胡，在他们家就听他拉二胡，讲刘天华和瞎子阿炳，还到新城广场一个新建的公共厕所去拉《江河水》。我们几个人就坐在外面听，据说音响效果好。

那几年，最大的好处就是看课外书。特别是我们这些当不了“好学生”的人，大部分时间都用到看课外书上了。也多亏了那几年读了那么多古今中外的名著。读课外书，特别是小说，其实是有年龄段的，过了那个阶段可能就读不进去了。我最喜欢的是俄罗斯作家阿克萨科夫的《家庭记事》，看了无数遍；还有就是普希金的《欧根·奥涅金》，几乎把其中的几段全背了下来：

> “呯的一声，欧根已经射击……
> 这一声是末日的钟响，
> 诗人无言地松开了手枪
> ……
> 美丽的花啊，生命的清晨，
> 就已经在暴风雨下摧毁、凋落。
> 呵，永熄了，神坛的火！

初中三年，留在我记忆中的就是友情、看课外书和胡思乱想。

那是最不知道自己该做什么、能做什么的阶段，就跟现在差不多。

还记得小学毕业时，校长在黑板上写上“四中”“三十中”两个校名，说：谁考得好，就到四中；考不好，就上三十中。于是大家纷纷发誓一样在课桌上刻上“四中”。想不到三十中后来因出了个张艺谋，名声大噪，巨大的校牌远远就能看见；而四中，则消失不见了。

那时最向往的就是能到地质勘探队去爬山涉水。初中毕业时，我们最好的几个朋友都报名西安机器制造学校，据说是国防单位，毕业后就能到深山密林中去找矿。考试结果，我没有被录取，只好继续上高中。被录取的一个好朋友毕业后分到了青海，一个人在山里守着一台机器，几个星期看不见人，等着来人换班，平时只有靠喝酒打发日子。那也是一种无所适从、不知该干什么的阶段，但跟初中不同，因为已经有了工作，很快就恋爱、成家，就此告别了胡乱看书的阶段。

“四中”，在我心目中多少已经有了几分神圣的意味。倒并非因为北京四中出了那么多声名显赫的人物，而是因为后宰门口四中高中部那栋多少有些陈旧的四层楼。“文革”时外出串联，比如在遵义，只要发现有四中，就一定住那里。

就在那栋陈旧的楼里，虽说是高中生了，但由于没有高考的压力，大家还是漫无目的地看书，聊天，讨论各种问题，包括忠王李秀成的那本《自述》。

那时候不太有“祖国”“民族”的概念，知道“党”，但这是一个与世界革命联系在一起的概念，心中想的全是“全人类”，每个人也都把自己当成了“世界公民”。所以用“豪情万丈”来形容那时的心态一点也不为过。自己是“世界革命”中的一分子，既自大，似乎与全世界的无产阶级自然有了一种阶级认同；但又很渺小，自己只不过是那么大的世界革命中的一分子，有没有你，生还是死，确实是无所谓的事。

四中的体育项目特别好，而体育又能起到凝聚人心的作用，所以大家的集体荣誉感也就强。这种荣誉感慢慢转化为一种积淀着的力量，就看向哪个方向引导了。在理想、浪漫、热情与投身“比赛”的同时，因家庭成分和社会关系而带来的种种不安又会无形中有如一张黑手似的笼罩在许多人的头上。可惜那时都还不曾仔细想过这种不安的由来。那时，唯一能让人忘却这些莫名其妙的恐惧的，就是我们的好班主任，亲爱的、就如妈妈一样呵护着大家的杨桂梅老师。人的理想、信念是需要一个彼此认同的场所的，那就是在那栋旧楼里曾有过的理想、信念本身。黑格尔说，形而上学是什么？从认识的角度讲，形而上学就是认识到了认识本身。认识的现象（活动）与认识的本身（存在）的区分，也应该是当我们在回忆往事时所应该想到的一个问题。

还是《欧根·奥涅金》：

呵，仇人！杀戮的狠毒，
把他们分开才多久？
曾几何时，他们共享悠闲，
共饮食，共操劳，彼此分忧
多么友善！而现在，毒恶的，
他们像是世代的仇敌，
仿佛是在一场可怕的
迷离的梦中，他们不言不语
给彼此预备了残酷的死亡……

这就是随后开始的“文化大革命”。

就在那天到来的当天，我告别了第四中学。没有想到的是，这竟是一种永远的告别。

7

我记忆中的杨祖陶老师

清代著名思想家，并以“经世致用”和“六经皆史”而闻名于世的章学诚先生（1738—1831）曾说过：学不可无宗师，不可有门户。

我的宗师有三位：陈修斋、杨祖陶、肖萐父，而且在这三个人身上，恰恰毫无门户之争。

我发现了一个有趣的现象：杨祖陶老师比我大二十岁，肖萐父老师比杨祖陶老师大三岁，陈修斋老师比肖萐父老师大三岁。三个人分别出生于 1921 年、1924 年和 1927 年。也就是说，1978 年我读研究生时，我三十一岁，杨祖陶老师五十一岁。我六十岁的时候，杨祖陶老师八十岁，今年我七十岁了，杨祖陶老师刚刚逝世一周年。我可能是所有研究生中唯一一个去过陈修斋老师（浙江磐安）和杨祖陶老师（四川大竹）家乡的人。当然，未找到故居。磐安已经成为旅游胜地，山水甚为壮观，大竹已经靠近今天的重庆，我是在修建三峡大坝前去的，但县城已经有一些搬迁过来的人。去大竹，是从成都坐朋友的车去重庆，绕道大竹。当地人还是习惯称之为竹阳。原以为盛产竹子，但县城并看不到竹子。

磐安住了三天，看到一些奇特的建筑，也想寻找陈老师童年的蛛丝马迹；大竹只是匆匆一过，但心里总还是念着自己的老师。

有几件事需要说明一下：第一，1978 年我们这些人读第一届研究生时，都是三十好几的人了，搞过“文革”，下过乡，插过队，又都在不同岗位工作了几年（比如我在监狱里当管教员），自以为能见的世面都见过了，很有些自命不凡的感觉。读书都是从自己的“野路子”里磨出来的，我是从喜欢外国文学慢慢转向读马克思、恩格斯的书，囫囵吞枣，似懂非懂，仅仅是从他们的书里知道了康德、黑格尔的名字而已。当然更多的是当时的“神圣家族”“青年黑格尔派”和蒲鲁东、费尔巴哈这些人。

所以入学以后，一个很大的问题就是如何把我们这些人“驯化”过来。

陈老师的人格特征表现为宽容。这在当时是很重要的（也许从来就很重要），因为他的宽容，我们可以胡思乱想；杨老师则起到了引导作用，以他的“纯粹性”引导我们开展自己的哲学研究；最有风度、而且充满人格魅力的是肖老师，他的批判精神就是我们的思想旗帜。陈老师在学问上表现的是自己的理解能力，尽可能理解每个人的说法；杨老师则是解释能力，纯粹，英文中的 pure，本身就有抽象的、纯理论的和清晰的、无杂色的意思，而杨老师的纯粹恰好就把这两点统一起来。我有 1978 年 12 月 12 日开始听杨老师讲德国古典哲学的课堂笔记，几乎把杨老师的每句话都记了下来。当时是和本科生在一起听的，理解的差别只在你的笔记上。我前不久又重看了当时的笔记，许多话似乎闻所未闻，而且可以展开更多的讨论，当然，这也与自己这几十年的读书不无关系。在肖老师的风度翩翩下，是一颗火热的心和充满激情的力量。所以，如果说陈老师在待人接物上是一个理性的人的话，杨老师则更多在平淡中表现出他的幽默与超脱，肖老师自然是一位真正的诗人，身着一件敞篷风衣，讲课时银发飘飘。

还有一件事需要说明一下：尽管杨老师比我大二十岁，肖老师和陈老师大得更多，但在某种意义上我们又依旧是同一时代的人：1949 年后的这一代人。也就是说，我在七岁上学时开始接受的教育与二十七岁的杨老师以新接受的教育对自己的过去重新认识是同步的。肖老师自然更激进，而陈老师在一般而言的默不作声中会突然说出一些语惊四座的话。我在北大参加北京大学哲学系成立一百周年的纪念大会上，看到过一本《守道 1957》的书，里面就记述着当时陈老师的发言。当然，所有这一切，又都与陈老师、杨老师所要维护的他们所共同尊敬的老师贺麟先生的人品有关。

第三件事，就是杨老师在上课和引导我们研究生讨论哲学史方法论时，表现出他对哲学（特别是德国古典哲学）本身足够的敬畏。敬畏，包含着不允许别人随意糟蹋的意味。他一生都在努力厘清哲学发展的逻辑和哲学家自身的思想逻辑。这种逻辑不是语言分析中的语言逻辑，而是问题逻辑。比如康德遗留下两大问题：物自体与人类学的体系。他的继任者到底是如何在批判中推进德国古典哲学的，到黑格尔，物自体成了绝对精神，人类学体系演化为宇宙的逻辑体系。杨老师也如同马克思一样，特别强调黑格尔的《精神现象学》作为起点的意义；贺麟也是这样讲的，但渐渐地，强调《精神现象学》演化成关于精神（意识）的经验现象学，也就是说，在黑格尔那里，研究人类学体系更具有了经验的内容，这里的经验，既包括逻辑的，也包括历史的、自然的、法哲学的或市民社会理论和国家理论的。康德所提出的“先天综合判断何以可能”变成了历史的演进，从家庭到市民社会，再到国家何以可能的问题。于是，研究精神（意识）不再是研究精神（意识）本身（的逻辑），而成为了研究精神（意识）中的人类历史的发展规律问题。

哲学史方法论的讨论，远不似我听课时的笔记那样详尽，比较凌乱，但杨老师的逻辑的纯粹性也更多渗入了人类意识中的历史内容，这一点，从零散的笔记中还是能看出来的，这与后来所理解的马克思主义也是合拍的。

最后，我想说一下，我们这一代学人，既然在某种意义上与杨老师是同一代人，那么我们也就几乎走不出古典的启蒙哲学（特别是德国哲学的启蒙作用）对我们的巨大影响。当现在的年轻人更多阅读现代西方哲学，当康德、黑格尔也差不多成为了“死狗”时，我们在现实与学业上到底要捍卫什么？我们现在在解构主义、非理性主义、后现代主义的裹挟下还能不能提出“实在”问题，也就是说，先验或超验的问题对我们还有没有意义，这意义又体现在哪里，所有这一切，也是杨老师在八十高龄之后，努力要把黑格尔的耶拿逻辑和精神哲学翻译出来，写出他的“指要”的最重要的思想动机。

也就是说，发生在从康德到黑格尔的德国哲学革命，演变为马克思的社会革命，在逻辑上讲是顺理成章的；但从另一面来看，德国的哲学革命，比如到黑格尔，又绝无社会革命的意思，他心目中的“君主立宪”以及对精神自由的至高推崇，又可能导致另外的逻辑结论；可能性高于现实性，这里并不仅仅只有马克思主义所要告诉我们的那样一种必然性。

这里的“纯粹”，如康德所引用的培根在《伟大的复兴》序言中所说，这桩事业的正当性，就在于它是为了“奠定人类一般福利和尊严的基础”。

对杨老师为学为人中所体现出的“纯粹性”，也应该作如是理解。

8

我们看不见你了，但你依然还在

任建成，一个极其普通的编书人。先是一个人默默地在北京编书，后来被海南出版社收编。据海南出版社的领导说，任建成他本人就是一个书库，这些年亲自编辑的图书有三百多种，而且正主持着一项包括十卷本、一千两百多万字的《国家发展战略研究丛书》。但他自己从不提及这些事，也并不真把这些事当成多么大的一回事。他只是就那样默默地做着自己的事，让别人永远看到的是他的微笑和善意。包括癌症晚期，生命垂危期间的交谈、邮件、电话和对晚年将生活在海口的向往。

所有认识他、见过他的人，无论有无深交，都会说他真是一个好人。

“一个好人”，这个看来属于对人的最基本，也最朴实的直观性判断依然还在；无论你有了多高的地位，也无论你取得了多大的成功，人们依旧在用“好人”“坏人”对他或她进行着基本判断。我本能地觉得这一判断大体上不会错，因为它超越了所有外在的光环或阴影。而只要这种判断的能力和勇气还在，我们也就多少对自己死后的未来有了一点冥冥中的信心或希望。

所有活着的人都应该想到自己也有死的一天，而当那一天到来时，你是一个“好人”，还是一个“坏人”，众人口口相传的口碑就是明证。

小任编的书大都是从海外引进的，自己只翻译过一本薄薄的书，就是泰国著名的心灵导师与社会活动家舒拉克（Sulak Sivaraksa）的《可持续的是美好的》（*The Wisdom of Sustainability*）。他之所以要译为“可持续的是美好的”，是为了呼应那本引起很大反响的英国经济学家舒马赫的《小的是美好的》。作为附录二，任建成引用了舒马赫在这本书中对“佛教经济学”的讨论，然后再据此引申为他的“佛教政治学”，即如何让社会稳定与个人自由并行不悖。他在“译后记”中说，“一个可持续的社会一定是道德导向的社会”，它看重的不是效率、利润、GDP，而是万物众生的共处、和谐与GHP（国民幸福总值），里面特别强调的是佛陀八正道中的“正命”。“正命”就是要纯化人类的特质，而人类的特质就是劳动，劳动不是为了谋生，而是人类特质的有尊严的自由展开。

于是，我们在这里就又看到了任建成的哲学底蕴。

事实上，任建成是我的第一个硕士研究生。他从天津大学毕业后先到武汉的某个大学任教一年多，然后弃工学文，考入了华中工学院（华中科技大学）的哲学研究所读研究生。那时我只叫他“小任”，后又随我到湖北大学德国哲学研究所工作。那就是现在在许多人眼中已经多少神秘化或神话化了的20世纪80年代。一面是自以为思想最为解放的年代，学术界摩拳擦掌，试图大展身手；另一面则又是不大进入我们眼帘的可怕的结扎、带环，就如杀猪一样拉着一车又一车的女人去采取措施。而我们这些自以为是的“启蒙者”却对此视而不见，总以为国家需要是最高标准。就人而言，如果在一个角落里有着见不得阳光的阴暗与残暴，那么也就可能孕育着更大的可怕。因为尊严是一个完整的概念，我们不能认为这一面应该这样，那一面却可以那样。他还是默默的，但在此之后，无论是考取了中国社科院法国哲学的博士生，还是再考取了赴美的留学生，都均告失败。于是就与同是华工校友的小谢在北京安家，开始了流浪中的编书生涯。

到底还是书生本色，离了书，还能做什么呢？

1989年，我因胆总管结石住院治疗，手术失败。第二次手术是在寒冷的12月。我赤身露体地躺在手术台上，一位从北京来的医生用胆道镜想取出夹在一个要命地方的石子，一面有医护人员不断往我身上喷着冰冷的自来水，为的是不断清除从伤口涌出的胆汁。当我被抬回病房时，我才知道我的周身有多么寒冷，但双脚还可以，因为一直暖在小任的怀里。这些，都写在我的《沉默的视野》里。

在读研究生时，有一天早上，天刚亮，他就来敲我家的门。我披衣而起，问他何事，他十分激动地说：我想了一夜，终于想明白了，当我们不看月亮时，月亮其实是不存在的。我问：是吗？这好像是爱因斯坦与谁争论过的一个问题。他说，是的，我们可以这样论证……后来，在美国哲学家罗伯特·所罗门（Robert Solomon）所写的哲学导论《大问题》（*The Big Question*）的“前言”中，他说他的一个最聪明的学生就曾对他宣称自己并不存在。所罗门说，尽管他并没有使我确信这一点，我还是给了他一个好的成绩。当时的小任给我的感觉也是这样，让我觉得他一下子就从一个标准的“理工男”变成了具有哲学意识的“怀疑者”，有着对日常完全习惯并不假思索的一切信条与常理的怀疑与求证。

今天，当我重述这段往事时，我只是想告诉小任的在天之灵：是的，当我们不看月亮时，月亮并不存在，就如世间不知有多少被我们认为不存在的东西，其实是因为我们故意不看或想看也看不见一样。那么今天，尽管我们再也看不见你了，但你却依然还在。

任建成出身于真正的社会下层，父亲是山西大同的煤矿工人。他是老大，下面还有三个弟弟和一个妹妹。他们兄妹五人全都考上了大学，有的读了研究生，老二还在美国留学，这在当地也曾传为佳话。

但他很少提及这些往事。只有一次，当时我们还在海南，他来了，我们请他在一家名为“山西面王”的餐馆吃饭。当他用筷子夹起一个黄米油炸的糕团时，忽然有了流泪的感觉，说：“这个，从小到大，我只在过年时吃过一次。”一句话，说得我们夫妻二人都沉默良久，心中的酸楚无法言说。他是 60 年代初的人，也算是一个过来人，只可惜刚过五十就走了。

他的追悼会是在他的家乡大同开的，灵堂两边的正联是野夫拟定的“人修勤谨兼忠厚，学贯理文近墨禅”。野夫还送了一副挽联：“订交卅载，合作十年，共推好书千种，天下读友曾蒙惠；人方中岁，永诀九霄，惟遗长恨万般，世间故旧同沾巾。”

我想，认定这样一个好人已经永远离去，想说的话，他已经替我们都说了。

一位参加了追悼会的朋友告诉我，小任最后的遗言有三条：一是癌症到了晚期就不要再抢救了，白花钱，也太痛苦；二是遗体捐献，特别是眼角膜；三是一部分骨灰撒大同，那是生他养他的地方，一部分骨灰撒在海口，那里有他真正的家，是他心目中的归宿。

可惜第二条由于某些复杂的原因并未实现。

最后，我想引用小任在他所翻译的《可持续的是美好的》一书的最后一节诗句来表达他所留给我们的那种最后的温情与笑容：

> 愿有情众生幸福，
> 愿有情众生脱离苦海，
> 愿有情众生和谐相处。

安息吧，我亲爱的好兄弟小任！

9

思念之苦

端午节快要到了。这其实是一个很平常的日子，但由于是6月18日，是我的妻子李少华逝世五个月的日子，所以就有些特别了。

五个月来，我没有一天安生过。要说我至今仍然不懂死亡是怎么一回事，恐怕没有人会相信。但我相信。我真的不懂死亡是怎么一回事。死了，就是说这个人消失了，从此再也见不着了；“见不着了”是什么意思？就是见不着了，不可能再与她说话、拥抱，再也吃不着她包的饺子，再也看不到她买回来的蔬菜、瓜果。她的牙刷、牙缸还在那里，第二天、第三天，一直就摆在那里，五个月过去，始终未见任何变化。清晨醒来，摸摸身边，空无一人，你就知道只剩你一个人了，那个陪伴了你四十多年的人再也不会回来了。

思念之苦折磨着人。苦在哪里？就是想说话，想道歉，想说对不起，想说我爱你。这些话，当她还活着的时候，我竟然一句都没有说。

有许许多多的事情，在这个世界上是只有她和我知道的，也只有对她说起这些事来才有意义，自己最想说给听的人，其实就是她。

昨天晚上，在一个群里，用语音留言的方式，我讲了一下“作为一个哲学话题的‘文化大革命’”，我知道，如果她在，会坐在旁边静静地听，我的自我感觉也会大不一样，因为那是我们共同经历的一段生活，在各种各样的狂热中，也有着我们的爱情。我还记得那一天，你戚戚地对我说这件事时的眼神。你的舅舅当时愤怒地对你吼道：一个共产党员的女儿怎么能够嫁给一个国民党员的儿子？你没有回答。你不知道该怎么回答。你只能用你的行动做出回答，这就是趴在我的肩头哭了。50 年后，你还是趴在我的肩头，说，我现在怎么变得手无缚草之力？我说，有病么，过些日子就会好的。直到那个时候，我还不知道你距离死亡只有三天了。你生命的最后一天，1 月 18 日，上午我去看你，你不是再趴在我的肩头，而是靠在我的肩头上，说，就这样坐一会儿，躺着不好受。我依然不知道死亡已经降临。就这样坐着，到中午，你就消失了，永远消失了。

你是那样的安静、安详，脸上那个没有任何悲戚、痛苦的表情，在一个多小时的时间里，没有对我说一句话。我以为你累了，但一位医生朋友后来告诉我，你那时应该已经没有意识了。“没有意识了”？意识就是意向性活动，你已经不知道你还靠在我的肩头上吗？我怎么看不出来？我是不知道，真的不知道死亡是怎么一回事。

如果知道了又能怎样？赶快喊医生来抢救？还是大声喊你的名字，对你说些什么？

其实医生很快就来了，但一切都已无济于事。

事情过去了五个月，我才意识到我这个人是多么的麻木；这并不仅仅是就那天的事情而言，而是就这四十多年而言。四十多年来，我以为这一切都不会变，什么都是你在料理，一日三餐，收拾床褥，打扫卫生，出去购买需要的东西。什么东西放在哪里，我都不知道。直到你永远走了，我才看到购买东西的小车子还放着你买回来的洗发水，才知道你早就写好了遗嘱，才知道你在自己的一个小本子上详细记载着所有银行卡的账号和密码。这些东西就放在我最容易发现的地方。但你知道，你不永远离去，我是永远不会发现的。

现在，我发现了这些东西，而且发现，当我需要什么的时候，总能找到自己想找的东西。这对你来说，需要多么大的耐心和毅力才能做到如此的有条不紊！也只有到这个时候，我才意识到真应该对你说声：谢谢，辛苦你了！可是，一切都太晚了。应该每天都说的话没有说，现在，已经来不及了。

“应该每天都说的话没有说，现在，已经来不及了。”这就是我的思念之苦。心怀愧疚，又不知如何弥补。少华，我有时真希望有天堂或地狱，然后我去那里见见你，对你诉说一下自己的思念之情、思念之苦，然后，再回来。为什么还要回来，因为，我知道这就是你的心愿。你所做的一切就是为了让我更好地活着，去做自己想做而且正在做着的事，比如，昨天晚上的那个讲座。

而我，却可惜你不在身边，但也许，你真的就在我的身边。

人在这个时候，不信这些神神鬼鬼的事，又能怎样？可是，信了，真就能怎样吗？

一个老人，默默坐在这里，思念着自己过世五个月的妻子，因为，我们相识相恋在五十年前，因为，再过五天，就是你五个月前去世的日子，因为，五个月后的这一天是端午节，是一个有所纪念的日子，纪念永在自己心中的那个人。

10

人生不过如此，也不止如此

我是2018年1月28日上午10点赶到医院的。显然已经去晚了，为此我会懊悔一生。本来我想陪夜的，但少华不让，态度十分坚决，她知道我失眠，换个环境就睡不着，何况在医院。后来请了一位护工老赵陪夜。我到医院时，少华对我说，昨晚折腾了一夜，多亏了老赵，她做的，是你、儿子和我妹妹都做不到的，因为你们没有她这么大力气。为此，我也要深深感激这位老赵。我来了，老赵就回去休息了，因为她下午还有别的事要做。

少华说，你扶我起来，咱们说说话。我说，先喝点水。她说，口渴，喝不下。我把病床摇起来，她的身体就往下滑。我扶住她，说，你用脚蹬住床边的栏杆，靠在我身上。她说，我蹬不住了，腿上一点力气都没有。你把被子掀开，太重。我说，别感冒了。她不说话，摇摇头，靠在了我身上。就像半个世纪前我们谈恋爱时一样。我说，还没有排尿吗？我昨天又买了三瓶药。她摇摇头，看了一下旁边的小桌子，上面正在用一个泵压往她的血管里注射着我昨天才买的药。停了一会，她说，我真的很难受，怎么坐着、躺着都不行。我说，是的，你侧着身子好不好？于是她就往右边侧，枕在我的手掌上。停一会，要换个方向，因为注射的针在左臂，人朝右，我看药水滴得不畅。她挪向了左边，但又可能压住输液线。于是只好还是坐正，枕在我的肩膀上，我用另一只胳膊搂着她。

她说：我一生没做过一件错事、坏事，上帝为什么这样惩罚我？我说，你不是说上帝让你多活了十来年吗？忍着吧，会熬过去的。她说，不，我参加了“文化大革命”。我说，是参加了，可你还是没做过任何错事呀。我参加了抢档案。我说，那是集体行动，又不是你一个人，你自己抢什么档案。可我自己说这话时，底气已经严重不足。只好说，现在还管这些事干什么？喝点水吧。她摇摇头，说，扶我去卫生间。我说，你怎么能动？这么多管子插着。我把便盆放在下边吧，我去倒。她说，这怎么行？这样尿不出来的。我说，你要学着适应，这是特殊阶段。便往下拉她的棉毛裤和内裤，把便盆放在了下边。过了好一会儿，她说，不行，没有尿。我又把便盆取出来，扶她躺下。她说，赶紧把裤子给我拉上来。我说，停一会说不定还要尿呢。她说，不，拉裤子。我就往上拉内裤和棉毛裤。几乎拉不动。她努力配合，竭尽全力要把屁股抬起来。裤子拉上来，她长出了一口气，静静躺在那里。

我一直抚摸着她的手臂。她的胳膊是那样的无力、柔软，手很凉。我就把她的手贴在我的脸上，给她取暖。又过了一会儿，她问：陈述（儿子）周六能来吗？我说，能。他说周五从北京先回南京，周六一早就来。我让他从北京直接来上海。她说，他买的华为手机，让他装上中国电信的手机卡。手机卡在我左边的抽屉里。因为我们家装的是中国电信的网线，我去五角场办手续时，中国电信的办事处就让我选三个号，说是有什么什么优惠。我就说，等新手机来了，就用这个号吧，她说她很喜欢其中一个号。我说，好。放心吧，陈述会把这一切料理好的。停了一会儿，我觉得她用劲握了一下我的手，说，还是扶我起来。我就又把她扶起来坐着，还是枕在我的肩膀上，我搂着她。说，医生说你看病晚了，半年多前有了腹水就应该来医院，可我们去了奥斯维辛和台湾，在此之前还去了那么多地方，包括以色列、伊朗、埃塞俄比亚这些人们不大去的地方。你后悔吗？她摇摇头，说，才不后悔呢，幸亏去了，要不……我问：你要喝水，或者吃点橘子，我给你剥。她摇头，说，你别动。我的眼泪一下子就流了出来。

结婚几十年来，她时时处处总是想着我，小到吃饭用的碗筷，睡觉盖的被褥；大到遇到什么事，她总是要精心比较一下，哪怕只是稍稍有点区别，也会把差一点的留给自己。你完全不用管，百分之百相信，到你手里的一定会比她的好。对我是这样，对孩子，对朋友，也是这样。这是一个一辈子都在为他人着想的人，善良、正直、忠厚，心中就没有过自己。记得她有次问我：什么叫自我？我说，就是本质的我、精神的我，不同于肉身的我。她摇摇头，说，不好懂。过了一会儿，又说：知道了，反正我没有自我。我说，谁都有，但要反思，自己想想自己，这第二个自己就是自我。她微笑着还是摇摇头。此刻，我想告诉她：你刚才提到“文化大革命”，就是在反思，就是在追问第二个自己。但，此刻什么话都是多余的。

就这样，她靠着我，张嘴呼吸，说话很困难。让我帮她剪一下指甲，我剪了，护士一会儿来量血压，一会儿来看体温，一会儿说，还要注射一针什么。我说能不能不注射了？护士说，医生吩咐的，有好处。我问，小桌上这个仪器都表示什么？她指着对我说：这是血压，这是心跳，这是呼吸，这是……我听不清楚了，只是觉得少华的呼吸越来越急促，而所有来的医生和护士，显然都更相信仪器上的标识。一会儿，她睁开了眼，我把耳朵紧贴着她的嘴，听她问：几点了？我说，12 点多吧。她就又闭上了眼睛。就这样张着嘴大口呼吸，我总感到不对，但也许病人就是这样，鼻孔里已经插上了帮助呼吸用的两个小孔，怎么还得用嘴呼吸呢？她一会儿又睁开眼，看看我，我就想把剪下来的指甲抖到地上，她制止了我，示意我收拾好，以后扔到垃圾箱。说话已经很困难，只要张嘴，我就把耳朵贴近她的嘴，但她并不说什么，这样反复了三四次。我不知道这是否正常。但医生护士们都正是吃饭时间，再说，我也不知道该问什么。大概能用的仪器都用上了吧。忽然，我看到她深深地把一口气往下咽了下去，然后头就离开了我的肩膀，往下滑去。我大叫医生。医生和护士都来了，开始抢救，按压心脏，看仪器上的标志，还打抢救的针，我也完全不知所措，只好让开，让医生护士们去做他们要做的事。这时，我只是下意识地看了一下手表，是下午 1 点 40 分。过了一会儿，医生说，没有了生命体征。我才明白过来，扑上去，大声喊着她的名字，说，我是家琪，就在这里。我用最大的声音喊着少华！少华！你醒醒。忽然，她的眼睛动了一下，医生马上用手电筒张开她的眼皮查看，但，她再也没有睁开过眼睛。

我真的不相信这件事是真的。我们在电影上看过太多太多类似的镜头，我是不是在演电影？就这样大喊着，总觉得她过一会儿就会说：别这样喊，让别人听见多不好。可，这才是我的想象。我写着这些话，总觉得自己是在写别人，尽管泪水已经浸湿了键盘，但我依然觉得这是在讲别人的事。

二十二天前，2018 年 12 月 26 日，她和我一起到浦东参加了一个“老少咸宜读书会”，是一群爱读书、勤思考的老师们在读我的《人生天地间》和《沉默的视野》，大家交流一下读书心得。川沙是一个我们从未去过的地方，黄炎培在一个叫“内史第”的地方住过，或者说，这里就是他的故居，更重要的是黄万里的童年就在这里度过。还有张闻天、胡适、宋耀如、倪桂真夫妇及他们的孩子宋庆龄（我不知道宋蔼龄、宋美龄、宋子文是否也住在这里），还有被称为一代音乐宗师的黄自（他 1932 年创作的《思乡》几乎无可超越）都曾居住在这里。可惜因为都在维修，我们没有参观成。在古镇的小餐馆，少华还吃得津津有味，对川沙这个地方充满好感，王丽琴也答应春暖花开时再来。座谈结束时，丽琴让少华也说几句，她就说了：“家琪这个人不认人、不记路，就知道看书，至于我嘛，反正‘嫁鸡随鸡、嫁狗随狗’。”可现在，仅仅过去了二十二天，鸡、狗的我还在，你怎么就走了呢？你不是说“嫁鸡随鸡、嫁狗随狗”吗？

27 号去住院，我们一路上还讨论过根本与我们毫无关系的修改宪法的事，讨论过是去海南，还是去西安过春节的事。住院的前三天，你说病房的饭不好吃，我们就偷偷溜出去吃饭，在外面的餐馆幸福地度过了 2017 年的最后一天和 2018 年的第一天。那天做完核磁共振，我说，医生和护士也不知道你什么时候能做完，因为人很多，我们回家一趟吧，我收到了南京徐冬梅寄来的“扬州五亭包子”，你就在家吃饭好了。你说不行，不能太违反医院的规定，要不出了什么事，还要医院负责。我一再跟她说，刘、徐两位医生朋友都说你长期带病生存，自身已经达成了某种平衡，现在住院，医生又说给你用了最厉害的药，这可能会打破你自身的平衡，要想恢复平衡需要很长的过程。干脆不住院了。我多次要求出院，为此还找了别的医生。你说，黄疸还未完全降下来，转氨酶也高，我住院到底是为了什么？不同的医生有不同的看法，你要尊重这里的医生，不然会伤了人家的自尊心，你也不要再去找别的医生了。

这些都是语音留言，因为病房里的信号很不好，她无法打字，只好多用语音。幸好，这也让我直到今天，依然能听到她的声音。这声音是一天比一天微弱。但晚上只要护士喊一声明早六点抽血化验，十点以后不要喝水吃东西，你打点滴到九点，让你喝水，你就是不喝，说要听人家的话，其实你已经很渴了，可你就是一个这么认真的人。你为什么要这样啊？少华，生命只有一次，说挽不回来就挽不回来了，你怎么就这么听话啊？

回到家，与儿子一起打开左边的抽屉，放在最上面的竟然是你 2006 年第一次住院时写下的“临终留言”，分别写给我和儿子，里面所说的话让我和儿子抱头痛哭。你是不是每次住院都要把这份

“留言”放在最容易看到的地方，还是你对这次住院有一种不祥之感？我又想起了你用语音说给我的话：住院以来，我一天不如一天，现在简直是手无缚草之力，恐怕出不去了。我说，那我们就出院，你说：不，就在这里。临床的病人告诉我，她睡着了就说梦话，说的全是不回去，也不要再治。你是怕花钱，还是怕给我带来更多的麻烦？

你到底在怕什么？少华啊，你现在走了，无论我信不信，作为起码的知识，我知道再也见不到你了，我，还有我的朋友和同学们再也吃不上你包的茴香饺子了，这个世界上真的有“再也没有”的事，你知道吗？

悲夫吾妻人间再无李少华，痛哉我心世上独留陈家琪！

11

夜过也，东窗未白孤灯灭

2019年10月21日、22日，我的两位友人梁归智、朱正琳相继离世，一个在中国，一个在美国，都是与癌症有关的病。两个人都与我差不多一样大，一个是1978年在山西大学就读姚奠中老先生的研究生，一个是1980年的北京大学张世英先生的研究生，与我一样，也是外国哲学专业。他们两个人并不认识，但都与我很熟。我1980年就在武汉结识了梁归智，后断断续续相识相交，两家人之间也有了一些往来，彼此间变得越来越熟稔。归智兄是红学家，曾约我与山西大学中国古典文学的一批青年才俊，差不多都是姚奠中老先生的研究生，在《龙门丛书》中写了一本关于《水浒传》的书，《人在江湖——水浒：一个文本和一种解读》。后来，又约我参考金圣叹的点评本，对120回本的《水浒传》重新点评，再行出版。这个点评本连出了两个不同的版本，据说反响不错。于是，我又在此基础上整理为自己的《庙堂之高与江湖之远》，算是在对《水浒传》的重新思考上给自己做了一个交代。在这整个过程中，我与归智兄就对中国的传统文化、古典文学，具体到《红楼梦》和《水浒传》这两本书，交谈了许多看法。一般来说，大家都是一致的，也有分歧，他偏重技术上的文本理解，我的专长在哲学思考。那是一种很契合、很舒服的感觉，无论谈多久，谁都想沉浸在里面而自得其乐。他到上海，我和我的妻子李少华陪他一起去参观大观园。他看得很仔细，对每个建筑物及里面的摆设都能发表出不同的看法，认为这里不对，那里不恰当，并随口吟出《红楼梦》一书中的诗句作为旁证。这种过硬的本领让我们大为惊讶，李少华也就马上从一个业余的《红楼梦》迷变成了梁归智迷。2009年夏，我们去大连旅游，他送给我的是《周汝昌传》，送给少华的是一本《红楼梦诗词笺注》，因为他知道对《红楼梦》，少华的兴趣和熟悉远胜于我。少华2018年1月去世，火化时，我让她带走的就是归智兄的这本书，还有我的一本《人生天地间》。我想，在天堂，寂寞时，她大概会看这两本书。现在，归智兄也去了。也许，天堂里，我们这代人中的彼此相知者已经渐渐不再寂寞。但人间呢？

梁夫人湘如和公子剑箫怎么也想不通归智兄为什么会得上这样的病，他们归结为也许与他过多潜心于古典诗词，并且在性情上变得越来越阴郁有关。但在我心目中，归智兄最大的特点恰恰是平和、开通与不动声色。他是那样一个不慌不忙的人，你简直想象不出他会有手忙脚乱的时候。在写给他的挽联上，我写了这样两句话："归来魂兮痴情子，智化天地探佚人。"他的"痴情"，是学业上、是对书中的宝玉、黛玉、湘云的"痴情"，而不是在现实生活中个人情绪上的无法自拔。我告诉过他许多现实生活中所发生的匪夷所思的事，他也告诉了我许多文革开始时发生在他身边的许多武汉朋友间不可思议的往事。但无论是现在还是过去的这些事，他几乎都非常平静地接受了，述说时的安宁与泰然反而让我大为吃惊。我有时会告诉他一些有关红学上的新闻，比如又发现了谁的"遗作"，找到了某某的"故居"，他也只是笑笑，明知是假，也并不动怒。

他是一个非常喜欢写诗，也善于写诗的诗人，特别是古典诗词，总在监考时一个人在课堂上踱来踱去，吟成各种诗篇，从身边琐事到国家大事，无不成诗。我的另一位出身书香门第，善写律诗、绝句的朋友曾告诉我，归智兄的诗是他所见过的我们这代人中写得最好的一个。我有时也会写一些诗词先让他看，他就会告诉我哪两句的平仄押韵不对，我说能不能打破一下规则，他就说，那也行。总之你想怎么写其实都可以，平仄、押韵只是读起来好听一些，如果考虑到方言，也不一定。但有时也会觉得我这个人过于悲观，比如我为自己六十岁生日写的一首诗，最后两句本是"自来不识路归处，权作东海一微尘"，他就要把最后一句坚决改为"却话帆樯待丽晨"，说是不能太悲观，还是要抱有希望。

他是带着希望离开这个世界的吗？他对他儿子说，七十岁时死去比八十岁、九十岁要好。这句话只对那些已经知道自己来日无多，而且正身陷疾病与医疗折磨的人来说才有意义。是怎么样的一种处境，才让这样一个想乐观，始终抱有希望的人认定了"这样活着就是一种折磨"这一简单朴素的真理的呢？我又想起了我的妻子生命中的最后一个小时。生死事大，但想通了也不过就是那么回事。死，也真的只是一念间的事，是一种把痛苦留给亲人的解脱。在汕头大学有一组人物雕像，大多持伞，也有拿着公文包或拉着行李箱的，匆匆来去。下面有四句话："地狱在人间，人间有天堂。问君何处去，但凭一念间。"其实，选择地狱还是天堂，并不是一念间的事，但生死之别却往往只在一念之间。

梁归智，一直到现在，两个多月过去了，我依然觉得他就在大连，活着，很平静，很安宁，与世无争，但又似乎旁若无人。我过七十岁生日时，他来上海，拿出一张纸片，上面写着两个字，说是送给我的生日礼物，也是他刚刚开始练习书法的习作。我自然很高兴地接受了这种独具一格的生日礼物，觉得这才是真正的"君子之交"。后来，我的妻子逝世，家里乱成一团，这张纸片，还有他写的到底是哪两个字，都随风而去。现在，他也走了，我就是想问一下当初写的是哪两个字，又该问谁？到哪里去问？

人走了，带走了所可能带走的一切，而且是尽可能多地带走了。他是留下了那么多书，他的"红楼梦探佚学"也许真的开创了一个红学研究的新领域，对后来者有着不凡的启迪作用。但这一切，这一切的一切，真的能和他所带走的东西相比吗？他生命的最后几天一定非常非常痛苦，我看过照片。当时我人在汕头大学上课，无法脱身，很想通过视频说上两句话，他的儿子说，不行，他的精力和声音都说不成话了，大概也是不愿意让我看到他最后的模样。

那么最后闪现在归智兄脑海中的是一句话，还是一句诗？我们永远也不可能知道了，因为从来就没有人从那个地方回来过，能真切地告诉我们生命最后一刻的所思所念——至少我没有听见有人说过。什么叫永远的遗憾或抱恨？活着的人该向谁诉说？

“夜过也，东窗未白孤灯灭”，这是宋代词人张先的一句词，就这样忽然闪现在我的脑海中。这是在说谁？说自己还是说他人？不知道。但这句词就这样久久盘旋在我的脑海中不忍离去。

朱正琳，人们都习惯管他叫“老朱”，我却从未这样叫过，只是习惯叫他的妻子“小付”。这是一个在性格上与梁归智完全不同的一个人，他讨厌你与他说些“夜过也，东窗未白孤灯灭”之类的话。当然，更讨厌的是那种舞文弄墨式的无病呻吟。今天，当他也已经离开了这个世界，当我思念他，而且说出张先的这句词句时，我倒觉得他那坚毅的面容上也许会平添几分柔和。

首先还是先让我回到1986、1987年的日记。

注意，那是一段距今已三十多年了的“陈旧岁月”。

1986年4月23日，星期三，晴。前天上午晓芒来，说他已译了一部分 *The Metaphysical Foundation of Natural Science*（《自然科学的形而上学基础》），希望我能再根据英译本校对一下。其实是希望我能读读。大概有八万多字，校对起来，难度很大。下午忠晶来，详细讲述了他的爱情故事，特别是第二个儿子之所以能出生、能存留下来的冒险经历，听得人惊心动魄。昨天，正琳与萌萌一起来，劝我直接调到湖北大学去，说这也是张先生的意思。我基本答应，只是要看房子的分配与妻子的工作、儿子上学问题能否顺利解决。马上就是四十岁的人了，明知大家都聚在一起并不一定就是好事，但还是不妨再浪漫一次，也许聚在一起能做点共同的事情。这里说明一下：我当时在华中工学院（后改名为华中科技大学）哲学研究所，这个所本来兴旺发达，人才汇聚，后经“清污”“反自由化”，哲学研究所基本上就被搞垮了，能走的人也就都走了。萌萌的继父是原武汉师范学院（后改名为湖北大学）的院长，也是张世英先生的早年朋友。张先生就从北大过来，在湖北大学创办了“德国哲学研究所”。朱正琳也就从北京到了武汉，在德国哲学研究所任教，主要的工作就是想在湖北大学召开一次国际德国哲学研讨会，主题是德国哲学中的主体性问题。于是张志扬（当时在湖北社科院）和我就成为要调进湖大哲学所的首要人选。晓芒是专事研究德国古典哲学的，但他当时说“导师在，不远行”，加上从武大来湖大，情感上也会有点小波折。当然，他主要是个不爱移动的人（他曾告诉我，康德给痛苦下的定义就是：被迫移动位置），能不动就不动。所以当时的德国哲学研究所就内定了正琳、志扬和我。当然，还有原来就在哲学所工作的谭明儒、刘简言、张传湘、许凯等人。

志扬 5 月 30 日正式调到了湖北大学。现在就剩下我了。

这期间最大的一件事，就是 8 月 1 日在贵阳开现代西方哲学研讨会。因为 8 月 3 日下午，北京和武汉的两拨人（正琳无形中成了一条连接的纽带，尽管是有偏向的纽带，这是一个关键的问题，后面细说）齐聚正琳家，开始讨论问题。参加的人有越胜、友渔、王伟、甘阳、志扬、宣良、有伯、萌萌、正琳和我。晚饭后回到我们的房子继续讨论，从 8 月 3 日晚上一直争论到 8 月 4 日凌晨 4 点。大概的问题是这样的：作为一个一般性的问题，现代西方哲学所提出的问题是不是可以从西方国家的生产力水平、社会政治制度得到解释？在什么意义上，这些问题又是我们自身的问题？北京的朋友强调哲学作为一门学科所要求的学养、学理和学术，问题只在我们是否理解和消化了现代西方哲学的问题。我们几个人则更强调个人在气质、体验和感受上与那些人、那些问题和表达上的相通，认为现代西方哲学不过也表达出了在我们这里还是一些朦朦胧胧的问题意识，所以我们能感受到，但表达不出来。北京的朋友认为现在就是要引进和传播，需要大量翻译、出版、宣传。我们说，这个当然需要，但也必须把我们自己的问题意识表达出来，否则就只能跟在西方人后面鹦鹉学舌。当时我们几个人正在想出一套名为“鸭嘴兽”的丛书，每个人一本，写自己的作为哲学问题的经历与感受，只有一个要求，就是形式、角度、表达方式上要全新。北京的朋友认为自己占有的资料最多，学术氛围最好，外文阅读最便捷，所以不认为其他地方的人能有多大建树，这就在气势上总有一种压倒别人的感觉，而这一点，又恰恰是让别人不服气的地方。当时在全国范围内，在现代西方哲学的研究上能形成一种团体性力量的，就只有北京和武汉两地，上海也已经有了一个学术圈子，但并不表现在哲学上。当时正琳说话并不多，但一直在听。1990 年从德国回来后，他更对所谓纯粹的学术研究有了一种不屑一顾的态度。这自然是后话。

我 9 月 22 日星期一上交了请调报告，很坚决，尽管已经去了湖北大学好几趟，觉得与武大、华工比较起来，湖大确有许多不足，但这一切也只能诉诸不顾。

10 月 2 日星期四，正琳一家，彭海平一家，还有萌萌、小任来家吃麻食，大家都很愉快。我已经开始动笔写我的“鸭嘴兽”，名为《浪漫与幽默——反省中的哲学心态》，读加缪的《局外人》和索尔·贝娄的《赫索格》，里面几乎讨论到了大家当时所关注的所有哲学问题，但不是论文式的讨论。正琳当时还没有确定要写什么，后来就有了他的《里面的故事》。总之大家都想让哲学别开生面。

10 月 15 日星期三，和少华一起去湖北大学，看了分配给我们的房子，见了李院长和志扬，在正琳家吃饭。

11 月 3 日星期一，李院长、张传湘、许凯专程来华中工学院取走了我和少华的档案。从理论上说，我们已经是湖北大学的人了。

12 月 11 日星期四，去湖北大学面见张世英先生，详细讨论了国际哲学讨论会的有关问题。

12 月 20 日，星期六，开始到湖北大学举办的哲学讲习班讲课。志扬讲海德格尔，我讲叔本华。叔本华虽然与黑格尔同时代，但也算是现代西方哲学的一位开拓者。

1987 年元月 20 日，星期二。志扬、正琳、萌萌和我一起到画家李世南家做客。正琳大醉，口吐真言，可见心中之不平与愤懑，同时也证明了西凤酒的力度远超茅台。醉酒后世南兄为我作画，题为“小牢子也”。

元月 26 日，接正琳信，邀大家在初一（元月 30 日）全部到他家做客。这应该是没有任何问题的。但晓芒 29 日（除夕夜）忽然来到我们家，说忙于写作，还没有顾得上吃晚饭，而街道上的所有餐馆业已关门大吉。于是当晚就留宿我们家。第二天，小任（任建成）也来我们家，要吃饺子，因为初一吃饺子是北方人的惯例。于是我们就留在了华工忙着包饺子，没有到湖大正琳和小付家赴宴。

那年头没有电话，一切只靠写信。从华工到湖大，信件至少三天。当时已经来不及了。后来得知，志扬、萌萌也没有去。这是一件很伤人心的过失。据说小付把做好的所有的菜都倒了，而且发誓从此不再请客。事后与志扬谈及此事，他也解释了各自的理由，并向正琳夫妇致歉。但这件事，却积压在心头，其实并没有过去。

正琳是这样一个人，刚强，耿直，有心计，会谋划，决不在强者面前认输，而且总会找到反击的机会。但又乐于助人，喜欢与弱者站在一边打抱不平。

北京与武汉这两个文化圈子，各有各的特色。北京圈子大，但也更松散，各自独立性都很强，人与人之间有着不同意义上的分野与缝隙。相对而言，武汉的圈子小，但来往更紧密。这种紧密与“小圈子”的形式，无形中又具有了某种排他性。这几乎都是无法避免的社会与心理现象。萌萌无形中扮演了一个沙龙女主人的角色，事实上也只有她们家有地方、有电话、有保姆，还有打印机。萌萌必须花费大力气在几位夫人间周旋，以便维持住她和几位先生间的密切往来。但在小付那里，似乎一开始就不顺，于是只好敬而远之。萌萌 2006 年就过早地离开了人世，想起她的难处，也是让人唏嘘不已。

不仅萌萌在小付那里一开始就不顺，正琳与志扬、萌萌也多有不顺，与我还好，但在人际的更小圈子里，又无法与志扬、萌萌和我的关系相比。这是一种一下就能感受到，但又无法明说的相处模式。以后，友渔也与我们在一起生活了几个月，大概会与正琳有某种相似的感觉。

怎么说呢？我们几个人之间弥漫着一种诗意的文化气息，这种气息表现在言行举止的细微之处。我喜欢把大家叫在一起看电影，看完电影就谈感想，写文章。萌萌喜聚不愿散，总是只要能怎么聚在一起就行，哪怕都不说话。志扬就常常沉默不语，让人觉得很难接近。正琳大约就很想与志扬交谈一些“在里面”的体会，但总是无法开口。我对正琳说，我和志扬也从未谈过，你不要觉得只是对你。但心中，又总有一种想密切又无法密切，不密切但又似乎很密切的为难。我们几个人，加上北京的周国平、何怀宏，想合著一本《论无聊》的书，我又特别想让大家合写一本书专谈《月亮与六便士》，总之类似的活动，总让一些人有为难之处，不知是参加好，还是拒绝好。正琳就很不愿意参加类似的活动。但他无论是去北京还是回贵阳，总能带给我们许多新的信息，让人很兴奋。正琳几乎会唱所有的老歌，也记得所有老歌的歌词，包括《东方红》从头到尾的唱词。无论在李院长家还是在石人山，都大出风头，而且真真让人惊叹。

我们 1987 年 9 月 26 日正式搬家到了湖北大学，住二区六栋 56 门 5 号房。为搬家，小谢、小任、刘林都出了大力。湖大这边，靠的就是正琳一家。在忙乱中，人也心烦，正琳对我说了一句类似格言的话，我记在自己的本子上：做自己想做的事，哪怕再麻烦，这就叫改变现状。

1988 年 4 月初，在湖北大学召开了改革开放后的全国第一次德国哲学研讨会，张世英先生主持，北京和武汉的老先生来了不少，我们这一代学者中，北京只来了赵越胜，但合影时，他与正琳都离席而去，还是志扬、宣良、晓芒和我站在一起。就会议的主题而言，大家有了更多的学术上的分歧。“德国哲学中的主体性问题”，这个题目是张先生定下的。但就我们的现代西方哲学研究而言，“主体性”是一个面临解构，至少也是受到挑战的概念。80年代初，“主体性”是一个很吸引人的概念，主要与人的自我意识、自由意志有关。但到80年代中后期，语言哲学兴起，人的主体性意识受到质疑。我自己有点夹在中间的感觉：一方面想维护张先生的初衷，另一方面又想在研究中跟上现代西方哲学的步伐。这一点，从后来我与张志扬合著的《形而上学的巴别塔》（我写上篇，他写下篇）就能看出来。尽管都把问题归结在语言上，但两个人的角度还是不同。在贵阳开会时，叶秀山先生说，哲学史是对哲学问题的思想性思考的历史，哲学是对哲学问题的历史性思考。哲学问题本身就是本源性、永恒性的历史问题，因为你不得不把问题从头到尾重新思考一遍。熊伟先生讲海德格尔，说语言是在的家，我在世，有语言，要说话，但不是在说世界，是在说自己，因为世界是无，自己有烦、有畏、有死。“文革”是怕，怕的是世界的局部，只有畏的对象才是世界的无，所以也叫大无畏，等等。所有这一切，如何转化为自己的语言？人与人之间是不可能一致的。一方面作为哲学问题思考着死为什么是最本真的可能性，思考着时间的谋划与未来，另一方面又不得不面对一个如何安然于过去一切的可能性问题。这里面还纠缠着外在的朋友间的关系、友谊和相处。总之，我在大会上的发言（张慎翻译），又在朋友中引起一些争论。

真正的争论发生在1991年11月4日开始的河南平顶山市的石人山会议。我们四个人（志扬、萌萌、正琳、我）11月4日坐火车到郑州，再从郑州坐大巴车到平顶山。这次会议是鲁枢元召集的，本意是讨论他的《超越语言》这本书，谁知竟演变成学术上的一场混战，而在学术的混战中又显现出不同的关注对象和不同学术圈子之间在情感上的分离。参加会议的，我们熟悉的人有徐友渔、梁归智、上海的王国伟、朱学勤、蔡翔，河南的王鸿生、耿占春、曲春景、艾云、武蒙辛，当然鲁枢元也算在内，武汉的张三夕和余虹，还有北京的叶廷芳。新认识的包括陕西师大历史系的秦晖、福建社科院的南帆、作家北村等人。

11 月 5 日正式开会。我第一个发言，发完言有掌声，但当鼓掌者发现我的发言其实在引发争论时，自此以后就再也没有人鼓掌。正琳第一个反驳我的发言，认为世界上不存在一次性的东西，因为我说了诗人语言的不可替换性。我刚想把问题限制在诗人语言的独特性上，萌萌、鸿生就抢先替我辩护。事后用王国伟的话来说，就是刚一开始，所有的人就都进入了阵地。第二个发言的是鸿生，专门讨论神话问题，想建立一个神话学的模式。但朱学勤又反驳了他，认为现在谈神话是不恰当的，因为现实太尖锐，就如奥斯维辛之后还能不能写诗会成为一个问题一样。于是反驳别人就成为了一种发言方式，每个人都针对前一个人的发言进行反驳。下来是徐友渔，谈维特根斯坦，认为私人语言是不存在的。于是鲁枢元又进行了反驳，依据心理学的什么原理，说每个人都可能自说自话。叶先生、归智兄也相继发言，但谈的都不是哲学意义上的语言问题。到志扬发言时，他的激动是少有的。他专门讨论德法之争，但又不限于德法之争，着力攻击古典哲学中的同一性原则，如理解、爱等等观念。他的发言引发了更大规模的争论。首先还是正琳，至少在这样四个问题上，他是不能同意志扬的：第一，志扬的发言想突出武汉几位朋友在学术上的一致性，但正琳作为从武汉来的一位学者，并不同意这种一致性；第二，志扬在发言中隐隐强调了经历的一致才使得学术见解上有了可讨论的一致性，但这一点恰恰也是正琳所不能接受的，他对“在里面”的日子有自己的理解与解释；第三，在哲学上他有他所坚持的立场，这种立场并不能用海德格尔等西方哲学家的学说加以解释；第四，他也在捍卫徐友渔的观点，因为志扬在发言中反驳了友渔。每个人的发言之激烈都超出了原先的想象。我对正琳的发言做出两点补充：第一，志扬瓦解的是理解、爱在本体论意义上的同一性原则，并不是说人世间就没有了理解与爱；第二，作为一种现象，比如托尔斯泰逃离家园，客死小车站，也可以理解为对索菲亚的“爱”的不堪忍受。当然，这并不是说他就不爱索菲亚。萌萌、三夕、余虹、占春也都卷入争论，会场几乎变成了武汉人的战场。余虹补充了海德格尔学说中的上帝问题，占春在发言中强调了大家的分歧可以归结为“哲学解释学”问题，受到一致好评。叶廷芳、朱学勤和我中途被当地师专中文系请去做了学术报告，主持人是师专中文系的主任段佩简。叶先生讲了欧洲文学从古典向现代的转化，朱学勤分析了王朔的小说，认为他的小说表现出一种逃避和无法容忍的精神现象。我主要从方法论上介绍了现代西方哲学的特征。到了后面，发言的人都有意避开哲学上的争论，开始讨论另外的话题，比如秦晖介绍了斯托雷平的改革与十月革命之间的关系，让人大开眼界。到了晚上，我们住在山上的一个住处，很狭小。我们六个年龄大的人（志扬、学勤、继无、友渔、正琳和我）挤在上铺，连翻身都不可能，但黑暗（完全没有灯光）给了人以掩护，加上在床上，所有的人几乎都开始说各种黄色笑话，谁也不知道是谁在说话，反正我是几乎一夜无眠。大家又表现出空前的亲密无间。第二天晚上的篝火晚会，我们这些年纪大的、经历过“文革”的和后来的年轻人（想想他们现在也都是五十上下的人了）形成两个阵营，歌咏比赛，看哪边会唱的歌多。正琳大出风头，从“造反有理”一直唱到“老三篇不但战士要学”，还有语录歌中几乎所有的歌，而年轻一代只好甘拜下风。那是一次让人永生难忘的经历。十号上午，志扬、萌萌、正琳、国伟、友渔、继无、南帆、海平、叶先生和我一起坐包车去了洛阳的龙门石窟，有合影留念。

关于这次会议，似乎有一个记录留了下来，我只是根据自己的笔记草草记下了这么多内容，肯定有遗漏和不对的地方，加上了我个人的偏见。但这些都不重要，重要的是：所有争论的问题，如果只是两个人在下面慢慢说，就会很投机，而且能相互理解。但一旦在会议上，而且形成了不同的“圈子”，也就增大了分歧，似乎显得水火不容。但实际上，全部参加石人山会议的人，在当时那个年代，都是高度一致的，而且完全想象不出三十年后的今天，大家会在学术与生活态度上表现出如此巨大的真正意义上的分歧。后来，我与少华在贵阳时，还专门应邀到水库的一个小岛上去见过正琳和小付，一起去的还有贵阳的另一位朋友李蓉和云南大学学报主编卢云昆。我们两家人享受了贵阳的美食，相谈甚欢。大家在一起也谈到了过往的许多旧事，相互间都能感受到彼此的情谊。

今天，当年参加石人山会议的几位朋友中，已经有好几位离开了人世，包括我在这里特别要悼念的梁归智和朱正琳。归智兄永远那么平和，与任何人都保持着不近不远的距离，只是在诗词中才记录下个人的情怀。感谢他留下了《三十年往事与情怀》的诗集，里面的这首《赠陈家琪》写道："北海螺听南海潮，江湖行走绿林豪。欲寻旧梦兼新梦，君奏钢琴我度箫。"现如今，北海无螺南海有潮，谁奏钢琴谁又度箫？失去了一个知音，也就等于失去了一个世界。那是永远也无可弥补的。还有朱正琳，年轻时身体受到太大的摧残，但他又如此刚直不阿，身上有着"决不为五斗米折腰"的真正品性，那种品性不是嘴上说说就算完事的，它要的是一种断然的决绝。还记得1989年他出国前夕，不断找我，认为我这个人最大的毛病就是容易轻信，而且想与人说心里话。但眼下不行，谁也别信，更不能相信"谈心"这回事。只要是有意来找你谈心的，就一律要想到"有意"，哪怕就是撒谎，也要维护住自己认为正确的事。真是苦口婆心，反反复复，仿佛觉得我是一个不懂事的孩子。也许这一生就他这样一个具有这种品性的朋友了。我想起在湖北大学时，他们一家三口与我们一家三口玩过几次游戏，我们家陈述比小蓬稍大一些。他总是希望我能走出书房，有更多娱乐，更加放松。但如今，谁又能想到他会先我而去？正琳，几乎没有人这样称呼过他，我也不这样叫，当面也是直称朱正琳，但现在，就是想写出"正琳"二字，不是为了表示曾经多么亲密，而是因为没有这样称呼过他。当然也没有叫过他"老朱"，觉得大家在一个单位共事八年，历经风雨，朋友一场，总要有些不同凡响的记忆，于是就想到了"正琳"这两个字。

现在是2019年的最后一天了，我已经在这里写了八个多小时。几乎是一口气完成了这篇文章。就让我把这2019年最后一天的这八个多小时，祭献在归智、正琳面前，相信他们在天堂会与我的妻子李少华相遇，而且也都会有另一番可以倾诉的人生感悟。阿们！

12

高兆明给人世间留下了什么?

我与高兆明 2010 年才认识，当时是去美国洛杉矶开一个所谓的学术研讨会，在夏威夷住了几天。一次，在夏威夷的好几个国家的旅游团队聚集在一艘游轮上，看夏威夷原住民的歌舞表演。其间，各国旅游团队之间有过一场竞赛，喊出原住民的几句日常口语，看哪个国家发声最整齐，声音最洪亮。这种场合下的竞赛，中国人自然会表现得最为突出。稍事训练，瞬间迸发出来的爱国主义（民族精神?）就压倒了一切。我也站在那里，虽说未完全投入，也深为那种场面所感动。但有一个人始终站在甲板上眺望大海，并未参加到中国队里来。他就是高兆明。这我是后来才知道的，他在那种场合下的冷静与不动声色，给我留下了很深的印象。在会议上，还有会后的参观时间里，我们之间说的话就多了起来。由于专业相近，观点又大体一致，后来就多有来往。

现在，高兆明已经去世了，我心里空空荡荡。

为了预防新型冠状病毒，我已经在家里“关”了差不多五十天了。对我们这号人来说，在家里不出门一待两个来月是常有的事，但今天成为了“不得不”，加上朋友间往来的信息和对武汉的思念（我在那里生活过十六年），心里就很有些不是滋味了。读书、写作，都是自己的事，但微信是一种把自己与他人直接联系起来的方式。在对待微信上，我是一个更喜欢转发而不是自己阅读的人。自己也看两眼，大体知道就是了，总觉得一旦转发给别人，同一封微信就包含了更多的含义，这种含义甚至远远超过微信本身所表达的信息或内容。所以我自己很少写什么，大都是转发。但今天，转发微信又成为了一种有些危险性的行为。于是在另一重意义上，自己也不得不再把自己“关”起来。这个时间有多长，不知道，但至少比新型冠状病毒的流行时间要长。心里真有一种因无所事事而滋生起来的无聊与绝望。是的，我说的是“无聊与绝望”，因为真不是什么多么伟大的事业，也没有那么大的激情，但就是看不到尽头。也正因为此，在这个时候就特别思念高兆明。

高兆明给人世间到底留下了什么？在这样一个特殊的时刻，不会有任何仪式，只有两位亲人送行。这也好。这都是我们所曾向往而又难得的机遇。他赶上了。南京的氛围与火化的情况一定不同于武汉，但总体上，这是在一个共同的特殊的时刻。也就是在这一时刻中，高兆明以他的理性、坚强和乐观伫立在那里，注视着在他周围所发生的一切，就如当年在夏威夷的游轮上，他注视着我和其他中国人半真半假地呐喊助威一样。

是的，在全国最好的几个出版社，他出版了十来本厚厚的学术著作，讨论的是“道德失范”“制度伦理”“政治正义”“道德文化”“伦理学的理论与方法”“心灵秩序与生活秩序”等等话题。如他所说，都是一些“中国的问题意识”。但这些“中国的问题意识”并未成为中国人的问题，或者说，并未以这种理论的方式成为中国人的问题。中国的问题到底是什么，我们其实心里都知道；如果说，我们早就明白了资本主义制度下的国家有什么问题的话，那我们也就应该模模糊糊地感受到了中国的问题出在哪里。高兆明用他的书把这些问题归结为理论问题，比如“道德”“政治”“制度”“秩序”，我们做学术的，是只能这样归结、概括，而且尽可能使之理论化、逻辑化、条理化。但这样做的结果，往往就谈论的不再是中国问题，而是由中国问题而想到的理论问题。比如我们看到一条鳄鱼，都直观到它的凶残与可怕，但如果听鳄鱼学家讲座，分析鳄鱼的习性、生活条件、基因组合，以及如何区分伤人的、不伤人的鳄鱼的划分标准，等等，这与我们看到的鳄鱼是完全不同的感觉。世界上真的少不了对鳄鱼进行研究的人，在中国也少不了研究中国问题的人。但在中国，普遍来说，目前到底是一种什么状态？如果大家都是第一次见到鳄鱼，那么就很愿意听鳄鱼专家来讲讲鳄鱼。但对那些常年与鳄鱼打交道，捕捉、宰杀、出售鳄鱼皮的人来说，我很怀疑他们是否还真的愿意听鳄鱼专家们的讲述。这不是说不需要鳄鱼专家了，而是说，鳄鱼专家应该以另外一种方式说话。中国的成功者，大都是一些捕捉、宰杀、出售鳄鱼皮的人，就是一般的老百姓，也都知道如何躲开鳄鱼的袭击。但我们却还在那里大讲鳄鱼的特征、习性与分类标准。这只是一个不太好的比喻。高兆明希望我能完成他尚未完成的一本书，他不断说，只有我理解了他。但当我看完他的这些书之后，觉得我实在没有办法改写或补写。而且深深为自己曾发表了的那篇关于《心灵秩序与生活秩序》的评论而难过，因为这篇文章所表达的不同观点，使得病中的高兆明又不得不坐在写字台前修正他的这本书。到底是关于这一观点的讨论（又涉及邓安庆关于黑格尔《法哲学原理》的新译本）重要，还是他的身体、他的病重要？问题似乎显而易见，但怎么办呢？我们这号人差不多都有这种毛病。我在说高兆明，其实我自己也一样。但我也许更早体会到了中国人大都不读书、不思考，不接受西方哲学家那样讨论问题的方式。我们必须以另外的方式从事自己的写作。最好的是作家，写小说，下来就是写电影剧本、话剧或戏曲剧本，写歌词；其次是诗人，现在又慢慢兴起了古体诗，再下来是评论家，谈小说、电影、戏剧，哪怕是音乐、绘画，总比纯粹的理论家要好很多。但我们又不幸成为了这样一些从事理论研究的人。我的"无聊与绝望"，大约也与自己所不得不从事的这种职业有关。而且，我们还在培养着一届又一届的硕士生、博士生。好在这些学习西方哲学的人已经发现自己几乎找不到想要的工作了，于是以后的人，愿意如高兆明那样对这样一些问题进行研究的人肯定是越来越少了。这是让人更悲哀，还是无法悲哀的一种情况？

我是不知道，也无法知道。因为我知道这本身并不是一个理论问题，它与一个人的性情、倾向、心态、表达习惯有关。不知什么原因，就造就了一个人与另一个人的不同。但我们学界的评判标准，依然是这样一套理论化了的论文、著作，尽管真看的人并不多。这都是让人很悲哀的现实，我们都知道，但不说，就如我们也曾是一些捕捉、宰杀、出售过鳄鱼皮的人，历史的机遇又使我们自己可以把自己装扮成对有关鳄鱼的理论研究更感兴趣的人一样。当然，我相信，只要高兆明的这些书摆在图书馆或书架上，就总会有人去看，而且从中获益。文字给了一个人某种“永恒”的意味。

当我写这些话时，又看到了伫立在面前的高兆明。他尽管心里不大同意我，但嘴上还是会表示理解。他有他的理性、坚强与乐观，不会如我这样轻易陷入“无聊中的绝望”的漩涡。

我们都应该记得，在这样一个特殊的时刻，在一种狡猾至极、不断变异着的冠状病毒的大规模侵袭下，有这样一位很严肃地与人们讨论“什么是中国问题”的学者，他理性、坚强、乐观，同时又深爱着自己的妻小和弟子，怀念着人世间一切美好的东西，向往着自己还未来得及去过的地方，挂念着自己还没有完成的著作，在一周前（2020 年 2 月 15 日）的凌晨默默离开了人世。他叫高兆明。

深深地怀念你，亲爱的朋友！

13

哲学记忆中的黑格尔

退休后的日子就是有计划地看电影和胡乱地看书，也随意想些问题，大概就是所谓的“意识流”吧，反正不会限制在某个专门的题目上。静下来仔细想想，脑子里出现最多的一位哲学家，竟还是黑格尔。

黑格尔的履历很简单，1770 年 8 月 27 日出生于斯图加特，他和贝多芬、荷尔德林以及英国大诗人华兹华斯都是同一年出生的，比后来的法国皇帝拿破仑小一岁。黑格尔在斯图加特读完小学、中学，以全班第一的成绩考入图宾根神学院，在那里结识了谢林与荷尔德林。从图宾根毕业后到瑞士的伯尔尼当家庭教师，然后经荷尔德林的推荐再到法兰克福继续当家庭教师，最后经谢林介绍，1801 年，他来到了耶拿大学当一名编外讲师，期间与在耶拿居住的房东之妻有了一个私生子，取名路德维希。在耶拿，他目睹了拿破仑进城，并完成了他的《精神现象学》。然后再经朋友介绍，到纽伦堡去当一名讲授哲学的中学校长。在此期间（1808—1816）出版了他的《逻辑学》。这时，他的哲学声誉已空前高涨，于是结婚（41 岁）、生子，并于 1816 年在海德堡大学任职，开始讲授他的《哲学全书》。在此期间，路德维希一直与他们全家生活在一起。这时的柏林大学也频频邀他前去，并一直为他保留一个空缺的教席。这样，1818 年，他担任了柏林大学的哲学教授，并被后人称为当时的德意志“官方哲学家”。1829 年，成为柏林大学校长。在 19 世纪的 20 年代和 30 年代，是黑格尔的哲学主宰着德国哲学。1831 年据说死于霍乱。一列长长的送葬队伍将他与费希特安葬在一起。查尔斯·泰勒说，很少能有人如他这样死于其哲学影响力的极盛之时而非衰微之时。

今年（2020 年）8 月 27 日是黑格尔诞辰 250 周年纪念日，当时我正在昆明。经《社科报》的朋友一说，我就想到了张世英和杨祖陶这两位黑格尔专家，觉得应该写点什么。与中国的政治历史“分久必合，合久必分”一样，古今中外最著名的哲学家的影响力大概也是“盛久必衰，衰久必盛”。黑格尔的哲学随着现代性反思与对启蒙运动（特别是“平等”这一概念），还有对西方意义上的普世价值、政治正确的重新思考，现在在理论上真应该再有一个黑格尔式的对“合”与“盛”的再认识。

我知道黑格尔的名字是在 1966 年之前。那时我是高中学生，不知怎么就忽然对马克思的一脸大胡子有了兴趣；后来参与每时每刻无处不在激烈进行着的大辩论，才知道除了《毛主席语录》，还可以引证马克思、恩格斯和列宁的语录。那时全社会都在打“语录仗”：谁引用的语录多，谁能说出别人都不知道的马、恩、列的语录，谁就立即在理论上占了上风。于是我也就很快有了一本《马恩列斯语录》，是《人民日报》无产阶级革命派、首都红代会中国人民大学三红和陕西师范大学革命委员会联合印制的，比《毛主席语录》更厚。有点遗憾的就是，所引马克思的话并不多，恩格斯次之，多的是列宁和斯大林的语录。就在这不多的马克思和恩格斯的语录中，出现了黑格尔的名字（恩格斯借用黑格尔的辩证法去反驳杜林）。杜林肯定是“坏人”了，黑格尔是好人还是坏人？不知道。1966年前如我这样喜欢读书的人，也是首先要搞清楚谁是“好人”，谁是“坏人”。《钢铁是怎样炼成的》中的冬妮娅，《安娜·卡列尼娜》中的安娜，都是自己心中所喜欢的人物，但又不可能说他们是“好人”。这个问题纠缠了我们这代人很久，一直到刘少奇、邓小平、林彪、彭德怀、“四人帮”的出现，好坏之分依然是一个说不大清楚的问题，尽管已然是在更深层次上的区分与思考了，用黑格尔的话来说，就是本该超越了质的判断、反思的判断和必然的判断，达到了概念判断的层次。紧接着的，应该是下一步的推论了。那是要冒一定的理论风险的。只不过当时并不懂得而已。但自小就灌输进大脑里的一大堆抽象概念，却一直是我自己绕不过去的一个问题。

于是我想讲三件往事，三件围绕着黑格尔的与张世英、杨祖陶和《守道1957》这本书有关的往事。

1980年3月24日，张世英来到了武汉，在当时的武汉师范学院（现在的湖北大学）专讲黑格尔的《逻辑学》。当时我是武汉大学的外国哲学史硕士研究生，正在听杨祖陶老师讲“德国古典哲学的逻辑进程”，也就是如何从逻辑上梳理从康德到黑格尔的哲学发展。两相配合，相得益彰，但时间上会有一些冲突。杨老师说，你们还是去听张先生的课吧。于是我与陈宣良，每天早上一起来，就各骑一辆单车，从武汉大学前往武汉师院，赶上课时要到教室，而且坐第一排。这样的时间持续了近两个月。最后一堂课是 5 月 9 日上的，基本上讲完了《逻辑学》这本书。我们一次也未缺席。我作了整整一个笔记本的记录，几乎把张先生的每句话都想记下来。其间张先生还来武大专门讲过黑格尔是如何理解“多样性统一”的，我们自然也在场。别的就不多说了，当时最兴奋的还是黑格尔关于判断的学说。形式逻辑是把两个概念联系起来，但认识论讲的是对概念的内容的认识：一个概念到底是什么意思？这难道不是自己一直最为关心的问题吗？于是，按黑格尔的说法，概念就要自我分化，通过分化把自己的内容呈现出来。判断就是对“分化”了的内容的认识。首先是概念自身的自我分化，要让我们能理解这一点很难；而黑格尔说，逻辑学就讲的是概念自身的运动法则。概念自身能运动吗？我们后来知道了这叫唯心主义，而且是客观唯心主义。但在当时，我和宣良，骑在车上就一路上争论得不停。概念仅仅是人使用的工具，还是事物的本质？“玫瑰花是红的”，“红”就是玫瑰花呈现给我们的一个最粗浅的内容。香的、软的，也一样，都是感性意义上的呈现。这能不能理解为是玫瑰花主动“呈现”给我们，让我们认识的？逻辑上讲，如果玫瑰花不主动呈现，我们就无法看到（闻到，摸到），但玫瑰花是死的，没有精神，它怎么能“主动呈现”呢？但如果我们认定万事万物都有精神，都是精神向我们的呈现，行不行呢？于是又想到上帝，想到基督教。玫瑰花是红的（质的判断）、玫瑰花能治病（反思的判断）、玫瑰花是植物（必然的判断），最后到达“玫瑰花是美的，象征爱情”（概念的判断），说明人类的认识从“红”（眼睛看到）达到对“美”“爱情”的概念理解，不正是一个人（人类）认识的进化过程吗？“过程”与“进化”“进步”“目的”（目标）有关吗？当时杨祖陶老师也正在讲“德国古典哲学的逻辑进程”，这里的“进程”也无疑含有进步的意味。于是，正是黑格尔给了我们一个“历史”的观念，而且把这个观念与进步、目的、目标、终点联系在一起。对“历史”这一概念，维科、赫尔德、施莱尔马赫等人都提到过，但真正使历史成为一门有系统的学说的，还是黑格尔。黑格尔的《历史哲学·绪论》中，专门有一节就讲“历史是精神的发展，或者它的理想的实现”，“‘理性’是世界的主宰，世界历史因此是一个合理的过程”。[①] 而且正是黑格尔的历史观，让我们对人类的未来更多了几分信心与乐观。所谓“历史大潮，浩浩荡荡，顺之者昌，逆之者亡”，没有黑格尔，我们说不出这样的话。

但这一切，也正是在今天受到各种质疑的所在。上帝是静态的所在（在上帝那里没有时间，所以也就没有过去和未来），历史是动态（和人有记忆、有向往有关）的过程。如果我们都不信了，那就真的没有了信仰可言。没有信仰的人生毕竟是可悲的。黑格尔之所以要把万事万物都看成是精神的显现，就是因为只有精神才能体现人的自由与尊严，同时也让精神体现出万物的自由与尊严。到底

---

① 黑格尔：《历史哲学》，王造时译，上海书店出版社，1999 年，第 9 页。

是相信万物都有自己的自由与尊严好，还是只让人有精神，相信人的选择与能动好？这都是只在信仰层面上的讨论。我们人的一切都太有限了，于是更多的需要是信仰，是对不可知、未可知，但又都与我们人的价值观、价值选择息息相关的“相信”结合在一起。

张世英先生的课让人冷静，把讨论留到课后；杨祖陶老师的课让人热血沸腾，有一种人在战场的感觉。我不知道“德国古典哲学的逻辑进程”是怎么能让人激动成那个样子的，反正我听课时坐卧不宁，总感到枪炮在耳，自己非得动起来不可。杨老师站在黑板的一角，一口“川普”（四川普通话），似乎在与你谈心，但不是静静地谈，而是把逻辑关系变成了掏心窝子的激动，让你觉得康德真不得了，他那么相信人的自主性、自制力，也就是人的知性能力，同时又如此明确地知道这种知性能力的有限，除过事物的属性外，对事物本身是无法了解的。有“事物本身”吗？除了红、香、软、能治病、是植物，象征爱情外，玫瑰花本身是什么？人本身是什么？国家本身是什么？“本身”是什么意思？植物、爱情有本身吗？总之在本体论的意义上有没有“物自体”（它只是一个概念，还是实在本身?）这个“本身”的存在？费希特也厉害。他断定概念本身只能出现在人的意识中，玫瑰花也好，植物、爱情也好，都是意识中活动的产物。意识本身也就是自我本身。所以他鼓吹意识（自我）的活动、创造，当然是越活动、越创造，概念也就越多，世界也就越丰富。这一过程也就是意识（自我）设定自身与设定他物的过程，它所体现出的正是人生的欲望、冲动与努力。这里面所体现出的一个极其重要的观念，就是自我设定自身和设定他物，这二者之间是一种循环的关系：都是自我，只不过在自我自身与他物之间来回过渡而已。这是他所想解决的主体（自我）与客体（他物）之间的一种关系。于是在康德那里不可知的“本身”（物自体）只不过就是意识的自身（自我）而已。这一点肯定影响到黑格尔关于循环或圆圈的观念。于是那种相对稳定的、作为出发点或基础的笛卡尔的“我思”和康德的“先天”就都化解为主（自我）客（他物）间的循环与圆圈。杨老师说：“自我的活动是无意识的，只是依靠想象力通过‘非我’才成为有意识的，才成为有限的自我、认识的实际的主体；另一方面，又正由于无意识的想象力的活动，我们才感知对象，而且由于这种无意识性，我们才觉得对象是不依赖于主体而存在的。所以在费希特看来，我们在认识中似乎是在与对象打交道，实际上是在与自我的活动打交道。”①需要说明的就是：这本书虽然是在 1993 年正式出版的，但杨老师在“后记”中说了，它依旧保持了“旧稿的基本观点和基本作法”，突出了德国古典哲学中主观能动性与客观制约性之间的矛盾。当然所谓“旧稿”，也就是当时给我们讲课时的内容。到谢林，既不讲康德的“物本身”（自在之物），也不讲费希特的“自我”，而是讲作为哲学的最高原则的“存在”，它本身就是主客、有意识与无意识、观念与实在的绝对同一。“所以在他看来，无物存在于理性之外，万有都在理性之中，理性是派生一切主体与客体的唯一本原。”②然后到黑格尔，再把谢林的“存在”变成人的“定在”（此在），讲“绝对同一”中的差异。于是实体成为主体，绝对精神从自身中异化出自己的客

---

① 杨祖陶：《德国古典哲学逻辑进程》，武汉大学出版社，1993 年，第 150 页。
② 同上，第 160 页。

体——自然，然后又克服这种异化，征服客体，把自然“据为己有”，从而实现主体与客体的真正的绝对同一，在这整个过程中自始至终贯彻着的是作为主体的绝对精神的能动性。[①]

1983 年的春天，就是在张世英、杨祖陶这两位同为西南联大同学（张世英 1948 年毕业，杨祖陶 1950 年毕业，当时都已回到北京大学）的老师的教诲下，我慢慢进入了黑格尔的哲学。尽管在当时“要康德，还是要黑格尔”的浪潮中，我还是在坚持着康德立场，主要原因其实都是外在的：第一，黑格尔哲学太体系化，我们在观念上都有一种想走出体系的冲动，背后的尚处于无意识中的欲望就是从“集体主义”走向“个人主义”；第二，康德讲启蒙，讲人的主体性，讲道德自律，这也是我们那时候的理论要求；第三，黑格尔的辩证法，无形中已经成了一种诡辩，什么都有道理，坏事变好事，好事变坏事，反正由着人们去说，到最后已经失去了善恶、对错、好坏的界限；第四，主观唯心主义无论如何强调的还是对人的重视，而我们这些从那个年代过来的人，实在觉得我们太不把人当一回事了，不要说人的自由与尊严，就是生命，也强调的是“牺牲光荣”，比如欧阳海、刘文学等等。黑格尔是马克思的老师（我们其实并不太懂黑格尔与马克思之间的关系），我们当时最想了解的还是马克思主义之外的学说，所以附带地也就把黑格尔放在了一边。但后来，自己又慢慢回到了黑格尔，这一思想的经历说起来也是话长。里面既有现实生活中的感受，也有对现代西方哲学的理解。哈贝马斯在好几个地方反复强调：“黑格尔不是第一位现代性

---

① 杨祖陶：《德国古典哲学逻辑进程》，武汉大学出版社，1993 年，第 193 页。

哲学家，但他是第一位意识到现代性问题的哲学家。”[①]他还说，“我觉得，我们的处境和黑格尔的第一代弟子并没有本质差别。当时哲学研究的基本状况已经发生了变化。也就是说，从那时起，我们在后形而上学思想面前已经别无选择。”[②]无论怎样，面对现代性的哲学话语和后形而上学思想，我们还不得不再三再四地重新审读黑格尔的著作，并在自身的语境下重新经历一次从质的判断到反思的判断、必然的判断，再到概念的判断的过程，其中也就包括着“现代性”以及市场经济、所有权、人权、主权、民族、民粹、公民、基因工程、网络世界、伦理生活、种族歧视和自我认同等等概念。比如“社会主义核心价值观”，背下这 24 个字是很肤浅的，重要的是概念的自我敞开，是判断和推论。但我们的教育，却是从一开始就让这些抽象概念在你的脑海中生根，从不想到如何使概念达到具体化、个体化的“合题”。

2012 年 10 月，北大哲学系成立一百周年，开了一个盛大的纪念会，邀请了世界各国大学里的哲学系主任参加。我作为同济大学哲学系主任也参加了这个会。看图片，听讲解，想搞明白为什么当时要把全国大学里的哲学系都解散，人员集中在北大，而陈老师、杨老师又是怎样从北大来到武大。当然，更重要的就是 1957 年在北京大学临湖轩、俄文楼二层南头等几个地方召开的那次“中国哲学史座谈会”以及会上的辩论。赵修义、张翼星等人编著了一本《守道 1957：1957 年中国哲学史座谈会实录与反思》。里面有金岳霖、

① 哈贝马斯：《现代性的哲学话语》，曹卫东译，译林出版社，2004 年，第 51 页。
② 哈贝马斯：《后形而上学思想》，曹卫东译，译林出版社，2001 年，第 28 页。

冯友兰、贺麟、郑昕、朱谦之、朱光潜、何思敬、侯外庐、吕振宇、胡绳、潘梓年、于光远、艾思奇、任继愈、周辅成、汪子嵩、朱伯昆、陈修斋、张世英等等人物的发言或文章。真是一本难得的好书。我们这代人常常回忆 1966 年的事，那是政治大革命，与学术界应该关心的问题关系不大。对我们的老师那一辈人来说，1957 年无疑就更为重要了，而且至少一开始讨论的就是专门的学术问题。这本书我反复看了两遍，记下许多笔记，想搞明白 1957 年，这些几乎已经全部过世（张世英先生是 2020 年 9 月 10 日去世的）的、在我们心目中都是学界大人物的思想家们当时到底在想什么？在争论什么？因为要与黑格尔有关，我就还是把问题集中在贺麟、陈修斋和张世英身上。

这次关于哲学史的讨论会，所争论的问题其实很简单，简单到在今天看来已经有些幼稚，基本属于常识性的问题：如何评价唯心主义？或者说，如何理解日丹诺夫关于哲学史的定义？用我们陈修斋老师更直白的话来说，就是“唯心主义里面是不是也有好的东西”？如果“有”，如何继承？于是就有了冯友兰先生的“抽象继承法”，有了如何定义唯心主义，什么叫“绝对的对立”和“界限分明”？中西哲学的差别到底是什么？唯心主义与唯心主义者又是什么关系？用马克思主义衡量和要求中国古代哲学家是不是不切实际？说到底，还是“好”“坏”二字，就与我们看电影、看小说先要区分“好人”“坏人”一样，哲学上一旦被划为了“唯心主义”，那就是“坏”，反之则为“好”。侯外庐说：“近来有一种风气，好像我们祖先中唯物主义越多我们也就越光彩，因此他们便尽量夸大历史上唯物主义者的思想，甚至把唯心主义者也说成是唯物主义者，这样一来我国历史上从孔子到孙中山就都是唯物主义者了。”[1]我觉得当时最“大胆”的就是贺麟与冯友兰。冯先生还稍稍曲折一点，讲“抽象继承”，贺先生则直接说，孔子的“学而时习之”，不是继承这句抽象的话，就是继承这句话的本质、精神实质；除了精神实质，特殊的东西也可以继承，例如朱熹、王阳明都善于书法，他们的墨迹、手稿就应该好好保存并承继。马克思、恩格斯、列宁对黑格尔的态度就是这样，否定也是扬弃和吸收。贺先生说，我1953年说，唯心主义有好、有坏，好的唯心主义都曾起过进步作用；我1955年又说，唯心主义中有好东西，不能一概抹煞。许多人听到这样的话都吓一大跳，而且愤慨地提出批评。贺先生说，我认为唯心主义有好东西，不仅仅指的是唯心主义中有唯物主义因素或辩证法，如黑格尔，而是指唯心主义本身就有好的东西，如朱熹把周敦颐的“太极”改造为有动有静的“理”，“这是一绝大的贡献，可以与黑格尔比美。”[2]陈修斋老师接着贺先生说，我们不能把唯心、唯物等同于错误、正确；“如果以为唯心论完全只有消极的意义，那么思想史上如果不出现唯心主义是否就更好呢?”[3]张世英先生当时并不同意贺麟、陈修斋的看法。他在《略谈对唯心主义的评价问题》中说，如果说“唯心主义有好东西”，那也是因为第一，唯心主义促进了唯物主义的发展，从唯心主义那里汲取了教训；第二，唯心主义中的好（合理）东西，是与唯心主义本身相矛

---

① 赵修义、张翼星等编：《守道1957》，上海人民出版社，2012年，第43页。

② 以上所引，均见贺麟《关于对哲学史上唯心主义的评价问题》一文，赵修义、张翼星等编：《守道1957》，上海人民出版社，2012年，第203、205页。

③ 同上书，第207页。

盾的，比如莱布尼茨的“单子”，康德可以理解为“物自体”，黑格尔则猜测到了客观事物的辩证法；第三，在马克思主义哲学出现之前，唯心主义夸大了真理的某些片面，而这些片面是当时的唯物主义还根本没有看到的。所以唯心主义有“好东西”，但我们仍不能说唯心主义这一原则本身是好的，合理的。然后陈修斋老师又反驳他，说唯心主义哲学家思想中的唯物主义因素，未必就一定与他的唯心主义世界观的体系相矛盾，比如中世纪的唯名论者，说上帝创造了世界上的万事万物（唯心论），但万事万物是实在的而“共相”则是不实在的（唯物论），这二者一定是自相矛盾的吗？说唯心主义在历史上可以起进步作用，但我们不能因此就认为唯心主义本身是绝对错误的，“正确与错误是相对的，也有同一性，是可以互相转化的，这是我的全部意见的主要论点。”①

当时旁听会议的梁志学先生（可惜也已经去世了）说，贺先生在会上把焦点吸引到自己身上，他就坐在离冯先生不远的地方。冯先生泰然自若，贺先生激动不已。而陈老师和张先生的争论，梁先生说，“我当时不满二十六岁，对于贺先生在西南联大时期的两位学生这么争论觉得很有意思，很有教益，但绝不敢发言，尽管郑先生在会下表扬我在 1954 年 10 月北大办公楼批判胡适大会上的发言，希望我在这时也谈谈自己的看法。”②

事情过去五十多年了。这里面提到的这些人物，许多我都见过，有的还就是我的老师。比如艾思奇，我今年夏天在腾冲的和顺

① 赵修义、张翼星等编：《守道 1957》，上海人民出版社，2012 年，第 227 页。
② 同上，第 517 页。

古镇，专门参观了他的故居，能看出他也是怎么样一步步走上下坡路的，尽管在这次哲学史讨论会上，他依旧给人一种君临天下的感觉，似乎是“绝对权威”，在指导一切。但所说的那些话，包括对黑格尔哲学的赞赏，依旧坚持的是“对于唯心主义哲学的任何合理的内容，都必须首先对它的颠倒的理解加以批判之后，才能说得到继承、改造和发展”。[①] 他难道不知道，这种批判其实是没有尽头的吗？今天的人，也许觉得那时候这些如此著名的哲学家，怎么会在一个如此不值得争论（所有的哲学问题，都只存在一个值不值得争论，这种争论有无意义的问题）的如何评价唯心主义的问题上下这么大功夫，而且如此谨慎小心？1957 年，一句话就可以使自己成为“右派”，然后下放改造，二三十年后才得以平反。尽管那些发言者（包括我们陈修斋老师）还没有估计到有这么严重，但整个气氛，就已经使这些在早几十年前就已经功成名就的哲学家们战战兢兢，谨言慎行了。

如今，纪念黑格尔诞辰 250 周年的日子也已经过去了，20 世纪 50 年代、60 年代和 80 年代的张世英几乎是完全不同的两个人，1983 年能把黑格尔的《逻辑学》讲得如此深入浅出的张先生刚刚走完了他的百年人生；而在八十高龄后、身体又多病的情况下，坚持翻译出版了黑格尔的《耶拿体系：逻辑学和形而上学》，还有黑格尔的《精神哲学》，写完了《黑格尔〈精神哲学〉指要》的杨祖陶老师，2017 年元月也因病去世了；陈修斋老师要更早一些，1993 年就离开了我们。他们都是西南联大出来的人，尽管陈老师并不是那

---

① 赵修义、张翼星等编：《守道 1957》，上海人民出版社，2012 年，第 388 页。

里毕业的学生，但他随贺麟先生一起在西南联大从事翻译工作。当我漫步在西南联大的旧址时，常常会想起他们，并因他们而想起黑格尔，想起 1957 年和 1983 年。

也是在昨天（2020 年 9 月 10 日），同济大学人文学院刚刚开过一个教师荣休暨新教师入职的典礼活动。我也就算正式结束了自己三十八年大学讲坛上的劳动，开始了退休后的“业余”生活。唯一放不下的，还就是闪现着的回忆和时时萦绕在心头的黑格尔哲学。

第三辑

脆弱与救赎

1

死亡是生命的一部分

（上）

今天是2020年4月12日，星期日。前天是耶稣受难日（Good Friday），今天是复活节（Easter Sunday），此前的这一周，被称为“圣周”（Holy week）。这段时间，正是新型冠状病毒大肆流行，戕害生命的时期。截至今日，全球病毒感染人数超过170万，死亡人数接近10万。美国历史上第一次50个州全部进入“重大灾难状态”，感染52万，死亡人数2万多，超过了珍珠港事件和“911”恐怖袭击事件的总和。我在网络上看到了大量的视频与照片，都与宗教活动中的默哀、祈祷有关。一位叫范学德的华人牧师，也已经写了六篇“死亡沉思录”，提出了

“若病毒明天杀了我，我今天最大的遗憾是什么”这样的问题。总之，无论信不信教，在这种状态下，恐怕都不得不面对并思考伴随人类历史的一个最为重大的核心问题，这就是如何面对死亡以及信仰与现实的关系。

就信仰的超验维度而言，它就是宗教；就现实的社会维度而言，它就是政治。因为人是社会性存在。社会存在就是人的群体性存在。任何群体都离不了某种把大家凝聚在一起的集体性的组合仪式，如祈祷、祭祖、歃血、结盟等等。这些形式从最初的仪式化开始，就指向了某种超越的存在。所以黑格尔说，每种文明都源自宗教。[①] 所谓公元前五世纪的“轴心时代”，就指的是人类几大文明体系都不约而同地意识到了超验的存在。

如何把人的意识从超验的存在那里再拉回到现实，这又是“轴心时代”后几大文明体系都必须面对的问题。为什么？因为人的社会性存在逐渐明确为政治的关系与结构。政治就是人的公共生活的话题。而政治的世俗本性又天然抗拒着宗教的仪式与信仰（除非找到另一种政教合一或国家意识形态的模式，详后），因为这里涉及权力与权威的正当性来源。于是，信仰与现实的关系，在某种限定的意义上，就可以理解为宗教与政治的关系。为了更好地展开讨论，这种关系也可以进一步引申为神圣与世俗、启示与理性、彼岸与此岸的关系。

最近一段时间，我下功夫阅读了美国政治哲学家马克·里拉

---

① 马克·里拉：《夭折的上帝》，萧易译，新星出版社，2010 年，第 224 页。

(Mark Lilla)的《夭折的上帝：宗教、政治与现代西方》。[①] 他告诉我们，17世纪的霍布斯是这样提出问题的：当人们谈论宗教，谈论上帝时，到底在谈论什么？其实是在谈论人自身，“谈论他自身的经验”。“由于只有在人类中才有宗教的迹象和产物，他宣布，没有理由怀疑，宗教的种子也只存在于人类之中。”作者说，“这恐怕是《利维坦》中最重要的声明了。”[②]启蒙运动，从神转向人，霍布斯迈出了最重要的一步。正是霍布斯，说明了宗教只是人类的事务，它起源于人的无知与恐惧。于是，研究宗教的正确途径应该是研究人而不是神。对病毒的防治与医疗，是否也只是人类的事务？由于对其的无知与恐惧，才导致了我们今天的精神状态？这个比喻不一定恰当，但却是我们自然就会联想到的一个结论。当然，把宗教归结为人的动机与需要，这就会从根本上摧毁宗教的整个传统。马克·里拉说，霍布斯的这个说法不一定能说服所有的人，因为另一种说法也同样很有道理：上帝是万能的，所以并不是人需要上帝，而是上帝通过启示让人去信奉他。《圣经》中应该不乏这类鲜活的事例。但无论怎样，经过霍布斯，“传统的神学主题——神和他的本性——已经成功地转变成了人和他的宗教本性的主题。”[③]随后就有了休谟的《人性论》及其缩写本《人类理解研究》。与此相关，也就有了马克·里拉所谓的西方文化史（哲学史）上的“大分离”(the Great Separation)时期。这一时期，也就是我们大都熟悉的

---

① 马克·里拉：《夭折的上帝》，萧易译，新星出版社，2010年。

② 同上，第48页。

③ 同上，第48页。

文艺复兴和启蒙运动时期。政治神学由此转变为政治哲学，也就是说，“我们不再承认神启在政治上具有权威性。”①但查尔斯·泰勒并不认为是霍布斯迈出了第一步。他说，“霍布斯在他那个时代远不如在我们的时代那样具有影响，这在很大程度上是因他的简约化理论所致。”②他认为人类现代社会秩序最为确切的奠基人应该是格劳秀斯。因为正是格劳秀斯认为，人类社会生活的规则与秩序并没有与神学脱离关系，因为一切规则来自于上帝的创造，“即使上帝不存在，这些规则也是有效的”。于是，在17世纪，格劳秀斯、霍布斯、洛克、普芬多夫等人，包括美国《独立宣言》的制定者，共同确立了这样一条自由主义的神学假设：“上帝创造了人类，因此他们可以通过这些规则达到和谐，无论这些规则是由理性（常以自然神论的模式）确立的，还是由神启显现的（当然对许多人来说，这些真理是得到双重保证的，这一事实使它们更加值得信任）。‘我们认为这些真理是不言而喻的……’”③

但马克·里拉依旧坚持是霍布斯迈出了17世纪从政治神学到政治哲学的第一步，因为他取消了格劳秀斯的“假设上帝不存在，也会怎么怎么样”的假设，而是重新开始了一盘没有上帝，社会秩序和权力的合法性也并不需要诉诸于神启的政治哲学的大棋。这才有了随着《利维坦》的出版而开始的政治神学与政治哲学的“大分

① 马克·里拉：《夭折的上帝》，查尔斯·泰勒语，萧易译，新星出版社，2010年，第294页。

② 同上，第299页。

③ 同上，第300页。

离”。[①] 当然，他并没有反驳詹姆斯·K. A史密斯的这一说法：“利维坦更是一个作恶者，而不是解放者。”[②]这又牵扯到如何理解现代政治秩序中的意识形态问题。我们后面还会讨论到这一问题。

按照马克·里拉的逻辑，启蒙运动以后的西方政治哲学是这样发展的，他首先确立了四位最为突出的大师：霍布斯、卢梭、康德、黑格尔。

霍布斯的贡献有如下三点：第一，自由—民主秩序中最重要的知性技艺就是分离。随着社会分工的深化，“他所参与的科学革命开始拆解数世纪之久的关于神圣联结的概念，以一幅更复杂的总在变化的图像取代了它们，这是一幅自然世界的图像，远离它的造物主，对于道德保持缄默。”关于社会结构中的“分”与“合”关系，陈宣良已在《中国文明的本质》中有过精细的论述，此处不赘。第二，随之，我们学会了把自然研究跟关于神或人之职责的思想分离开来。我们也学会了讨论是否存在着一个十全十美的事情，直到今天我们还在这样做。第三，霍布斯找到了一种方法，把启示的主张跟我们对公共政治利益的思考区分开来。我们都接受了他构想政治生活的方式，就是认为它只跟人有关。[③] 这三点贡献背后所带出的结论就是：神圣与世俗之权应统一于君主，科学与宗教之争应统一于哲学，这也就是《利维坦》一书之所以要以几何数学的方式，精确论证出我们应该建立一个怎样的社会的原因，其中的个体不必害

① 马克·里拉：《夭折的上帝》，萧易译，新星出版社，2010年，第309页。
② 同上，第273页。
③ 同上，第57页。

怕别的同伴及其永灭，从而投身改善自身命运的世俗而有益的工作（想想斯宾诺莎的《伦理学》，这种论证方式上的革命性会更明确）。在霍布斯去世一个多世纪之后，一种共识开始形成。这种共识是围绕着宗教多样性、良心自由、宽容、有限政府和权力分立的自由主义观念展开的。霍布斯是激进的唯物主义，他并不信奉自由主义，但自由主义恰好被包括在霍布斯的哲学轨道之中。其中的代表人物是卢梭。在卢梭看来，威胁到一种良好政治秩序的并不是宗教，因为真正的宗教与无知、恐惧或激情无关。这些东西是腐败的宗教和政治制度对道德信仰的曲解。这些制度煽动迷信，贬损道德感受，使得信徒彼此不容忍，暴力相向。他认为，“当我们思考良好的生活，包括良好的政治生活时，人类不可能无视有关不朽和超然的问题。”卢梭在《爱弥儿》一书中通过萨瓦牧师之口，告诉我们：“当我们把目光投在人类历史上，我们看到，我们所知的任何文明一向都是建立在宗教而不是哲学的基础上的。在健全的社会里，宗教曾经协助结成社会联结，鼓励为公共利益做出牺牲。”于是在“大分离”的背景下，就有了霍布斯和卢梭的两条岔路。霍布斯的继承者体现为18世纪的法国唯物论与百科全书派；卢梭的后继者则集中体现在康德与黑格尔的哲学中。马克·里拉说，政治神学与政治哲学“复合的理想从卢梭那儿发展起来，在黑格尔的思想中达到全盛期，它跟霍布斯推动的知性分离的理想处于紧张状态。这是一种哲学上的张力，而不是神学上的张力”。“如果霍布斯的后裔是正确的，将神学思考置于政治论述之外就是既有可能也是必要的；分离是一种能够学会而且必须学会的习惯。如果卢梭的后裔是对的，或许还有神学思考政治生活之目的和手段的空间。不是指传统的基督教神学，而是指一种基于连哲学家也承认的事实的神学。譬如这样的事实，人是一种信奉宗教的动物，他寻求心理上的和社会中的和解。”①

这样说来当然太简单。这里面有如下三个方面的问题需要强调一下：

首先，马克·里拉说，当代自由民主政体已经设法容纳了宗教，而不引发宗派暴力或鼓励神权政治，这是一项历史成就。他们有理由为自己的宽容、良心自由和正式的政教分离的观念与制度而感到自豪。但英美自由主义传统缺乏词汇来描述自身宗教生活的充分的心理复杂性，更别提用来理解世界其他地区信仰和宗教之间关系的词汇了。诸如“为什么做一个基督徒?”“为什么做一个犹太教徒?”之类的问题，自由主义神学根本没有提供任何答案。他也是在这一意义上来理解“夭折的上帝”这一说法的。关于宗教在美国政治生活中的角色的最伟大的作品，是由一位法国人撰写的，他就是卢梭的忠实学生托克维尔。记住这一点是有益的。②

其次，马克·里拉说，相比于阅读霍布斯或休谟，阅读卢梭或黑格尔对宗教的看法是一种丰富得多的体验。特别是黑格尔。在马克·里拉与查尔斯·泰勒的辩论中，泰勒指出了如下三点看法：第一，是在一千多年的时间里，到底是什么塑造了西方世界？当然是政治神学。什么是政治神学？按里拉的理解，就是在回答基本的政治规范性问题（正义、正当性权威、战争与和平、权利与义务）

① 马克·里拉：《夭折的上帝》，萧易译，新星出版社，2010 年，第 159 页。
② 同上，第 224、225 页。

时，人会诉诸神圣的权威，抑或诉诸启示。泰勒说，历史告诉我们，正义、战争与和平之类的问题，并没有通过启示得到解决。比如阿奎那，还有斯多亚学派，靠的是自然法理论。当论及正当规则时，一个重要的来源是传统律法："谁是最近亡故的前任国王的正当继承者?"人们是这样问的，而不是诉诸神圣启示。[①] 第二，我们不要忘记，启蒙时代的主导观念就是：有一个至高而仁慈的存在设计了这个世界，那么，诉诸上帝和诉诸自然在该领域就是逻辑相等的。直到"后达尔文时代"来临，这种关于自然的规范设计的观念才真正遭遇到挑战。第三，我们今天的平等、自由、权利和民主的政治秩序，来源于罗尔斯所谓的"重叠共识"，包括康德主义、功利主义，以及神学上的理由在内。也就是说，在"此岸"，政治神学从未缺席。就是今天的美国，某些右翼人士依旧认为基督教是唯一可能的思想基础；而学院自由派则相信，如果你不是一个康德主义者，你就没有合适的理由信奉自由主义。[②] 而我们的文明恰恰就被绑定在各种相当不兼容的（借用罗尔斯的术语）"整全性观点"（comprehensive views）之中。关于里拉这本书，他的总的看法是："这部著作关于德国思想的论述是极具激发性和启发性的，但其更宽泛的叙事却难以把握，似乎不时地走向奇思异想的边缘。"[③]对这种所谓的"奇思异想"，史密斯更愿意说："这就更近于黑格尔曾要达到的'非虚构的文学创作'。"[④]

---

① 马克·里拉：《夭折的上帝》，萧易译，新星出版社，2010 年，第 294 页。
② 同上，第 301 页。
③ 同上，第 302 页。
④ 同上，第 270 页。

对于泰勒的三点指正，里拉并没有正面回应，而是把话题引向“我们都共同崇拜的黑格尔”。

既然泰勒认为里拉关于德国思想的论述极具激发性和启发性，那么我们就看看关于黑格尔，里拉到底是怎么论述的。

学界有一种说法，叫“长的 19 世纪和短的 20 世纪”。他们把 20 世纪就认作从 1914 年到 1989 年。于是“短的 20 世纪”，就被压缩成了撼天动地的战争史与变革史。而这些战争与变革，一般来说，与政治神学或自由主义神学的关系是从属性的，一切取决于单纯的民族国家与政治意识形态的导致与终结。当然，这并不是说神学或基督教在其中就不起作用了。1933 年，当希特勒上台时，一群新教教会和神学家就表示支持纳粹的政治和种族主张，他们阐发出一种更斩钉截铁的、民族主义的解释，想创建一个把所有新教教派都联合起来的帝国教会，把基督十字架和纳粹符号合成为一个标志，声言“基督已经通过阿道夫·希特勒来到我们中间……”[①]当然，与此同时，有一位青年神学家朋霍费尔（Dietrich Bonhoeffer）也在 1939 年返回德国，开始参加密谋刺杀希特勒，结果在 1945 年被处死。但无论是哪一边，都意识到随着希特勒的上台，做出一种神学—政治的决定性的时刻就已来临。对于那些民族主义、种族主义和为德国的一战目标而做出强硬辩护的神学家们来说，这是如此明确的一回事（如当时的哥廷根神学系系主任、受人尊敬的路德派神学家和历史学家赫奇［E. Hirsch］），而对于那些坚持要把诸教派独立于政治（世俗统治者），并发表著名的《巴门宣言》

---

① 马克·里拉：《夭折的上帝》，萧易译，新星出版社，2010 年，第 206 页。

(Barmen Declaration）的卡尔・巴特（Barch）等人来说，则又是另一回事。但无论怎样，就如巴特在他的《罗马书释义》中所说，人到底是在生活的每一瞬间，都处于做出决定的危险的边缘，还是如罗森茨威格（Roscenzweig）那样，试图在这种情况下让犹太人与生活达成“和解”，把注意力集中在“救赎之允诺”上，在当时的情况下，还真的不再单纯是一个神学或宗教的问题，它涉及千万人的生命。巴特在《罗马书释义》中认为，现在不是基督徒参与社会活动、成为社会的一部分，奋勇向前、树立榜样的时候，而是对人的行为表示质疑，“它向现代人发出的第一声也是最大声的信息一定是：停下！”[①]但在当时的德国，又有多少人听到了这一最大声的呼唤呢？世俗的，但又披着神圣外衣的“元首”或“领袖”显然取代了一切。

但在19世纪，情况远没有如此严峻；所以19世纪才显得那么漫长，如此灿烂。

首先，19世纪德国生活中的一切运动——启蒙主义、浪漫主义、民族主义、社会主义——都在犹太人的意识中留下了标记，自由主义的新教神学自然也在其中。[②] 至于马克思，按照布洛赫的说法，应该有两个不同的马克思，一个是在大英博物馆里写作《资本论》的马克思，他以冷静的唯物主义目光看待资本主义社会中虚假的意识形态，是一位研究剩余价值和商品拜物教的经济学家；另一位马克思则与圣经中的弥赛亚传统连接了起来，“是解放运动和人

① 马克・里拉：《夭折的上帝》，萧易译，新星出版社，2010年，第198页。
② 同上，第170页。

类自治的先知，一位宣扬希望的先知”。[1]

现在让我们来集中讨论一下马克思所高度认可的——他的老师，也就是在马克·里拉笔下熠熠生辉的黑格尔。

让我们还是从马克·里拉所描述的哲学大背景，也就是所谓的“大分离”说起。17世纪以来，如他所说，是霍布斯区分开了政治神学与政治哲学，或者用更简洁的话来说，区分了宗教与政治；还有就是在时间上较早的马基雅维利区分了政治与道德。列奥·斯特劳斯（Leo Strauss）曾在这二人间到底谁应为近代政治哲学的创始人上犹豫过。他曾在《霍布斯的政治哲学》“美洲版前言”中说，“我曾经认为，霍布斯是近代政治哲学的创始人。这是一个错误。这个殊荣，应该归于马基雅维利，而不是霍布斯。然而，我还是宁愿保留这个容易纠正的错误，或者说宁愿保留这个错误的特定前提，而不愿认可那些更为人们所普遍接受的观点。”[2]其实，区分神学与政治跟区分政治与道德密不可分，因为神学在其较为狭隘的意义上就是道德。如果道德律令有其外在的超验来源，那么康德就有理由把它转换为人的内在的先天依据，这就是他所谓的“哥白尼革命”。但背景都是把目光从神转向人。再后来，就有了康德和功利主义学者，如边沁等人所展开的关于道德的义务论（动机论）和责任论（后果论）之争。这是理解黑格尔哲学的大背景。即：黑格尔到底是如何从“分”（大分离）走向“和”（大综合）的？

青年黑格尔也不大信任基督教，他更愿意接受霍布斯的教诲，

---

① 马克·里拉：《夭折的上帝》，萧易译，新星出版社，2010年，第214页。

② 列奥·斯特劳斯：《霍布斯的政治哲学》，申彤译，译林出版社，2012年。

把“人关于神的理念而不是神自身规定为他的主题”。[1] 而且，更重要的，是当时的黑格尔更倾心于古希腊和异教德国所信奉的非常浪漫的宗教观念，认为一个人对民族和国家的忠诚应高于一切（这已埋下了“和”的种子），内在化的基督教很可能变成一种极端隔绝的宗教。后来，随着年龄渐长，他意识到，霍布斯的《利维坦》强调人的心灵感知，卢梭认可人的宗教感情，康德一方面强调理性的有限，另一方面又想用宗教来满足人的形而上学冲动和道德需要，这只说明了康德哲学标志着人类意识所能达到的一个阶段，这个阶段通过“假定”人的心智之外存在着“绝对”（自在之物）而把人与“绝对”隔离开来。他认为，随着历史的发展，注意：黑格尔在这里特别强调了“历史”与“发展”，“一旦心智意识到那些对抗存在于它自身之中，而不是存在于某种外在的‘绝对’中，它就松弛了下来，并进入了一个更高层次的意识。它抵达了一种完全和解的状态，这就是黑格尔所谓的‘绝对认知’（absolute knowing）。”[2]心智之所以有历史与发展，是因为它内在的“否定性”。柏拉图是第一位断定有一种力量在心灵或灵魂中运作的哲学家，他把这种力量叫作“爱欲”（eros）。这还是一种奋进的力量，为了让我们了解这个世界，它把我们推进到这个世界中。黑格尔把否定性说成是知性的力量，它抵制这个世界，认为这个世界是异己的。但是通过抵制，它开始真正了解这个世界，并最后达成和解。这种和解也是心智（德语 geist 既有“心智”也有“精神”的意思）的“解脱状态”

---

① 马克・里拉：《夭折的上帝》，萧易译，新星出版社，2010 年，第 124 页。
② 同上，第 125 页。

(state of catharsis)。这种“解脱状态”与佛教所理解的“解脱”不同，因为它充满了张力和矛盾。“否定性是人类生活中的推动力和终极源泉，这种安宁是随着认知而获得的。它是隐藏在爱(agape)中的爱欲(eros)。”[①]再进一步，黑格尔想走出经霍布斯，到卢梭，再到康德的孤立个体(人的个体性存在的观念应被视为启蒙运动的核心价值)的观念，于是，认定使个体生活具有意义的，在于任何个体都不得不生活于其中的“社会背景”，他把这种背景称之为“伦理生活”(sittlichkeit)。与个体的心智发展一样，“伦理生活”也有一个否定——隔绝——复合的动力。如果说困扰着个体性道德的主要是存在(绝对)的话，那么，困扰着整体性伦理的则是人与人的统一。于是黑格尔的《精神现象学》就把心智在个体意识上的发展与宗教在社会中和解的力量联系在了一起。哲学与宗教也不再对立，因为它们所要达到的存在(绝对)是一样的，都叫作真理。基督教的根本教义是道成肉身。见证基督耶稣的死与复活，说明死只是神的一部分，并不外在于神，而是人(子)的一种特性。所以，正确理解耶稣的死可以帮助我们与自身的死亡达成和解，因为死亡并无法剥夺掉耶稣作为神灵的内在神性。马克·里拉说：“这是基督教也是黑格尔的最过硬的教义：人既是神，又是死亡。”[②]

当然，这并不是说宗教与哲学就没有区别。里拉先生概括出了如下六个方面的区别：第一，宗教通过感觉和思想起作用于心灵和心智，而哲学仅仅通过思想起作用；第二，宗教依靠形象，哲学只

---

① 马克·里拉：《夭折的上帝》，萧易译，新星出版社，2010年，第127页。
② 同上，第140页。

承认概念；第三，宗教表达了社会对神圣联结的信念，并通过这些新信念，组织社会成员过一种协调的伦理生活；第四，哲学试图通过批评使那些信念合理化，而拒绝承担维持伦理生活的责任。当然，如哲学这样具有批判意识的永远都只是少数人，而宗教则必须顾及其余的绝大多数人，“真理没有必要对所有人以一种哲学的方式呈现”；第五，黑格尔赞同卢梭，哲学也许可以有助于理解一个社会，但它从不可能创建一个社会，而宗教则完全可以创建社会，哲学所理解的社会，都是宗教所确立的；第六，宗教先于哲学，在更深层的意义上，宗教是心智最初在社会中面对并用语言表述真理的自然而然的方式，哲学只是宗教的后嗣，它只能对那些已经出现在宗教和伦理生活中的事物做出理性的解释。就如黑格尔自己所说，“当它阐述宗教时，哲学只是在阐述自己，当它阐述自己时，它是在阐述宗教。”[①]马克·里拉说，“根据这些原则，可以得出一个最终结论——它会证明黑格尔是最重要的。因为，如果我们假设宗教史类似于人的心智的发展，而且如果我们能够想象心智抵达一个最终的静态点，它是某个类似于‘绝对认知’的事物，那么，似乎就可以得出这样的结论，宗教史也可以抵达一个最终的静态点，一个不会再有进一步发展的顶点……照黑格尔看来，那个顶点已经被抵达了——在基督教的新教中，它是‘圆满的’宗教。”[②]黑格尔还用一个概念来概括圣经信仰和他的哲学的共同的核心位置，这就是“伦理一元论”（ethical monotheism）。[③] 我想，读过他的《法哲学

① 马克·里拉：《夭折的上帝》，萧易译，新星出版社，2010年，第139页。
② 同上，第135页。
③ 同上，第223页。

原理》的人，大概都会接受这个概念。“伦理一元论”贯穿于从家庭，经市民社会到国家的全过程。对这种“伦理一元论”的信仰属于神学，而对其实现过程的论证，则是哲学的事。

（下）

我们这些“老三届”，也算是经历了不少的事，许多事也都与死亡有关，比如饥饿、武斗、地震、事故、病痛，等等，但都不似这次的新型冠状病毒这样，让每个人都不得不直面它的存在与逼近。但你又完全无法把握它的存在方式与传播途径，也不知道它在什么情况下就会突然感染上身并通过你传播给更多的人。也许武汉的民众对此有着更深的体会。我们只不过是说说而已。但就我而言，也已经三个多月未出家门了，而且相信所有的出游计划和一直期待着的美好相聚业已全部告吹。问题在于：这一切都是被迫的，不得不的。如何面对死亡？未知死，焉知生？这句话在逻辑上比“未知生，焉知死”更为有力，因为死是生的终点。未知终点，人生当向何处而去？“未知生，焉知死”看重的是过程、方式乃至手段；只有未知死，焉知生才强调的是归途与终点。但这个“终点”在逻辑上又是一种超验的、永远也无法确定的存在，没有谁能告诉我们抵达“终点”后会是一种什么样的状态。我们只能面对，知道它就在那儿，而且离我们也并不太远。偶然发生的事情谁都无法预料。于是这又让人想起了哲学界的一句老话：向死而生。把这里的“死”改为“病毒”，就成了我们每个人在今天的现实：什么是新型冠状病毒下的生存态度？

生命的构成是蛋白质和基因，在这个世界上，对人类存在最大的威胁就是病毒。它寄生于人体，也是蛋白质和基因，目的却是消灭人体，就与人类寄生于大自然，却干着企图毁灭自然界的事一样。

也许许多人觉得这不算什么问题：谁不知道人会死啊？现在还没死，说这些有什么意思？但死亡，恰恰是哲学所必须回答的一个问题。蒙田在《论罗马、死亡、爱》中有一篇文章，题为《探讨哲学就是学习死亡》。里面在提到死亡有着无法数清的袭击方式时，引用了贺拉斯的一句诗："时时刻刻需要提醒危险，人是难以预料的。"[①]这让我们很容易就想起前面所提到的巴特在他的《罗马书释义》中所说，人到底是在生活的每一瞬间，都处于做出决定的危险的边缘，还是如罗森茨威格那样，试图在任何情况下都让犹太人与生活达成"和解"，把注意力集中在"救赎之允诺"上。那么，死亡对于生命而言，到底是一个"需要提醒危险"，意识到自己处于"做出决定危险的边缘"的问题，还是一个设法达成"和解"，无论你是否期待"救赎之允诺"的问题？离开当时德国的具体现实，作为一个一般性的问题，它依然很有意义，因为无论你如何"提醒危险"，死亡总要来的。蒙田说，是的，但这里的区别在于：如何使自己过得自在。如果死亡可以躲开，大家不妨做个胆小鬼；如果死亡无法避免，那就勇敢面对。这些话当然没有什么特别的。但蒙田马上告诉我们："事前考虑死亡也就是事前考虑自由。谁学习了死亡，谁也就学习了不被奴役。死亡的学问使我们超越了任何束缚与

① 蒙田：《论罗马、死亡、爱》，马振骋译，上海书店出版社，2007 年，第 38 页。

强制。”[①]另一天，或无论哪一天会发生的事，其实在今天就会发生，“应该随时穿好鞋子，准备上路，尤其要注意和做到这事只与自己有关。”[②]他引用凯撒的话说：事物远看时常比近看显得大，一个健康的人也远比生病时更惧怕死亡。所以青春消逝这种死亡要比寿终正寝更加严酷，也更让人无法接受。但青春消逝和寿终正寝的区别真那么大吗？他说，西帕尼斯河上有一种小动物，只能活一天，上午八点死的属于青春夭折，下午五点死的属于寿终正寝。但在我们人类看来，这之间的区别到底有多大？蒙田说，“我生于 1533 年 2 月的最后一天，恰好 15 天前刚过了 39 岁生日”，而耶稣和亚历山大都只活了 33 年。还有什么可抱怨的呢？“在我们的宗教中，人最可靠的基础就是蔑视生命。不光是理智的推理要我们这样去做：有一件东西是我们失去后不可能后悔的，那为什么还要害怕失去呢？”[③]我想，能想到的话，在几个世纪前，39 岁的蒙田差不多都已经说了。已经这么老了的我们，还能说些什么？

是的，我们完全不知道明天与死亡哪一个先到，问题只在如何过好眼下的这一天。为什么要说“完全不知道明天与死亡哪一个先到”呢？因为病毒的暴发与流行、传播都太突然了，而且它完全超出了人的控制。我们不知它来自哪里，也不知道谁身上携带，更不知道用什办法才能有效地消灭它。许许多多的人都被病毒夺去了生命，我们连他们的名字也不知道，还有更多的人在此期间因别的事

---

① 蒙田：《论罗马、死亡、爱》，马振骋译，上海书店出版社，2007 年，第 40 页。
② 同上，第 41 页。
③ 同上，第 45 页。

故而身亡，我们也无法参加任何形式的悼念活动，只能把悲痛深深埋压在心底。也许，我只是到超市买了一些东西，也许，我只是坐了一次公交车，结果就被感染了病毒。这种可能与危险，已经成为了许多人的亲身经历。那么也就是说，我们事实上就生活在某种危险的边缘，这种危险让我们感到自己的任何决定、选择，比如外出，见什么人，和谁握一下手，都可能处于极大的，而且是未知的危险之中。

如何从这样一种状态（环境与心态）中走出？把病毒的存在看成是一种常态，与各种形式的冠状病毒和平相处，看来已经成了一种现实。于是又涉及前面所讨论的现实与信仰的关系。死亡是生命的一部分，我们每天、每个小时都有无数的细胞在死去。问题只在过好活着的今天。蒙田说，他们的宗教中最好的东西就是蔑视死亡。我们没有那样的信仰。我们中国人不是为父母（或祖上）活着，不辱家门，光宗耀祖，就是为下一代活着，为了让他们过得更好，为自己的父辈而感到荣耀。我们的信仰，总介乎神圣与世俗之间，或者说，是把神圣与世俗联结起来的祖先，神化了的祖先崇拜。哪怕这个“祖先”只是神化了的关公或尉迟恭。那么自己的人生呢？当然是奋斗，为了一个什么目标而奋斗。这其实就是蒙田所说的束缚与强迫。说到底，生命与自由的关系依旧纠缠着我们，而且大部分人都并未意识到它的严重。生命总是很美好的，死亡为什么会落在自己身上而不是别人，类似的问题自然永远也无法回答。帕斯卡曾因这种沉默而走向真正的信仰，于是心境安宁。我们却多半会因这种沉默而哭天抢地。蒙田说青春消逝比寿终正寝更可怕，这句话倒是告诉我们，生命，健康地活着，是一种上帝的恩赐，它是上帝送给我们的一种礼物，就如自由、财富一样，都很宝贵。但第一，唯有死亡是我们失去后不会后悔的礼物；第二，拿生命与财富相比，财富自然是身外之物，不足挂齿。拿生命与自由相比呢？不好说了。“生命诚可贵，爱情价更高；若为自由故，二者皆可抛。”我们更惧怕丧失自由。如果给你上刑，你当然宁肯死去；如果老年痴呆，患病不起，我也宁愿选择死亡。所以自由与死亡的关系可以分三个方面的内容来加以讨论：一是生命与自由都是我们“天生”（能不能用“天生”，可以讨论）获得的东西，如果二者只能择一，可能许多的人宁肯选择自由；第二，生命就是自由。黑格尔说，如果人的精神是自由，那它就一定超越了自然的生命（作为被决定的和被具体化的动物），而是善与正义的源头。黑格尔说，中国、印度、波斯和埃及的宗教代表了反抗命运的人类自主意识的第一次觉醒，是一次建设性的否定。“在这个阶段，限制人的精神的是，宗教把人类描述成与神以及被认为了神的政治权力之间保持着一种奴性关系。奴性宗教和专制政府携手共进——或按黑格尔直率的说法，‘与一个劣等神或一个原始神相联系的是劣等的、原始的和不自由的人类’。为了让人类获得自由，神将不得不也被看成是自由的。那种思想只有在希腊和以色列的宗教中才开始成形。”[①]当然，黑格尔的这段话不一定会让许多教徒感到满意。他们会说，不是“为了让人类获得自由，神将不得不也被看成是自由的”，而是因为神是自由的，所以人类才终得自由。但无论怎么说，

① 马克·里拉：《夭折的上帝》，萧易译，新星出版社，2010年，第136页，黑格尔的原话见其《宗教哲学，2：413》。

在黑格尔心目中，一种神，或一种宗教是不是自由的，表明了相信这种神或这种宗教的人类是不是自由的。他说，“事实上，新教完善了包含在基督教道成肉身概念中的自由信条，这个信条会在现代思想中获得理性的形式——该信条即：‘自由是自由自身要实现的目标，它是精神的唯一目标。’”①第三，如果生命就是自由，自由标识着权利、义务与责任，但死亡又是一个我们无法负责的事情，除了自杀。也就是说，如果不统计，我们根本就不知道每年、每个月、每天、每分每秒有那么多人丧失了生命。有的人还很年轻，完全与疾病无关。事故、过失，在某种意义上与病毒一样，都与“责任”与“选择”无关，所以也就与科学无关。科学再发达，也负不起死亡这个责任。这说明了什么呢？说明生命终究不是一个科学就能解决的问题。我又想起了波伏瓦的小说《人都是要死的》。是的，不死将成为一种天罚，它是对人的自由的最终剥夺。

在一部什么电影上看到，老师让孩子们在“正确”与“善良”之间做出选择（比如射杀翻越柏林墙的人），更多的孩子选择了“善良”。这很让人感动。我还在一本什么书上读到过，亚当与夏娃当初做出吃智慧果的选择是完全正确的，因为他们选择了“快乐”（智慧果好吃，很吸引人），而不是“正确”（上帝的告诫，人类将永远生活在快乐的伊甸园里）。于是这等于在生活态度上有了一个根本的转变：不再把“对错”“好坏”看得那么重要，重要的只是自己的感觉，具体来说，也就是快乐、满足、尽兴、随心所欲。孔子说“七十而从心所欲，不逾矩”，但他那里还是有一个“矩”，而

① 马克·里拉：《夭折的上帝》，萧易译，新星出版社，2010 年，第 143 页。

且要活到七十岁。一旦看透死亡，而且就生活在病毒肆虐、生死无常的环境中，“矩”还真有那么重要吗？这种情况，我们又不是从未见过。灾难降临，原先的“矩”早就破灭了，新的“矩”基本上无法确立，就是确立了，也管不住生命如烟雾般的瞬间消失。那么，就只剩下了放纵与对生命的短暂时光的挥霍。这其实是对生命的另一种态度，如果考虑到人的社会性存在，又会发现所谓的放纵与挥霍，也不过只是人的一种想象而已。

人在生命的途中。人永远生活在途中。终点只存在于观念中，只有当它临近时，我们才能看清它。但愿到那一天，我们没有什么可大惊小怪的，也没有什么想不通的，就这样把死亡视为生命的一部分，只不过有时候，“部分”会显得大于“生命的整体”而已。至于这“部分”是什么，该怎么理解，那只是每个人自己的事。当我这样说时，我想到了电影《泰坦尼克号》，想到了40多万奔赴武汉前沿的医护人员，也想到了纽约有几万名退休的医务工作者重新上岗，而且全部留下声明，说一旦自己感染病毒，坚决不使用呼吸机，把呼吸机留给年轻人。不同的人在生命的最后关头总能做出完全不同的选择。这就是自由，自由自身的目的。无论你信仰什么，也无论你选择怎样的生活态度，正因为差异与多样，也就恰恰体现出了自由自身在显现方式上的不同。

2

死，与自杀

有无数的哲学家说过哲学就是面对（研究、思考、讨论）死亡。

一开始也不懂，后来明白了所谓不懂，其实就是因为没有认真面对，或者说，未把它当成一回与自己有关的事。当年岁渐老，参加的追悼会和耳畔所听到的亲朋好友的死讯越来越多时，死，也就不得不成了一件不得不面对（研究、思考、讨论）的事。

面对死亡，其实也就是面对人生。

因为死亡是就人生的终结而言的。

但我不是说因为死亡终结了人生，而是说，因为死亡开启了人生。

为什么这样说？

因为只有当我们面对终结、消失、从“有”

变成了“无”的东西时，才会想到追问一下当它还没有终结、没有消失、没有变成“无”时，到底有何意义。这种追问，可能有几分惋惜，也可能有更多的庆幸。

无论是惋惜还是庆幸，都与“终结”这样一个结果有关。

让我们先假设，世界上所有的动物中，只有人是知道自己会死的。

让我们再假设，人并不是一下子就知道了自己会死，这里面要有一个过程。

这个过程可能很长，也可能很短，但，无论长短，都是生命的过程；当我们不得不面对死亡时，实际上也就等于是对这一过程的反思。

反思，就是把自己的这一段人生当成了面对（研究、思考、讨论）的对象。要追问的就是：当它还没有消失、没有终结时，到底有何意义。

如果没有死，人就不会反思生的意义。用波伏娃在《人都是要死的》中的话来说，不死是真正意义上的天罚，无尽的，怎么也挣脱不了的天罚。

但如果人皆有死，差别只是时间（年岁）长短之不同，那么，在时间的无尽长河里，长与短也就变得没有多大差别了。

所以生命绝不是一个时间长短的问题。当人们认为活着的目的就是活着本身，活着就是为了活着时，说明时间就只剩下了时间。这是一种可怕的，无尽消逝着的时间。人不得不生活在恐惧与不安之中。

以前讲历史的进步时，总要先设定一个目标，否则，如果这个目标本身就是一个乌托邦，或者说是无穷无尽，在时间上无限遥远的未来，那么进步本身也就大可质疑。

现在，当死亡作为一个在不远的将来就要到来的事实时，历史观中大受质疑的“进步”，也就变成了真真切切的“趋近”“逼近”，或者说很快就要实现的未来。没有终结，人不会意识到这一点，历史的意义也不可能得到理解。

大受质疑的“进步观”是因为有了“终结”才不得不在反思中变成了过程。

所以，我觉得许多人都没有读懂弗朗西斯·福山的《历史的终结及最后的人》，这里最重要的就是“终结”这个概念，包括恩格斯的《路德维希·费尔巴哈和德国古典哲学的终结》中的“终结”。

没有“终结”，就没有“过程”；没有“过程”，也就没有意义。

人生如同历史一样，都是一个可长可短，可能随时终结的过程。我们相信历史会比个人的生命长，是因为我们相信在自己去世后还会有他人。这个“他人”是广义的，并不局限于亲属、朋友。

这是一个事实，也是一种信念。

由此可见信念的力量。

这种力量既可能体现为想让自己的一切（至少是遗产）在他人身上得到体现，也可能体现为“他人”与我的联系只是一种理论意义上的信念。还是那句老诗说得好，“死去元知万事空”，至于后一句“但悲不见九州同”，只是当自己还活着的时候说给那些还活着的人听的。

当然，对只说“死去元知万事空”的人来说，也体现出一种信念，那就是对死意味着“空”与“无”的信念。

其实，那可怕的，无尽消逝着的时间本身就是“空”与“无”。

于是想到以某种“终结”的方式使“空”与“无”成为有内容、有意义的生命过程。

这就有了自杀。

自杀的原因很多，除了不堪忍受无休无止的折磨、痛苦、屈辱等外在的、让人不得不死的因素外，就个人的主观意愿而言，首先它表现为一种黑格尔所说的“任性”：我可以做任何事，包括自杀。任性也是一种自由，但它是抽象的，无内容的，就如那可怕的、无尽消逝着的时间一样。

前不久，华东师大政治系的江绪林博士、西安很有才华的中学历史教师林嘉文都先后自杀了，他们都采取了以自杀的方式来终结对自己而言的那种可怕的、无尽消逝着的时间。

刘擎教授在江绪林博士追悼会上留下了一篇将长久被人们所记住的悼词。

他希望这篇悼词也能终结那可怕的、无尽消逝着的时间，并使“死去元知万事空”的“空”与“无”变得有内容、有意义。

他做到了，做到了江绪林博士以死想做而未做到的事。

这说明真正的终结，能使“空”与“无”变得有内容、有意义的，只有文字。

思想不变成文字，只是内在的、个人化的私有财富，而财富的定义却在于公认和流通；一旦想说出来，一旦想获得公认，就不得不交流。变成文字就是一种交流的方式，而想交流的人一般来说都不会自杀。

有人把这归咎于抑郁症。也许从病理学上说是这样，但我还是坚持哲学上的一种观念：孤独、封闭，觉得一切都没有什么意思。

一个人为什么会抑郁？不知道。一个人要是知道了自己为什么会抑郁，抑郁就解除了。正因为不知道和不想知道，才孤独、封闭，孤独与封闭成为抵抗不可能知道，也不想知道的东西的铁门。在铁门后面的铁的事实，就是自杀。

我们不得不承认：现代社会变得越来越金钱化了。用金钱来衡量精神，只会使精神变得越来越贪婪、无知和在这意义上的一致与平均。

一致与平均是最使人感到自己无足轻重、可有可无的一种生存状态。

一种方式是关紧铁门，另一种方式就是设法突围。突围无望，死于突围的人很多，但总比把自己关在铁门里好。

关在铁门里的人不一定都自杀，也可以写作，让文字成为抵抗的武器。如果觉得写作也是无意义的，那就归隐山林，因为这里面也有一种信念，那就是“死去元知万事空”。

“空”与“无”有什么不好，有什么可怕？但只有当我还活着时，才知道“死去元知万事空”。

“知道”很重要吗？

对自己不重要，但对在人世间尚存在着的精神或意识来说，“知道”总还是重要的。无论做什么，写作、遗嘱、生死、自杀，难道不都是为了让人知道吗？就是“不是为了”，也总会被人知道的。这本身就说明了自己既然来到了这个世界，就已经被人知道了。这只是一个单纯的事实。人活在与他人的关系中，这个关系，最简单来说，就是知道。那么，我们就不得不顾及这个“知道”的后果。难道，我们真的就以为“消失了”就不再为人所知了吗？

3

历史的断裂，抑或最后的丧失

当我们这一代业已垂垂老矣的人回首往事时，所有的人，恐怕在这一点上都是一致的：这就是，一定是在什么地方出了错，所以才在过去的、几乎差不多三十年的时间里做了那么多的蠢事。这里的“蠢事”，也就指的是那些大家几乎都可以公认了的“蠢事”，于国、于家、于己、于人都无任何“好处”而只有“坏处”的“蠢事”。我们似乎没有标准意义上的“悲剧感”，而类似的、以完全喜剧化了的形式表现出来的“蠢事”却更多，比如20世纪50年代举国上下的“消灭麻雀”和“大炼钢铁”。为什么会这样？这里面一定是在什么地方出了错。至于这“错”出在哪里，可能各有各的看法，但一定是什么地方错了，这一点我想大家是没有什么异议的。

这“错”，还一定是很大的错，大到任何个人都无法承担的地步。对此，我们当然可以从政治、经济、文化、教育的各个领域进行分析，当然也应该从我们自身寻找原因，也就是说除过上述政治、经济、文化、教育对我们的“强制”或“塑造”外，我们个人在心理上、性格上，甚至在迷信、怯懦、缺乏独立思考的意识或习惯上也都有着各自不同的原因。但如果当时举国上下，几乎没有任何一个人可以说“当众人皆醉，唯我独醒”时，那就确实不再是用个人的“原因”可以搪塞的了。

现在需要提出的问题是：这个“错”（叫意识形态也好，叫哲学骗局也好，我们毕竟只能着眼于某种理论形态的探究）到底出在哪里？或者说，就我们这一代人当时的经历而言，它是必然的，还是具有很大的偶然性，我想这是一个任何想研究中国近现代史的人都回避不了的问题；其次，就是这个“错”，到底应该归咎于整个国际社会的普遍思潮（这并不同于我们习惯了的从国际形势讲起的惯常思路，而指的是就人性观、历史观、伦理观等方面对我们的无形支配），还是仅仅有着我们自身的原因。比如我们的传统文化本来就存有的许多缺陷，对皇权的顶礼膜拜或“五四”以来通过对传统文化大加讨伐而造成的以“自我贬损”来反衬“拯救之必要”的更大的缺陷。对此，我想大家的看法并不统一。今天学界正在进行的对启蒙运动、对现代性，包括对马克思主义的反思，所反映的就是这样一种情绪：即将中国的问题纳入近现代世界思潮的范围内进行反思。这样一种倾向对于我们认识我们自己的“错”之所以是必要的，就在于我们事实上已经无法把发生在中国的事与世界各国，特别是西方世界的事或其他“社会主义阵营”里的事区分开来。我们现在已经知道，当我们关起门来进行我们的“文化大革命”时，其实世界各国也都正在发生着各种各样的“学潮”或“罢工”“罢市”“造反”“夺权”之类的事件。我的手头就有一本英文书，题为《1968：行进在大街上》（*1968：Marching in the streets*），作者是 Tariq Ali 和 Susan Watkins，里面从 1968 年的 1 月一直说到 12 月，几乎是逐日讲述，有插图，包括发生在中国的事。看这本书时，人有一种强烈的感觉，这就是整个世界在 1968 年都“疯了”。在这本书的“前言”中印有一本《黑小子》（*Black Dwarf*）杂志 1968 年 6 月首发的封面，上面有一群人举着旗帜占领了一个什么地方，上面写着：“我们将战斗，我们将胜利，巴黎、伦敦、罗马、柏林……”口号下面有一行字，说“这就是时代精神的反映”。尽管没有提到北京，但我们都知道，1968 年发生在北京的事才更能体现出“我们将战斗，我们将胜利”的“时代精神”，因为正是在那一年，我们自认为实现了“祖国山河一片红”。

后来，在更多的研究纳粹大屠杀的学术著作中，我们也看到了不少思想家们已经不再把发生在德国的事仅仅认作德国的事或希特勒的事，而是往往要从法国大革命（恐怖主义如何与革命如影随形），从腓特烈大帝（作为一个权力政治家是如何使军事服从于政治的，这与希特勒完全不同），从俾斯麦（作为一个内阁政治家又是如何想使军事管理从属于文官政府的，这在实际上也是对以后的希特勒主义的抵制），从兴登堡（个人性格上的优柔寡断如何在历史的转折关头，使偶然性顺应了德国和整个欧洲精神的普遍野蛮化）等处说起，也就是想告诉我们，以前所有的奠基为什么这么快地在希特勒上台后就土崩瓦解。其中最引人注意的，就是政治与军事（为什么在1890年俾斯麦去职之后，军务就有了不再从属于政治家的趋势）、权力与伦理（二者的冲突及权力的邪恶本性）的关系，就是德国的民族主义取向及其对政治史的强调，以及唯心主义的哲学传统到底在这中间起了怎样的作用。所有这些，并未给人为纳粹德国在二战期间所犯罪恶“开脱罪责”的感觉，恰恰相反，正是通过这些研究，我们对发生在德国的事才有了更为深入的理解（比如体现在某些高级将领、高级官僚和教会人士身上的德国和普鲁士保守传统中最优秀的东西，对希特勒的广泛抵制以及这种抵制如何不得不屈从于大众舆论的压力）。因为它让我们看到了现代工业社会是如何通过一种整齐划一的社会模式，使那种作为社会底层的“大众文化”成为了一种“野蛮文化”的，看到了技术化、官僚化时代普遍的“非人化现象”。在强调民族强盛的同时，忽视了权力的邪恶本性，把现代性本身所要求的世俗化运动，演变为一种推进大众运动的军国主义。所有这些，都越出了德国的界限，而使之成为对这样一个问题的思索，即我们本来就有的对人性、历史、传统的信念，到底是如何丧失的。如此等等，都给人许多新的启示。

当然最重要的，还是纳粹德国的浩劫所给予德国人的历史的断裂感。

希特勒的出现和纳粹的兴起切断了德国历史，使得所有的人都不得不重新评估自己的历史。这里的“自己”指的是民族还是国家？自黑格尔以来，比如在俾斯麦那里，所强调的就是国家，认为国家有比民族更高的价值，因为“德国”从来就不是一个纯正的日耳曼国家，它一直包含着斯拉夫人和东部波罗的海人等在内的许多民族。但从什么时候起，“爱国主义”在无形中演变为“民族主义”

了呢？这一定又与在黑格尔那里所强烈表现出来的对传统文化、对伦理习俗、对民族利益高于一切的强调有关。而且，当黑格尔把国家（以实力为依托）视为一个更大范围，也就是全人类的绝对精神在自我实现时所不得不借助的工具时，按照格奥尔格·伊格尔斯的看法，“这就为一种崭新的和更加激进的马基雅维利主义奠定了基础”。所不同的只在于，马基雅维利认为国家理性是超出道德领域之外的，而在黑格尔那里，国家恰恰是道德世界之所以成为可能的基石。[①]

但不管怎么说，在黑格尔那里，国家与道德还是联系在一起的。从什么时候起，政治伦理与政治生活的现实发生了脱节？当历史世界在伦理道德上表现为彻底的非理性时，人们也就不得不让价值从属于时间或不同境遇中的不同个体，从属于生命的机能和权力的意志，从属于不同的相对封闭的文化，而不再相信历史能向我们昭示出某种普遍性的超越性价值了。

这普遍性的超越价值到底指什么？齐泽克曾仿照康德“思维无内容则空，直观无概念则盲”的语式，说了另一句话：“道德无政治则空，政治无道德则盲。”

就人类的社会生活而言，恐怕最重要的就是道德与政治及其关系了。

但历史真有方向，真有进步，而且其方向、其进步真的使历史在道德与政治上呈现为一个有意义的过程，一个既具有客观性，又能被人所认识的客观规律吗？

---

① 伊格尔斯：《德国的历史观》，彭刚、顾杭译，译林出版社，2006年，第280页。

当战后的德国，当现在的我们，都忽然对海德格尔发生了巨大兴趣时，觉得人确实没有普遍本质只有个体存在，而且任何个体都不是基于历史（过去发生的事情）而是基于面向未来的决断而创造出历史（这时的历史其实指的就是与人的创造活动密不可分的历史性），人类个体也就既无法超越时间的根本处境，也无法超越历史处境中的既定价值。伊格尔斯说，这是与西方文明的人文主义传统的彻底决裂，它不但说明德国唯心主义哲学的永恒价值破灭了，而且也说明在德国有着深厚底蕴的历史主义也就此走到了“历史的尽头”。[①]

在我们这里到底发生了什么?

在学理上，我觉得我们与战后的德国有很多相似的地方，但完全不同的方面或许更为刺目。

首先一点，就是历史的断裂感。

我们无疑早已感受到了这种断裂，感受到了时间的非连续性。

借用海德格尔的一个术语，我们完全是“被抛入”这样一种境况之中的。我们甚至可以说历史抛弃了我们或我们抛弃了历史，总之历史在我们这里丧失了，“现在”从“过去”手中溜走了，我们成了一种赤裸裸的、无依无靠的存在。

我们与我们的上一辈人是断裂的，我们的下一代与我们也是断裂的。“80后”或“90后”之类的概念的迅速流行，说明这种断裂的加速越来越为人们所认可，而且谁都意识到对这种断裂的感觉主要体现在下一代人身上。这里的断裂，就指的是一代人或半代人与

---

① 伊格尔斯：《德国的历史观》，彭刚、顾杭译，译林出版社，2006年，第333页。

另一代人或半代人之间已越来越没有了共同的语言。这里不仅指的是学理上可以讨论的“学术话题”，更指的是就发生在身边的事情。比如，现在的大学生，到底有多少人对决定了他们父母乃至爷爷奶奶那一辈人一生命运的事有兴趣？今年（2006年）9月9日是毛泽东逝世三十周年的日子，我问了我身边所有的人，没有一个人知道这在当初对我们这一代人意味着什么，甚至不想知道。我不相信这样的孩子会对更加遥远的古代文化产生兴趣。一个可怕的完全技术化了的大众社会的出现，已经使得断裂不再只是一个时间的概念，而且也成为了一个空间的概念。因为“技术化”，比如电子技术，本身就改变了人们的空间意识；而居住在高楼林立的公寓间内，又自然而然地切断了人与人的交往，加上本来就没有一种正常交往的氛围和环境，我们心目中的那种其乐融融传统和某种田园化了的“回到”式的渴望只能是空中楼阁。因为整个社会正在疯狂地加速着某种现代化的进程，这就是释放出更多依旧披着“大众”外衣和“通俗”享乐的日趋野蛮的力量。康德曾说过，在任何时候，人变得开化总要比变得道德快得多，而我们，却依旧把开化理解为道德，因为我们封闭得太久太久。

“改革开放”是一个早被人们说腻了的词，但“开放”要比“改革”重要得多。“改革”在任何时代都有，只是深浅形式上有所不同而已；只有“开放”才标志着空间关系的改变，首先是国门的开放，其次是人与人的心灵的开放。也正是这种改变，才使得思想的“原创”成为一个问题，因为它必须是某种具有“开放性”的一般原则：我们以此原则来为我们的信念辩护，来解释被纳入我们视野中的一切变化。而哲学，说到底不过就是为着这样的一般原则而展开的辩论，它主要是逻辑上的自洽，一种形式上的要求，但又必须是时代精神的体现（这是黑格尔的说法）。

问题就在于我们对我们的时代有所意识吗？

又回到了自我意识的话题。

我承认，相对于四十多年前的我们，现在的我们无疑更多地意识到了并不断审视着一个已经快变得越来越不认识了的自己。

但我依然不知道这种对自我的意识是必然的，还是仍在一种巨大的偶然性中。

回头想想，似乎只有在 20 世纪 70 年代末和 80 年代初，自己才有一种走在“正常轨道”上的感觉，那时可以真切感受到人心是呼应的，上下呼应，左右呼应，无论什么事，总有理可讲，大家也普遍觉得“再也不能像过去那样了”，尽管“过去”到底指一种什么样子（无私？忠诚？听话？愚昧?），在不同的人那里有不同的想象和感受。但就我们生活的客观环境而言，贫穷总是有目共睹的。而现在，“贫穷”对某些人来说已不复存在，但与此同时，也就反衬得另一些人的“贫穷”更加不能容忍。“过去”就曾反复宣传给我们的历史乐观主义，不但终于堂而皇之地披上了技术化、工程化、管理化、现代化的宣传外衣，而且似乎更盲目、更疯狂、更不顾一切了。德国人在战后所思考的政治与权力、国家与道德、人性与历史等方面的问题，在我们这里也早就不成其为问题了。

那么我们的无私、忠诚、听话、愚昧改换成什么了呢？我们可为此找到一个普遍性的原则进行辩护或解说吗？

到底是哪里出了错？

如果说四十年前的我们完全是糊里糊涂地在干着“蠢事”的

话，现在，应该说，在很多事情上大家心里还是清楚的，也有了自认为必须坚守的“底线”。当然，大家也就有了分歧，越来越多的知识分子分道扬镳，而且势如水火。

于是，我就又想到了一个“体制内”与“体制外”的区别问题；换成哲学史上的一种普遍现象，也就是“学院派”与“通俗派”的分野。

我们都知道，中世纪后期，当经院哲学发展到一定程度时，势必会出现理性与信仰的分离。而经院哲学所造成的知识分子的专家政治也势必面临人文主义知识分子的挑战，他们共同致力于把政治从道德中解放出来，而其前提，则是在法律与道德相分离基础上的世俗国家的自主性。这里面有一个特点需要我们高度注意，这就是新出现的人文主义知识分子大都游离在大学之外。（在英国占领时期，巴黎大学对圣女贞德的审判与处决，也使得当时的大学变得更加臭名昭著。但使我们的大学变得臭名昭著的个案还少吗?）或者，由于大学不得不向人文主义者开放，经院哲学（以亚里士多德为旗帜）在人文主义者（以柏拉图为旗帜，因为柏拉图是他们心目中的诗人和剧作家。亚里士多德与柏拉图之争，在这里就成了哲学与诗之争）的进攻下，也就节节败退，到最后，传统的、与所谓的“纯粹神学”紧密相连的大学和大学讲师，也就不再拥有对精神生产与高等学校课程的垄断权。一个新的知识分子类型即所谓的人文主义者出现了。这是中世纪后期最为显著的一个精神现象。雅·布克哈特在《意大利文艺复兴时期的文化》一书的最后说，当中世纪的神秘主义与柏拉图主义合流，一种典型的现代精神就出现了，一个关于世界和人的知识的最宝贵的果实也就成熟了。

我也清楚记得，20 世纪 80 年代初，当我还是“学院”中的一名知识分子时，就见到了一些“学院外”的“人文主义者”四处游说，走南闯北。当时就大为惊讶，觉得真正的希望在他们身上；而相对于他们，我们则类似于一批以所谓的马克思主义为经典的“经院哲学家”。

那是一个相对来说思想比较混乱，但又萌生着各种可能的年代。应该承认，由于种种原因，我在思想感情上更靠近这些“学院外”的人文主义者。也正是学院外的人文主义者使得历史、文化、语言成为了哲学的话题，并以话题的“多元性”来瓦解所谓纯粹思维的一元性。

哈贝马斯认为是康德最先把哲学的“通俗概念”（涉及人人都感兴趣的东西）与作为理性认识系统的“学院哲学”区别了开来；而黑格尔自己恰恰是第一个把带有时代诊断特征的哲学通俗概念与学院概念融为一体的哲学家。① 这就是说，到康德那里，也还并没有把自己的时代当作一个我们必须加以讨论的“现代”问题来讨论，但他已经意识到来自赫尔德、哈曼对他的挑战。这从康德在《历史理性批判文集》中对赫尔德《人类历史哲学观念》的反驳中就能看出来，比如，他认为在赫尔德心目中的历史，“并不是某种概念给定上的逻辑准确性或者是对原理的绵密分辨和验证的概念，而是一种转瞬即逝的、包罗万象的观点，一种在类比的发掘方面的丰富智慧”；而在哈曼的一封致克利斯蒂安·雅科布·克劳斯的信中，哈曼就不无讽刺地说，也许“向一位教授逻辑和纯粹理性批判

---

① 哈贝马斯：《现代性的哲学话语》，曹卫东译，译林出版社，2005 年，第 60 页。

的教授提醒定义的规则，简直就是严重冒犯”。但康德的有关启蒙的“定义”（敢于认识自我招致的不成熟，要有勇气运用自己的理智以及理性的公共运用），“只不过是一块餐后甜点，而且是一块奢侈的甜点；而理性的私人使用则是我们为了理性的公共使用而应该放弃的每日面包”。他说，他的三个女儿在读了康德的这篇文章后，都说她们“宁愿要不成熟的天真，也不愿做监视者唯唯诺诺的或被收买的仆人”。① 哈曼的女儿们所说的话，也就是中世纪后期人文主义知识分子们所说的，宁要神圣的或博学的“无知”也不做亚里士多德的“唯唯诺诺的或被收买的仆人”的意思。这说明，时代的特征又在重复，作为一位伟大的启蒙思想家的旗帜的康德，在哈曼（至少在哈曼的三个女儿）眼中，又如中世纪的经院哲学家一样，扮演着一位“公开”的“监视者”的角色。而现在的“反叛者”，则需要的是更多的“无知”和“私下”。

请注意，赫尔德和哈曼恰恰也是有如中世纪后期的人文主义者一样的“非学院派”。哈贝马斯说，这一切意味着“康德并没有意识到理性内部的分化、文化形态的划分以及所有这些领域的分离等就是意味着分裂”，没有意识到“一旦现代被看成一个历史时代，换句话说，一旦现代意识到脱离过去和必然的规约，自力更生地创造规范就成了一个历史问题，而且哲学不得不面对这种需求”。②

黑格尔显然意识到了这一切。所以他的“绝对”作为“主体”，其本身就是一种一体化的力量，他称之为“伦理”，以区别于个体

---

① 参见詹姆斯·施密特所编的《启蒙运动与现代性》一书中康德的文章和哈曼的信，徐向东译，上海人民出版社，2005 年。

② 哈贝马斯：《现代性的哲学话语》，曹卫东译，译林出版社，2005 年，第 24 页。

的“道德”，并认为一个伦理共同体的生活环境是所有人生存的基础。“黑格尔认为，他所处的时代特征是古典模式发生了崩溃。因此，为了调和四分五裂的现代，黑格尔预设了一种伦理共同体，它不是从现代土壤中生长出来的，而是源于原始基督教的宗教团契和希腊城邦对过去的理想化”。他用“爱的共同体”所表现出来的主体间性的一体化力量，来对抗以主体为中心的理性的权威。[①]

我们在这里既能看到胡塞尔的影子[②]，也能明显感受到两人的不同，这种不同，从最直观的语言来说，就是黑格尔要把康德所谓的哲学的“通俗概念”吸纳进他的哲学体系，而胡塞尔则对此持一种置之不理或存而不论的态度。也就是说，相比较而言，黑格尔脚跨“学院”与“通俗”两个领域，整个是一种“调和”的思想姿态，而胡塞尔在同样感受到古典理想业已崩溃的情况下，所想维护的却是“学院派”的纯粹科学性。

黑格尔死后，学院哲学与通俗哲学再一次分道扬镳，而且是空前激烈的彻底决裂，站在通俗哲学或“非学院派”一边的。在哈贝马斯看来，有费尔巴哈、卢格、马克思、鲍威尔、克尔凯郭尔，以及后来自动放弃巴塞尔教授职位的尼采。

如果我们再看一下靳希平和吴增定所著的《十九世纪德国非主流哲学——现象学史前史札记》，就会发现，当黑格尔哲学一统天下时，“非学院的”哲学力量其实很大很大，只不过并不为人所知或多被我们遗忘了而已。

---

① 哈贝马斯：《现代性的哲学话语》，曹卫东译，译林出版社，2005 年，第 35 页。

② 胡塞尔认为“单子生活的最高形式就是‘精神的爱和爱的共同体’”，参见倪梁康：《胡塞尔现象学概念通释·爱的共同体》，商务印书馆，2016 年。

但对我们的社会生活影响最大，而且可以说进一步“造成了混乱”的，恰恰正是这些通俗的或非学院的哲学家。比如，马克思和恩格斯就在《共产党宣言》中说：“一切固定的古老关系以及与之相适应的素被尊崇的观念和见解都被消解了，一切新形成的关系等不到固定下来就陈旧了，一切固定的东西都烟消云散了，一切神圣的东西都被亵渎了。”

胡塞尔站在“学院派”的立场上拒斥着“通俗派”的“亵渎”；而海德格尔则从“学院派”的传统问题（比如“存在”问题）出发，再一次企图吸纳“通俗派”的见解（比如“存在者”问题，诗意表达的问题）。这就是导致他们二人分歧的一个方面的原因：这种分歧，在某种意义上也类似于经院哲学家与人文主义者的不同，亚里士多德与柏拉图的不同，类似于康德与黑格尔的不同，哲学与诗的不同，学院派与通俗派的不同。这种不同在不同的历史时期应该有着非常不同的表现形式。

在我们这里，儒、道、释、法的“学院形式”与“通俗形式”是一直交织在一起的。正因为阵线并不分明，所以我们的理论形态既得不到完善，瓦解的力量也得不到发展。有无数的文人学士思考过“居庙堂之高”和“处江湖之远”时的不同心境，思考过“穷则如何”与“达则如何”的处世方式。之所以如此之难，就在于它总是与权力结合在一起。

说真的，不讨论政治与法、权力与道德的关系，不对权力的本性有所认识，不开放“学院”与“通俗”的沟通渠道，我们的“思想原创”和“学术见解”要想得到进一步的发展，几乎是毫无希望的。

黑格尔是近代哲学家中第一个、也许是最后一个想把学院派与通俗派调和起来，而且看起来也在体系上取得了成功的哲学家。黑格尔之后，对于晚年的胡塞尔来说，当他写作《欧洲科学危机和超验现象学》时，他也想做与黑格尔同样的工作，但所依据的却并不是“绝对精神”，而是“纯粹意识”。这一努力的“好处”是使哲学更具有了纯粹的科学性，而且把对意识的研究大大推进了一步（如意向性问题）；“坏处”是从一开始就使“主体间性”成为一个几乎无法解决的问题。因为正如他在《欧洲科学危机和超验现象学》中所说，前科学的事物的各类形状也是统一体，但由于这种统一体只是作为事实被给予，还缺乏规定性，所以也就不是“主体间”（主体际）可共有、可交流的；但这种规定性靠的是概念和量值关系上的统一。如果说在自然科学中还存在着这种可能性的话，在“通俗派”心目中的“传统”“伦理”“诗”与“信仰”上，就很难达到胡塞尔所理解的共有和交流了。

但在我对胡塞尔著作的阅读经验中，留下最深刻印象的还是直观、描述和生活世界这三个概念，而且我觉得这三个概念也就是理解胡塞尔想回应时代问题，想回应通俗派哲学所提出的问题的钥匙。

关于在胡塞尔那里的“直观”（我这里更多强调的是通过知觉实际被给予、被经验到的前科学、前概念、前理论的自然事实）、“描述”（指的是那种超出直观，即只有通过猜想、推测、想象才能使部分与直观中的自然事实成为整体的一部分的表达方式）与“生活世界”（既是一个内在的、主观经验着的，也就是时间化了的相对的世界，又是一个以“自我”为中心，按照远近亲疏的空间关系而变得形式化了的世界），我已在一篇提交给现象学会议的论文中加以阐述。这里不再赘述。

我考虑的问题更多集中在文化、历史、语言与哲学的关系上。自从我们不得不从文化、历史、语言的角度思考哲学问题以来，哲学也就不得不失去了其“学院派”的独特（或纯粹）特性，而成为了一种“服务性”的“认识论”或“方法论”。

我想，马克思和恩格斯在《德意志意识形态》中所使用的“意识形态”或“哲学骗局”，大约就是针对着哲学的这样一种“服务性”的“变形”或“特质”而言的。

服务于什么？不外是权力与道德的角力。

按照黑格尔在《法哲学原理·序言》中的说法，在权力与道德的关系中，有着意志与自由的关系；而意志与自由又被他统一在法的概念之中。也就是说，哲学必须追问法的真理，这真理应该是“不新不旧、持久不变的东西”。这真理包括两个方面的需要：一是对于世道教化和人心警醒而言，我们需要不断地“炒冷饭”，黑格尔把这项工作等同于阐述、传播正确的观念，而且这种阐述与传播本身也具有“好像带来了新的前所未闻的真理”的感受；再就是由于这类真理总面临其他方面提供的同样的真理的挑战和排挤，所以就需要“从那些形式靡定、反复无常的”阐述和传播中“提取恒久不变的东西”。

我个人认为，我们所说的“思想原创”本身就包含着这两个方面的内容：一是重新阐述、不断传播；二是在阐述与传播中同时也要意识到“其他方面提供的同样的真理”。

这里所说的“其他方面提供的同样的真理”，在我看来，主要是文化、历史和语言所给我们提供的真理；而这些真理，都具有着“形式靡定、反复无常”的相对主义的特征。因为文化、历史、语言本身的相对性就决定了这三个领域中的真理的相对性。而我们现在所理解的真理，事实上都来自于文化、历史、语言所给予我们的真理。离开了这些领域，我们也不相信还会有别的或另外的“抽象真理”。

人类生活是文化的，我们的生命植根于我们在历史中通过语言而继承并发明、创造的观念中，并通过不断地再传播和再解释而赋予我们的存在以更为具体的形式和内容。

我们就是被来自文化、历史、语言的观念塑造而成的，我们怎么可能从中“超越出来”获取一种“不新不旧、持久不变的东西”，这就是哲学的问题所在。

到底哲学是为文化、历史、语言提供共通性的基础或依据，还是哲学本身不过是文化的（文化哲学）、历史的（历史主义）、语言的（语境主义）的产物?

从根本上说，哲学与宗教一样，应该超越此世的文化、历史与语言，但又必须以此世的文化、历史、语言为依托。一方面，我们相信人不能跨越有限与无限、人与神的界限，也就是说，所谓人，就指的是生活在一定的文化、历史与语言中的人；另一方面，我们又相信不同的语言其实表象着同一种实在，无法沟通的只是文化与历史的差异。而相对于这种差异而言，我们也相信对任何一个民族或任何一个时代的人来说，生存问题都是一样的，差异只表现为解决的方式或作出的回答有所不同，这种不同又与语言的塑造密不可分。于是，这里面就有一种循环。胡塞尔在《欧洲科学危机和超验现象学》中用了很大的篇幅来解决这一循环问题，认为“通过一种高于生活的朴素性的反思，正确地向生活的素朴性回归，是唯一可能的一条克服那种处于传统的、客观的哲学的所谓‘科学性’之中的哲学素朴性的道路”。①

我自己深切感受到我们在这种“高于”与“回归”中的学术传统已经断裂，所以我们既不知道“如何高于”（这涉及对哲学的理解），也不知道“回归何处”（这涉及对自己的民族传统文化的意识）；既不知道“高于”就是“高于时代的需要”，也不知道“回归”就是对直观、描述与生活世界的固守。而黑格尔所谓的“两种原创”（炒冷饭与寻求不新不旧、持久不变的东西）在一种丧失了学术热情的环境中其实都是毫无声息的。

在历史的断裂与彻底的丧失中，也许会有一种生活的素朴性的自然呈现。但这很可能将是很久以后的事了。

但愿它还能存留在人们的心中。

---

① 参见胡塞尔：《欧洲科学危机和超验现象学》第 9 节最后，张庆熊译，上海译文出版社，2005 年。

4

“待从头，收拾旧山河”

四十多年来，冯天瑜先生慢慢做着自己手头的事，有对历史人物的再评传（如张之洞），有对重大历史事件的重新梳理（如辛亥革命），有对《中华元典精神》的进一步追溯与探源，也有对事关总体性的核心概念（如“封建”或“封建社会”）的系统考论，当然也有对《明清文化史》和《中华文化生成史》的全面讲述。所有这一切，并不是无人做过，而是自20世纪80年代以来，当一个新时代再次拉开它的历史帷幕之际，对中国文化史研究的“再出发”。

“再出发”，给人一种退回原点，重新再走的感觉。那也就是说，原来已经走过的路错了。错在哪里？方向？说“方向”，问题似乎很大，其实也很好理解。我的两位导师（陈修斋、杨祖陶）20世纪70年代后期都曾被从农场召回，说是要重写西方哲学史，写奴隶们所创造的西方哲学史。于是苏格拉底、柏拉图、亚里士多德等就都要不得了。最后的西方哲学史会是什么样子，大家可想而知。中国的历史研究也差不多，比如要歌颂农民起义，从陈胜、吴广一直到太平天国、义和团。这样的事也不是没有人做过。但仅仅说“方向”不对，依旧很抽象。具体想想，涉及一系列从事研究的概念图式。离开了这些概念图式，我们其实无法面对任何的具体的人物、事件。当年周树人（鲁迅）在日本学医，脑子里有了进化论、国民性和个性解放的概念框架，所以一出手就不同凡响。当然，阶级斗争、经济基础、上层建筑、左派、右派、进步、保守之类的概念框架对我们的影响更大。这里就不细说了。那么，冯先生的“再出发”，一定伴随着对自己所走过的路的“再反思”，而且，他所重新依据的又是一些什么样的概念框架或概念图式呢？

我以前只知道冯先生是从事历史研究的，看了他的书，方才明白他心目中的“历史”，其实是文化史。“文化史”与“历史”最大的不同，就是更偏重史实、史料、事件、人物在历史上所具有的“文化意义”。“历史”是一个介乎考古学与历史文化学之间的概念，历史文化学又是一个介乎历史学与哲学之间的概念。考古自然是发掘真实的第一现场。但发掘是无止境的，我们谁也不知道还会有什么东西埋在地下，不为人所知，因为我们毕竟是一个有几千年历史的古老大国。历史根据所发掘的真实和对现存的典籍进行研究，重在复现历史原貌，当然前提也是区分真假；历史文化学则在真假的基础上讨论其所具有的意义。说到文化，说到意义，就与语言、表达、描述、论证的方式（也就是上面所提到的“概念框架”）有了更密切的关系，于是也就更靠近了哲学研究的话题。哲学把“真假本身”当成了要讨论的问题，当然还有美与善以及社会秩序、政治哲学等方面的问题。总之哲学关心的是概念是如何在日常运用的不断解释中逐渐具体化的，所以哲学的本质特征应该定义为怀疑与批判（康德意义上的批判）。我发现冯先生也在做着同样的事。这恐怕也就是我对冯先生的这些书大感兴趣的一个学理上的原因。

中国文化史研究的“再出发”，除了前面所说的“回到原点，重新开始”的含义外，还应该视为对一种信念的坚守，一种有关中国文化史的研究已经到了可以、必须、能够“再出发”的信念；这种信念可以有深浅、繁简之别，也就是说，看我们能说到哪一步为止（这几乎是一个无止境的过程）。当然，这一切都取决于我们的反思，对自己和世界的重新认识。为什么会有这样的信念？当然来自一种直觉。这种直觉也许积压了很多年（我相信冯先生是积压了很多年的），也许就是今天的事。反正这种直觉告诉我们不重新梳理、阐述这些历史事件、人物、概念在中国历史上的文化意义已经实在不行了。这种信念从何而来？哲学家们常常会给人们造成一种假象，以为是从某个自明的前提推导而来，历史学家们也让我们相信是因为有着这样那样的历史事实和文化典籍作证。其实，所谓自明的前提依然是直觉的产物，而历史事实，包括出土文物，且不谈对“事实”的判断何其复杂，就是对这些事实所可能具有的意义，也肯定无法众口一词。

对直觉中的信念进行论证，或主要是逻辑的，也就是哲学的，或主要是事实的，这就是历史文化的。在英国当代著名的语言分析哲学家彼得·F. 斯特劳森（Peter F. Strawson）看来就都是一种形而上学（metaphysics）。我们都知道，在西方哲学史上，自有了分析哲学（主要是英美哲学）以来，反形而上学就始终是分析哲学的一个标志。但自蒯因（W. V. Quine）开始，分析哲学反形而上学的立场便发生了动摇。因为蒯因告诉我们，语言分析不但分析命题的逻辑结构，也要对命题所涉及的存在物（存在）做出某种承诺。他在《从逻辑的观点看》中说，存在命题的意义不仅包括对这个命题逻辑结构的分析，还包括对这个命题所涉及的存在对象的承诺。[①] 到斯特劳森，问题更推进一步。他不但明确肯定了形而上学的历史地位，而且把自己的思想就命名为形而上学，一种“描述的形而上学”（descriptive metaphysics）。在《个体》一书的《导言》中，斯特劳森区分了两种形而上学：描述的形而上学与修正的形而上学。“描述的形而上学满足于描述我们关于世界的思想结构。修正的形而上学则关心产生一种更好的结构。”前者如亚里士多德和康德，后者如笛卡尔、莱布尼茨、巴克莱。休谟很难定位，因为他一方面是描述的，另一方面又是修正的。但总的来说，“也许实际上并没有任何一个形而上学家，无论是意图上还是效果上，曾经完全是这一种或那一种”。[②]

我为什么要概述斯特劳森的这些话呢？因为还是斯特劳森，在《个体》这本书的最后说，只要出于对自己的直觉信念的论证，就都表明了他心目中有一个概念图式，表明他的论证不过是对这一概念图式的结构的论证。而这种论证，无论是好的、坏的，或无关紧

---

① 参见斯特劳森：《个体》“译者序”，江怡译，中国人民大学出版社，2004 年。

② 参见上书“导言”。

要的，都始终是形而上学。这是这本书的最后一句话，也表明了他为什么会把自己的语言分析哲学称之为形而上学（描述的形而上学）。其根本的原因，就在于作者在描述自己心里的概念图式，而这一概念图式的结构是与存在着的事物的结构相一致的。

说“概念图式的结构与存在着的事物的结构相一致”，这句话很抽象，而且有“唯我论”之嫌。斯特劳森自有他的解决途径。解决“唯我论”的是使用公共语言的“世界之我”的概念。至于概念的抽象，就靠用别的更细化的殊相去理解它。在他看来，“存在着的事物”就指的是世间万物的“基本殊相”（basic particulars），只包括物质物体和人这两大类。在哲学上，“殊相”是一个与“共相”（universals）相对应的概念，一般也就理解为特殊事物或个别事物。在分析哲学家那里，只有殊相才是可经验的（注意英美哲学的经验主义前身），才是具有多样性、丰富性、稳定性和持久性的事物。他们反形而上学，也就是反共相的存在论（柏拉图以及中世纪后期的唯实论）。在传统的分析哲学家那里，殊相在句子的主谓结构中只能是主语，而共相则是谓语。如黑格尔最喜欢说的“玫瑰花是红的”（斯特劳森则喜欢说“苏格拉底是聪明的”），“玫瑰花”是殊相，“红的”是共相。一般来说，殊相只能做主语，共相（或加上一个殊相）却可以既做主语，也可以做谓语。比如“红的玫瑰花最好看”（智慧是苏格拉底的品质）。反正语法上说主语具有一种指称作用，但“智慧”显然又不是一个存在物，所以在斯特劳斯看来，一个句子要有意义，一定总会把某个殊相引入句子，没有殊相，句子则无所指。殊相告诉我们这里指的是什么存在物；谓语就起到描述它，刻画它，把某物赋予它，断定其中的东西，谈论关于它的东西的作用。[1] 于是在共相里面又可以再区分为“类共相”（名词）和“特征性共相“（形容词或动词）。[2] 这些论述说起来有些复杂，而且主要是依据西语的语法规则而言的，中文自当另有一套说法。我只是想表明，在冯先生的这些书中，我有一种明确的感觉，就是他更注意的是“殊相”所指称的、可经验的外在事物；至于国家、民族、文化这些“共相”之词也是通过历史叙述在引入大量“殊相”之后而使之具体化的。只有把殊相作为主词，然后才能把后面的一系列论述都作为“谓词”加以展开。逻辑主词就是指称对象，指称对象就是具体的人（如张之洞）或事（如辛亥革命）。说辛亥革命的书已经很多，但如冯先生这本《辛亥首义史》这样“具体”为刘公、孙武的共进会，蒋诩武、王宪章的文学社，则使“辛亥革命”这一普遍熟悉的用语进一步特殊化或具体化了。还有 1911 年 10 月 10 日夜，驻扎在武昌城内墩子湖（今名紫阳湖）东侧的工程第八营率先打响起义枪声，而具体开枪的人并不是孙中山等人所说的熊秉坤（熊自己也多次说过是他开的第一枪），而是共进会员程正瀛。程 1916 年在党人内争中被贾正魁处死，沉入长江。于是熊秉坤便名正言顺地成为了打响武昌起义第一枪的人。冯书的大量考据都可视为“谓词”，为的就是要论证主词所指称的那个人，这个人并不是孙中山所说的熊炳坤，而是早早丧身内乱的程正瀛。“封建”是一个共相，但《“封建”考论》一书一开始就是“释封”“释建”（就如“文化”一开始也是“释文”“释化”一样），接着就

---

① 斯特劳森：《个体》，江怡译，中国人民大学出版社，2004 年，第 99 页。
② 同上，第 119 页。

是西周、东周，于是立刻就使得“封建”这一概念成为了一个殊相，一个只属于重新认识中国历史的主词。如此等等，如何把要讨论的问题聚焦于殊相（具体的个别之物），让殊相作为逻辑主词，然后对其做出确证性指称，其实是冯先生这些书的一个很大的特点。而“封建”“宗法”“皇权”和“文化统制”则是几个处于核心地位的概念框架。

所以我觉得冯先生的这么多书，特别是他的《中国文化生成史》，其实也是一种描述的形而上学，因为他心里先已有了他自己的一套概念框架，然后通过描述它而去整理、认识客观存在着的事实（地理与人文、大陆与海洋、农耕与游牧、从领主制到地主制，等等），描述人们行动的意向、感觉、思想和情感、知觉和记忆，如此等等。这听起来有点像康德。是的，在斯特劳森看来，心目中的概念框架，最为重要的，首先就是一维的时间和三维的空间，它们保证了外在事物的存在（最基本的外在事物就是物和人的身体）。这就解决了笛卡尔的身心二元论。然后，再用价值的概念框架去分析和归纳人的意识活动中的尊君与重民、阳儒与阴法、政学与技艺，等等。所有考古的发现，典籍的阅读、理解，都纳入他对中国文化史分期的划分，服从于他对中国的文化前瞻。没有一套新的概念框架，就不会发现内圣与外王、伦理与政治、民本与君本的角力，不会把户籍、里甲、地籍等制度性建构归结为“民治论阙如，治民术发达”，不会有现代性拷问下的文化自觉，不会直面《易经》与莱布尼茨的二进制，李约瑟悖论以及马克斯·韦伯关于“工业革命为什么不会发生在中国”的质疑。

冯先生的《中国文化生成史》（上下两册），在动态中看中国文化的生成。“生成”当是一个无尽的过程，描述这一过程，也就是描述他直觉中的信念。这信念也许只是一个古老的真理，千百年来可能有无数的先哲们以各自的方式表达过。斯特劳森在他的《个体·导言》中说，在描述自己心里的世界图景时，“如果没有新的真理被发现，也会有古老的真理被重新发现”，因为我们一直在用非永恒的术语描述着永恒的关系，“这既反映了思想的时代特征，也反映了思想者个人的思想风格”。到底是思想的时代特征更强一些，还是思想者个人的思想风格更强一些？也许应该说，冯天瑜先生通过他的研究，呈现了诸时代的文化变迁，其间也彰显了他对时代文化的个性化理解。这也许是另一个更有意思的话题，因为它真正涉及个人与时代的关系。

5

事关生死的真相与谎言

经友人推荐，我在电脑上看了法国电视台Mars Films公司拍摄的一部电影*Frantz*，译为《弗兰茨》，导演是欧容（Oeon）。

故事情节并不复杂：1919年，在德国的一个名叫奎德林堡的地方，一位年轻美丽的女性安娜去为自己在一战中阵亡的未婚夫弗兰茨的陵墓献花，在那里发现已经有人献了一束玫瑰。后来发现献花者是一位法国男子，名叫阿德里安·里瓦尔。弗兰茨的父亲是一位医生，一天，来了一个人，这位老弗兰茨发现他是法国人，就拒绝为法国人看病，说“每一个法国人都是杀害我儿子的凶手”，这位客人说“我就是凶手”，然后就走了。在奎德林堡，由于他是法国人，受到了各种屈辱。但出于友善，安娜的妈妈（其实是婆婆）

就邀请这位法国人来家做客，想询问一下他是怎么与弗兰茨相识并交往的。这位法国人就是阿德里安。他说，他与弗兰茨是在巴黎相识的，他会说德语，弗兰茨会说法语，而且特别喜欢巴黎。两人曾一同参观过卢浮宫，弗兰茨最喜欢的是一幅马奈的作品，画的是一个人仰面躺在床上。弗兰茨喜欢拉小提琴，而阿德里安恰恰曾经当过巴黎交响乐队的小提琴手，于是二人交往甚密，关系很好。也就是这种关系，拉近了他与安娜的关系。

当然，这一切都是建立在谎言的基础之上。在他们已经如同恋人一样参加舞会、游泳、相约游览巴黎的过程中，我们发现阿德里安始终与安娜保持着一定的距离。最后，他告诉了安娜，弗兰茨确实是他亲手杀死的。在战场上，尽管两个人都是和平主义者，但战役一旦打起来，还是十分血腥，而且不由自主。两人只好各自逃命，并在一处战壕里偶然相遇。阿德里安先开了枪，打死了弗兰茨，并在弗兰茨的上衣里看到了安娜写给他的一封情意绵绵的信。他几乎把这封信背了下来，并不由自主地在言语中背给了安娜。

安娜自然是非常痛苦地离开了阿德里安，阿德里安也在不堪忍受中离开了奎德林堡。但安娜并没有把实情告诉弗兰茨的父母，只是说阿德里安家中有事，只好先走了，让弗兰茨的父母对阿德里安始终保持有亲密的好感。因为他毕竟是儿子生命中最后的朋友，而且在二老面前还演奏了弗兰茨生前所喜爱的乐曲。尽管他并未接受老弗兰茨想把弗兰茨在家中所喜爱的一把小提琴赠送给他的好意，但弗兰茨的父母真的很喜欢这位法国人，并在一场关于谁该为自己的子女丧生于战场负责的辩论中，直接说出“难道不是因为我们的爱国热情，逼着自己的孩子们走上战场的吗”这样的话。当然，所有的人在看电影时就已经都明白了，这些年迈的父母们的爱国热情又是从哪里来的，到底谁该为死于战场上的这些无辜的生命负责。后来，安娜收到了阿德里安从巴黎的来信，但她在念给弗兰茨的父母听时，完全改变了信的内容，念出的是另外一番问候和致意的话。但她实在无法给阿德里安回信，就把信烧掉了，并走向死亡，要在当初看阿德里安游泳的地方淹死自己。所幸被人救起。后来，她大病一场，卧床很长时间。阿德里安似乎已经被遗忘了，而且她甚至想把自己嫁给一个一直追求着自己的人。这是一个很平庸、很猥琐的人（也许并不平庸，也不猥琐），但安娜已经想嫁给他了。我们只能把这理解为一种绝望。

忘不了阿德里安的是弗兰茨的父母。在他们的反复催促下，安娜又有了努力活下去的愿望，于是决心带着弗兰茨父母的委托，去巴黎寻找阿德里安。在巴黎，她才看到这座城市也被战争摧毁了，但人们依旧高唱《马赛曲》，表达着自己的爱国情操，而且仇视她这位说着一口漂亮法语的德国姑娘。

两国民众的表现是一样的，都生活在某种谎言中，这谎言与爱国、牺牲、仇恨有关，歌颂的都是两边战争的发动者。

当然，弗兰茨的父母也生活在谎言中，这套谎言是安娜编造的，为的是让两位老人能生活得更平静，更能接受阿德里安这个法国人，尽管她本人已经决定放弃自己的生命。她在教堂忏悔时，问了牧师是否应该向弗兰茨的父母说这样的谎言，牧师说，你认为告诉他们真相有什么好处吗？

于是我们就发现这里有两种真相与谎言：一种是社会上广为信从的，一种是私人间严守的。那种广为信从的真相其实是用谎言编制而成；私人间严守的谎言却有着另一意义上的真相，那就是怎么才能让个人的生活继续下去，而且生活在平静与安宁之中。

当然，进一步的问题是：阿德里安为什么非要把只有他一个人才知道的真相告诉安娜？为什么他不给自己一句起码的辩护？比如，他可以说，是弗兰茨先举起的枪，是弗兰茨先开的枪，只不过没有打中自己而已，等等。但他没有。他就直接说出了事实的真相：是他开枪打死了弗兰茨。

驱使一个人说出真相的力量、良知或勇气到底来自哪里？

注意，真相是一个与当事人或在场者有关的概念（历史的真相、没有了当事人或在场者的真相另当别论）。那么接下来的问题就涉及“他者”，也就是非当事人或不在场者的态度与反应了。应该承认，绝大多数的人与事，我们都是作为非当事人和不在场者发表各自的看法与评论的。这既是每个人的权利，也关涉到一个社会能否形成道德意识或道德共识。

后来，安娜终于在巴黎打听到阿德里安的下落，而且知道了阿德里安也自杀过一次，差点死掉，就与她一样。

这是两位因真相不堪忍受而走向死亡的人。一个是内心的折磨，亲手杀死了另一位和平主义者，但无论如何又得不到宽恕与解脱的阿德里安；一位是知道了现在的恋人杀死了自己以前的恋人，而且再也找不到感情归宿的安娜。

两个因真相而要死与无数个宁愿永远生活在谎言中的大众，这就是生活本身的真相。

当安娜在距离巴黎很远的一座城堡里找到阿德里安时，阿德里安正在准备与自己的恋人、一个名叫芬妮的姑娘结婚。

这时的阿德里安与安娜都已经不会再自杀了，因为他们已经明白自杀其实是一种很自私的行为，因为它只为自己的解脱着想，毫不顾及别人的感受与痛苦。

而这部电影所要告诉我们的，却是生活必须继续，活着的人既要有勇气面对真相，也能知道生活中为什么离不了谎言。

在讨论到真相与谎言时，这里首先需要的是一个勇气：阿德里安说出真相的勇气，安娜面对真相的勇气。勇气是一种既涉及当事人，也涉及他人的品性。接下来就是宽恕。这完全与他人有关。面对一个有勇气说出真相的人，宽恕一定是必要的，否则就会造成更可怕的伪善。再接下来应该是审慎或者冷静。这纯粹涉及当事人自己的品行。无论你再怎么有勇气面对真相，当你说出它时，都应该是审慎的，都应该设想到可能的后果，而且要为最好的后果而努力。

什么叫“最好的后果”？功利主义者说是“最大多数人的最大利益”，后果主义者说是“在不伤害别人的情况下，对自己最有利的情况”。但这些只是一些说法，实际情况要复杂得多。阿德里安说出的真相只涉及他、安娜、弗兰茨的父母，与“绝大多数人毫无关系”。当然，一旦变成电影或小说，“说出真相”就成了一种道德要求。而且，要说出这一真相，必定会伤害到安娜和自己。哪怕就是说成“是弗兰茨先举起了枪、先开了枪”，受到更大伤害的，也依然是自己和安娜。但，慎重、谨慎、小心、权衡总是必要的，而且，我们发现阿德里安其实已经很谨慎了。所以他才始终在与安娜的交往中保持距离。也正是这种审慎的意识，赢得了安娜对他的爱。

对当事人和他人来说，在说出真相时都少不了的勇气，面对说出了真相的当事人的宽恕，还有那种尽可能做到的审慎，特别是对裁决部门、宣传部门，还有所谓专家、学者们而言的审慎，都是道德评价中至关重要的概念。我们还可以对日常生活中的道德概念做出更详尽的区分，以使我们在何种意义上更能意识到人的社会性存在，意识到生命与尊严的至高无上。

阿德里安和安娜都自杀过一次，在这一行为中，我们就能感受到勇气、宽恕与审慎这三种品行（一个介乎两个人之间、一个涉及他人、一个只与当事人自己有关）在伦理学中的意义，它背后所牵涉出来的，既与功利主义的伦理学（注重后果）有关，也与康德的道德绝对命令（注重行为本身在价值观念上所具有的普遍性）有关。无论是阿德里安开枪打死了弗兰茨，还是安娜的投河自尽，这一行为本身怎么可能在价值观念上具有着普遍性？能用那是你死我活的战争状态、那是下意识的本能反应为自己辩护吗？如果这样为自己做了辩护，这又与法庭上的艾希曼有何区别？当然更与德行或美德伦理学有关。涉及个人的品行，因为我们可以把勇气、审慎、宽恕，都理解为人的某种品性，也只有具有这种品性的人，我们才可称之为好人。

让我们努力使自己成为一个好人，一个有勇气说出或者面对真相的人，一个懂得宽恕并能冷静行事的人。当然，前提是对生命的尊重，对他人与自己的生命的尊重。在这种尊重中，常识，其实就已经为我们的言行提供了足够的理由，而且我们也已经知道了该怎么做。问题只在于，你真有勇气吗？你真的懂得宽恕吗？你真的足够冷静或审慎吗？

在看这部电影时，我一直在这样问着自己，答案是否定的。

问题只在于我自己是否有足够的勇气面对这一否定性的答案。

6

探寻人性幽暗缄默的迷宫

谈及第二次世界大战与纳粹德国，人们总会提到一些怎么也忘不了的人名、地名、事件、战役，作为把事件与地名最紧密联系在一起而广受注意的，恐怕离不了敦刻尔克和奥斯维辛。

恰好，昨天，2017 年 9 月 6 日，我看了两部电影，一部是在电影院看的，英国人拍摄的《敦刻尔克》。偌大的影院空空如也，就我们三位观众。另一部就是晚上央视六套电影节目中的《缄默的迷宫》，与奥斯维辛有关。

关于《敦刻尔克》，人们已经说了许多，《东方卫视》还专门访谈了这部电影的导演克里斯托弗·诺兰。我只记得他说，要表现在短短几天里把几十万英军从败退的敦刻尔克撤回本岛，从哪里入手，是件很难的事。

在我的记忆中，英国是动用了所有的海上运输工具，从战船、游艇到渔船，但丘吉尔最多估计也只能撤回三四万人。希特勒为什么会在最后时刻转移了战略进攻的方向，恐怕是个至今没有人能说明白的事。但一共只有八天，338226人就在飞机的空战与轰炸，在战舰炸沉、熊熊燃烧的海水中从敦刻尔克回到了英国本土，不能不说是人类战争史上的一个奇迹。

每个人都在电影中看到了不同的画面。我看到的是几十万互不相识，溃不成军的逃亡军人还在有秩序地排队上船，看到的是他们一人一次只拿一块比萨式的干粮，看到的是他们逃离时的秩序和速度，岸上的人的欢呼和赠送食物，当然还有让不让法国人上船的争执和用枪抵住一个不会讲英语的荷兰人时的愤怒。当他们远远看见英国的地平线时，嘴里喊出或低声说出的是“home”，而不是“country”“motherland”或“native land”，我们却统统翻译为“祖国”。

这部电影“伟大”的另一面还体现在“为活着而干杯”的庆贺中。

到底人为了什么才活着？为了真理？为了正义？为了伟大的事业？

当你对真理、正义、事业产生怀疑时，就不活着了吗？

是还得活着，但总还得为了一个什么吧？

我们把这个要求尽可能降低，就只剩下为了爱，为了仅存的良知，为了给死者一个交代。

在我看电影《缄默的迷宫》时，随着电影中人物的思绪，也想到的是如何在把标准降到最低、最低后，但却依然有值得可以“为活着而干杯”的一刻。

这个“依然值得”的东西到底是什么?

电影的主人公是法兰克福年轻的地方刑事检察官拉德曼。本来只做做交通违规的审查处理，很轻松的工作，也没有多大压力，但却偶然从别人嘴中知道了奥斯维辛这个地方。不看这部电影，我们本以为德国人都知道奥斯维辛，也都知道纳粹在集中营的罪行。看了这部电影（这是一部完全真实的电影，除了虚拟的主人公的名字，所有人物在最后都有交代），才知道他们的年轻人，也与我们的年轻人一样，对“土改”“反右”“文革”之类的事其实一无所知，甚至连名字也从未听过。

慢慢地，一些人名和事件浮现出来，其中最著名的就是一个名叫门格勒的纳粹医生，他专门用活人做实验，特别是双胞胎，而电影中的西蒙，他的两个女儿就是这样死去的。门格勒在哪里？在阿根廷，在阿根廷的还有艾希曼。而奥斯维辛的最后一任司令官理查德·拜耳就住在德国，而另一位当场摔死一名孩子的纳粹分子舒尔茨还在歌德中学当老师。

这些内容是需要慢慢从几千吨历史资料中翻检出来的。

在奥斯维辛集中营工作过的德国军人有八千多人。如果不是谋杀罪，其他任何罪名都已过了期限，不予追究。谋杀？杀了谁？谁是目击者？谁作证？与拉德曼关系最好并一直为这件事努力工作的记者格尼卡说：犯人逃跑，最后打死，算不算谋杀？他怎么会想到这个问题？因为他十七岁时曾在奥斯维辛工作过，亲眼看见纳粹军官把一个犹太人的帽子扔到护栏之外，让他去捡，然后说他逃跑，把他击毙。而他，当时就站在旁边看。为此而羞愧不已。所以一直未对任何人说起过。就连自己最好的朋友，也有这段历史，还有自己的父亲，当兵时也驻扎在波兰，还有自己的女友的父亲，当年也是纳粹分子，还有……德国的总理阿登纳说了，大家要向前看，历史的伤疤就不要去揭开了，过去的事就让它过去吧，现在不一切都好好的吗？

拉德曼出生于1930年，他不会参与，也不会知道过往的这些事，所以总检察长（犹太人）才让他来调查这件事。但他渐渐发现，他的父辈几乎所有的人，都以某种方式参与了纳粹的战争与暴行，或者，至少，也就是如格尼卡一样在一旁默默地看着这一切发生。

由德国来审判自己的整整一代人民，能这样吗？

拉德曼决心辞去这项工作。但他还想了却西蒙最后的愿望：在奥斯维辛为自己死去的两个女儿用意第绪语念一段送葬文。

他和格尼卡去了奥斯维辛。铁丝网围着的牢房。一切都很熟悉，因为我也刚刚从那里回来。

到处是草地。草地里埋着什么？最直接的回答就是埋着死难者的尸骨。但进一步，我们就会想到，那里埋着的是声音，一种如果不让它发出，它就永远也发不出来的声音。没有了这种声音，所有的人就都可以做出什么都没有发生过的样子活着，尽管每个人又都是某种意义上的罪犯。

最后的审判发生在1963年的法兰克福。有211名纳粹分子受到起诉，17人被定罪，包括拜耳这样的司令官，而被涉及的人则更多。但门格勒还是逃脱了，最后游泳时淹死在巴西。而艾希曼，则被押解回以色列。有厚厚的一本《艾希曼在耶路撒冷——一份关于平庸的恶的报告》放在那里，让所有的死去者都发出了自己微弱的声音。从此以后，奥斯维辛再也不是一个有意被掩饰的地名了。当然，也连同那段历史。

是的，没有人写，就永远不会有人知道，那些无辜的死难者就会永远被深埋在地下，没有人知道他们，更不会有人知道是谁杀死了他们。在我们这里，从 1967 年下半年开始，先后“清查 5 · 16 分子”“清理阶级队伍”“一打三反”，一个接一个的运动，似乎是对“文革”作恶者的惩处，但实际上却成了“文革”本身的组成部分。

没有人知道这一切都是怎么回事，因为没有法律，没有审判官，没有公诉人，没有陪审团，更没有报纸的宣传。我们看到的只是打着红叉的一个又一个被处决的人名，而下面的罪状几乎相同。也有人如同阿登纳一样，说：过去的就让它过去吧，太复杂，太难搞清楚了，何必再揭开已经愈合了的历史的伤疤，现在的敌人是苏联，只纠缠过去干什么？但事实上，“文革”，真的过去了吗？有那么多人现在向被自己抄家、毒打过的老师道歉，也有那么多人写了那么多文字揭露如此可怕的所曾发生过的一切，但，我们为什么就拍不出一部类似《缄默的迷宫》这样的电影，告诉我们的下一代，趁我们这代“作恶者”还活着，赶快让更多的声音留存在这个世界上，以警示我们的后人？

7

《玻璃动物园》中的人性

昨晚一个偶然的机会，在复旦大学医学院看了一场由他们的研究生院组织、上海话剧艺术中心演出的《玻璃动物园》（*The Glass Menagerie*）。把“menagerie”翻译成动物园也可以，但应该注意的是：这里的动物，通常指的是马戏团里被人豢养、训练的动物。于是，我就想到了人，人就是这样一种动物。

作者田纳西·威廉斯自然大名鼎鼎，他的《欲望号街车》不但获得了1948年的普利策戏剧奖，而且已经成为美国戏剧史上的经典。美国百老汇定期上演，但我们一般的人大都只能看电影。

《玻璃动物园》从头到尾只有一个场景、四个人，但看得人心惊肉跳。

这是一个家。母亲阿曼达辛苦支撑维持着这个家里的一切。丈夫 16 年前就消失得无影无踪，大女儿劳拉二十四岁了，脚有些跛，高中都未上完，职业培训也未完成，身体不好，性格更内向、羞涩、自卑，但善良、渴望爱情，在心底深处保留着美好记忆。于是只能把这一切都寄托在自己的几个玻璃动物上，在想象中让它们生活在一个自己构筑起来的动物园中。她精心养护着它们，最喜欢的是一只独角兽，因为它独特，所以显得孤独。而劳拉本人就孤独地生活着，几乎看不到任何前景。

弟弟汤姆在一家仓库工作，自然不得意，幻想着如父亲一样外出游荡，飘零四海，再也不回到这个家。

家里不幸福吗?

谈不上富裕，但也不缺什么，更不必为吃穿发愁。汤姆有工作，晚上就是外出看电影，然后喝得酩酊大醉。而醉，或曰酒鬼，是最不能为母亲所容忍的。所以一般的争执，都发生在母亲与儿子之间。

在儿子身上，母亲发泄着她对其丈夫所有的不满，但嘴上又一直不停说着她是多么地爱着自己的丈夫，自然也更爱自己的儿子。于是有了对儿子的一种训练，相对固定的训练方式，这就是呵斥、管教、规训，同时逼迫着他给自己的姐姐找一个对象，至少，也要领一个具有绅士格调的人来见见美丽的劳拉。

母亲最疼爱的当然是女儿劳拉。但，我们都看得出来，这是一种目的性很强的疼爱，就是为了让她快点嫁出去。这其实是对动物的另一种训练方式，就是哄着你、爱护你、保护你，为的是让你更漂亮、更出众，更能吸引人。

于是，家就成了一个动物园，一个充满疼爱、关照和对未来表现出希望的动物园。懦弱、无能、让人怜爱的劳拉，还有竭力想让自己显得放荡不羁的汤姆，加上总在喋喋不休说个没完，并把对所有动物的疼爱、焦虑和怨恨都集中在自己身上的母亲。

当然，母亲也是一只受到伤害的动物。这种伤害还不仅仅指的是丈夫的远离，更包括儿子日渐显露出来的背叛与女儿的可怜无助，甚至包括女儿对那几只玻璃动物和几首怀旧歌曲的钟爱也成为她无法忍受的精神折磨。

终于，第四个人出场了，这就是与汤姆同在一个仓库工作的吉姆。汤姆说他们是最好的朋友，但，在这种人与人的关系中，谁又能与谁好到哪里去？那是一个动荡不安的年代，西班牙爆发了内战，任何一个正常的人都能感受到战争的临近。但在这个家里，无休无止的琐碎小事依然是他们憧憬和争吵的主题。吉姆用他在演讲学习班上学到的“魅力”（这是一个最为母亲所夸耀的词汇）给这个家庭带来了希望，带来了可能扭转这个家庭中的一切的机遇，因为他在高中时就认识劳拉，而劳拉也一直默默地爱着吉姆。

母亲和汤姆都有意回避开了，把时间和地点留给了吉姆和劳拉。原来传闻中的吉姆和另一个女同学订婚的事本是一场恶作剧，一切看起来都很好，吉姆不停夸耀着劳拉的美丽，告诉她“自卑综合征”是最要不得的自我贬低。他激情似火地说：你看看你周围，谁比谁能强多少？你说你有弱点，比如跛脚，当年是那么害怕在众人面前走过。但我，还有别人竟对此毫无感觉。别人呢，谁又没有自己的弱点和不足？你在这方面缺了点什么，在另一方面就会多出点什么，就差没有说出“上帝总是公平的”这句话了。补上这个意思的是劳拉。她柔柔地说：独角兽的角被碰掉了，但也就与别的动物平等了，再也不显得特立独行了。注意：劳拉是所有人中唯一一个说出了“平等”这个字眼的人。劳拉以她的善良与羞涩，还有偶尔闪现的热情与周到让吉姆感念不已。两人跳了舞，还接了吻。当母亲和汤姆再出现时，吉姆忽然说，他刚刚订婚不久，今晚就要去接未婚妻。

晴天霹雳。

希望愈大，失望愈烈，古往今来，不知有多少人死于希望！

然而希望之为希望，就在于它只是一种私念。它的私密性，又给人生增添了多少只属于自己的斑斓色彩，特别是对劳拉这样的女孩子来说！

当吉姆匆匆走后，母亲又把全部的怒火发泄到汤姆身上，斥责他为什么不知道吉姆已经有了未婚妻，嫌他随便领这么一个人来，打乱了家里的平静。汤姆辩解着，咆哮着，再也无法忍受下去，而可怜的劳拉，却只有默默站在那里，背对着所发生的一切。但让人感受到的，却是她受伤害后的平静与安宁。

她以她的柔弱、孤独、无助，包括寡言和无语，来对抗这个喧嚣混乱的世界。

人真的很脆弱。吉姆带给劳拉的一切希望都可能转化为无法忍受的失望与绝望。但人，又怎么能不带给人希望与热情？而且你怎么可能知道这种希望的边界在哪里？眼看着会改变这个家里一切的吉姆，最后留给这个家的就是更激烈的争吵，更无助的幻灭与绝望。但这一切，却并不包括劳拉在内。这是一种很奇怪的感觉，我们能确定的，就是正在逼近的战争，对他们这个家的此刻而言，可能什么意味都没有。如果说劳拉能给我们什么启示的话，恐怕就是老子所主张的贵柔、守雌了。

看来这个世界是越来越属于女性的了。

黑格尔说："这里是罗陀斯，就在这里跳吧。"可你以为罗陀斯岛就遍布蔷薇（在德语中这是同一个词），给你欢乐吗？才不是呢。但不在这里跳，又能到哪里去？人总得跳（表现），不在这里就在那里。人是离不开他的时代与环境的，就是满地荆棘，你也只能在这里跳舞。无论是母亲唠叨中的怜爱与期许，汤姆怒火中烧的理想与愿景，还是劳拉细声细语中的忍受与无奈，就是这个罗陀斯岛上所能拥有的一切。你不得不认可它，接受它，然后再开始慢慢走自己的路。我们与其争论人性到底是善还是恶，还不如记住：我们都是一些玻璃动物，被规训着、教育着、改造着的很脆弱的玻璃玩具。我们不知道谁最后掌控着我们，我们也不知道我们要表演什么给谁看。对我们而言，重要的是别相互伤害，别去杀医生、凌辱老师，别去告密、揭发，别去用明天代替今天。哪怕就是示爱、保护、安慰、鼓励，也可能无意中伤害了谁的哪一方面。暴力和恶性，包括恶言恶语的减少就是我们所能认可的"改变"或"进步"。而且，人，作为能思维的芦苇，真的很脆弱。特别是我们中国人，不要说善意的伤害，更有那些直接的出于恶意的相互伤害，各种有毒的假冒伪劣，早已经让最彪悍的强者在"玻璃动物园"里挥舞起了真正的铁棍。

8

放纵于电影的饕餮盛宴

也许和新冠疫情有关，在那么四五个月的时间里，没有人去电影院了。那么，如此多的一天到晚只能待在家里的人都在做什么？拍摄出来的那么多电影又如何才能让人看到？于是就有了各种各样的可以在网上自由寻找电影的公共平台，“电影分享会”就是其中之一。

几乎是一瞬间，就有了那么多电影一下子涌到了眼前，包括自有奥斯卡奖以来的所有获奖影片，还有“大师辈出的意大利电影”“当世评分最高的导演合集”“女性暴力美学的极致影片”“14 部 7 月口碑最好的电影”“影史最伟大的 24 部电影”“43 部优质电影合集”“10 个国家的 10 部珍贵影像”“180 部电影自提库”“谍战之神 007 系列全集 24 部”，还有前几天才见到的“史上最全片库发布”，按 26 个英文字母的发音序列，几乎要把所有的电影都囊括在内。

看什么？怎么看？面对这么多你肯定看不完的电影，就如你忽然走进一家巨大无比的图书馆，而且告诉你，这里的书可以随便挑选，那么你的第一感觉到底是什么？

我是个爱看电影的人。要我在一部我想看的电影或书中选择，我一定选电影。当然，这样选择的前提是我已经看了那么多书，有了这么多书垫底，于是看电影就成了对所看书籍的延续或扩展。我看电影时的专注远超看书。因为书可以反复看，而电影中的镜头或对话，过去就过去了，稍一疏忽，可能整部电影都未看懂。什么叫“看懂”？当然不只是知道了谁是好人、谁是坏人，也不只是了解了大体上的故事情节，而是想看到更多，多到电影中根本就没有表现，甚至连演员、导演也未必会想到的问题。什么问题？自然又和自己所受的教育、所看的书有关。对我来说，主要指的是哲学问题，哲学中的人性与正义，看的是概念是如何构成经验，又是如何支配人生的。而电影，也基本是就外国电影而言的。

我甚至觉得，在日常交往中，看一个人有没有文化，就看他喜欢不喜欢看电影，而且喜欢的是哪一类电影。外国电影有一个好处，哪怕故事纯属虚构，但发生的时间、地点、城市名，所涉及的历史事件、人物、后果，都尽可能做到真实。他们想通过这种“真实”（比如发生于 2019 年的纽约市的布鲁克林），来让你觉得整个虚构的故事都是真实的。于是，就看你对这些事件、人物以及发生地的背景情况是否有所了解了。这不但决定了你是否能看懂这部电影，而且也是有可能进一步做出新的理解或解释的前提。这等于是在同时看好几本与这部电影所涉及的历史、地理、风土人情以及进一步的历史、人性、善恶、爱恨、法治、伦理等观念有关的书。当然比看书更有趣，更吸引人，影像、动作也比单纯的文字更直接、更感性。我这里指的是那些真正有造诣的好的电影导演手中出来的电影。就与看书也要看作者是谁一样，看电影，首先要看谁是导演，主要演员有谁。

也可能有名不见经传的好电影，就与好书也可能长期摆放在那里无人问津一样。其实，一部书，一部电影，看几页或看一小会儿就能大体做出判断。我为什么要用“放纵”这个词？整个20世纪60年代、70年代、80年代前半期，我们都处于电影的极度贫乏之中。那也是一种饥饿感，只是更不知道该到哪里去寻找食物而已，而且不知道世界上早就存在着那么多各式各样的“食物”。为了第八次或第十次看南斯拉夫的《桥》或《瓦尔特保卫萨拉热窝》，甚至是阿尔巴尼亚的一部什么电影或者已经几乎背了下来的《列宁在十月》，无论刮风、下雨、下雪，我们都曾翻过几个山头去看这场露天电影。20世纪70年代末、80年代初，我在武大读研究生，仍是我们那栋研究生楼的“电影召集人”，常和几个人一起去附近的院校和影院看电影。后来，就有了影碟。一面是严查，一面是偷着购买或在手中的相互传递。20世纪90年代在深圳讲学，朋友李庆明曾开车拉我去东莞，专门购买过一次影碟。走进车间，真是大吃一惊，盗版制作成了现代化的流水作业。作废的、没有销量的一些过期的外国电影堆放在一个角落。我专门在里面搜索。很便宜，最后买了一背包。但那时，凭自己一己之力，要想买到好的影碟还真不容易。加上那个时候有那个时候的事要做，所以也还谈不上“放纵”。

人的一生，在不同阶段，都有想放纵一下自己的欲望。怎么个放纵法？谁都不一样，但大都是压抑了事。老了，退休了，加上新冠疫情的肆虐，自己终于找到了最适合自己，也最能满足自己的放纵方式，这就是看电影。2021 年夏天在云南昆明度夏，没带什么书，一日三餐，加上下午茶，有吃有喝，自己又疏懒惯了，不想锻炼，于是就有了大把的时间来看电影。白天在电脑上看“电影分享会”提供的电影（有人替你选择，还是好多了，尽管也有一些自己不想看的电影），晚上在电视上看“小米”提供的电影，一天至少看两到三部电影。不愿意看的，20 分钟后就跳过去。由于在导演和演员上有了挑选，加上前面的故事简介，基本上都是从头看到尾，而且如过去一样，在本子上做一点笔记，如同读书。但确有“放纵”的感觉，就是不顾一切地放任自己的感受，跟着感觉走，似乎在随意荒废着自己的时间。“看电影”，在我们的日常用语中，总是和休闲的心情、空余的时间、无事可做时的状态联系在一起。而“放纵”，就是“过于”“过度”。可谁又不想在某些事情上“过度”一下呢？“放纵”的必要前提就是：第一，自己喜欢；第二，眼前都是自己所喜欢的，多到几乎不用选择；第三，永远也不会因“多”而生“厌”，有些电影可以看几次，每次都有新的感受。有时也不安，觉得浪费了这么多电影，因为自己实在看不过来。这些电影中的任何一部，随便拿一部，放到 40 多年前（很多电影都是那时候拍摄的）给人看，那种会带给人的兴奋和愉悦，今天几乎无可想象。

随便谈几部让自己别有感受的电影吧。

1453年5月29日，奥斯曼（Ottoman）攻下了君士坦丁堡，东罗马帝国宣告终结。这是一个很大的历史事件。战争之惨烈非电影不能表现。当时的征服者穆罕默德才二十一岁。台湾导演杨德昌的电影《孔夫子的困惑》（*Confucian Confusion*），把片名译为《独立时代》。有意思的是“孔夫子”和“困惑”这两个英文单词在发音上如此近似，几乎无法区分。波兰在二战中饱受磨难。华沙我去过。看《浴血华沙》，表现1944年的华沙起义。波兰方面18000名军人及25000名市民战死，德军死亡17000人。仅凭数字，就知道当时战况的惨烈和波兰人民的不屈。最重要的，是苏军当时已经打到了维斯瓦河东岸，只要赶紧渡河，支援一下波兰人民，华沙起义也就不会被如此残忍地镇压下去。但斯大林并不想支持波兰的流亡政府和起义者，他宁肯看着德国人在那里大肆屠杀波兰人，因为他也许更怕的是波兰人以后会找他算账，比如“卡廷惨案”。所以这几部电影要放在一起看，可见第二次世界大战以德军攻占波兰（1939年9月1日）为标志，但早几天的由里宾特洛普和莫洛托夫一起在莫斯科签订的“德苏条约”（1939年8月23日），证明了第二次世界大战其实是由波兰同时受到来自东（苏）西（德）两个方面的进攻才正式拉开帷幕的。所以在电影上看到被夷为平地的华沙，想到1939年和1944年，让人觉得在这两个年头，分别标识着二战开始和即将结束的时刻。波兰实际上充当了德、苏两个大国在政治上的牺牲品。哪怕德、苏已成为了真正的敌对国，而且死亡了上千万人的情况下，苏联也依旧不想放弃对波兰的占有。2017年夏天我在华沙，知道1944年8月“浴血华沙”后，希特勒曾下令把华沙这个城市从地图上抹去。战争胜利后，苏联人又想建立一个

“社会主义的新华沙”，结果又是几十万人走上街头，一定要按保留下来的图纸恢复老华沙的原貌。结果，当我站在今天的华沙老城，“老”到几乎就是中世纪的模样，而且看见还有马车在那里等候客人时，就会想到 1939 年的 9 月和 1944 年的 8 月，波兰人民心中的伤痕到底有多严重，而他们又如何通过让老华沙城恢复原样而维护了自己的尊严。电影的导演是杨·科马萨（Jana Komasy）。与这部电影有关的《钢琴家》，是我在电影中所看到的对华沙犹太人在凶残和人格侮辱上都达到了极致的一部电影。电影是根据波兰的钢琴家、作曲家皮尔曼的自传改编的。当 55 万犹太人被送去集中营时，我反复问自己：为什么不找机会逃跑？但，从电影中看，第一，他们不确定到集中营是不是会比眼下更坏；第二，无人组织，也没有任何武器。那些同样在右臂上带有犹太人标志的“警察”显然比德国人对犹太人更加凶狠。当运送犹太人的火车开走后，因躲避而幸存下来的钢琴家在满是尸体和丢弃的杂物的大街上放声大哭。一老者对他说：“我无法再继续信仰上帝。”而当一位德国军官知道了他是一位钢琴家后，就把食物和自己的大衣给了他，让他取暖。他对这位德国军官说：“谢谢你！”军官的回答是：“谢谢上帝，让我们还活着。”看来谁都可以轻易找到相信或不信上帝的理由。电影的最后告诉我们，皮尔曼 2007 年 7 月 6 日病逝，享年八十八岁，而那位最后救了他的德国军官叫威廉·霍申菲尔，1952 年死于苏联战俘营。电影导演是大名鼎鼎的罗曼·波兰斯基。这位德国军官的言行让我想到刚看的另一部电影《沉静如海》，里面也有一位德国军官，居住在已经投降了的法国某小镇的人家中，始终彬彬有礼。什么是沦陷区的生活？巴赫的音乐有什么用？美丽的法国女孩妮安娜为什么最后要以自己的琴声挽救这位德国军官的生命？除去德国人、法国人，占领者、被占领者这些既抽象又具体的概念，就是一位英俊潇洒的军官和一位情窦初开的少女。人性中的爱是否会在某种情况下高于眼下的战争？高于这些既抽象又具体的概念？有无数的小说和电影想揭示这一主题，但都受到严肃批判，比如苏联作家拉夫列尼约夫的代表作《第四十一》。布拉特·皮特主演的《间谍同盟》，也是这一主题：丈夫（麦斯·瓦唐）是英军中校，妻子（玛丽安·瓦唐）是德军间谍；但妻子又深爱着丈夫和英国，决心悔过自新。于是丈夫就想驾飞机带妻子一起逃走，最后在机场以妻子的自杀而结局。事情的最后恐怕也只能是这样。战争、敌对、仇恨教育、种族意识早已改变了语言的性质，使得这些词语（当然首先还是人性与正义）已经不再是原来的意思。在厮杀中所表现出的人性中最坏的一面，往往又被宣传为最好的一面。无论是杀人者还是被杀者，谁都努力试着不要把自己当人。对犹太人来说，已经不是死亡的问题，而是怎么个死法才是自己的选择；而对攻入柏林的苏军来说，柏林就是一所大妓院，因为几乎没有了男人，而女人又可以随意蹂躏。在《父辈的战争》中，一个人说了一句很深刻的话：别人总以为战争就是相互厮杀，其实是相互等待，等待着什么时候开始厮杀，等待着下一顿饭，等待着自己思念的女人。等待厮杀比厮杀本身更折磨人。我慢慢老了，却不知道自己到底是怎么老的，只知道永远在等待中。

所有电影中，关于二战的题材还是最多。让我们把目光从欧洲移到亚洲。我想到了两部电影，一部是日本人拍摄的《阿基米德之战》，一部是十集连续剧《太平洋之战》，每集五十多分钟，我分两天看完。

《阿基米德之战》，故事很简单：一位名叫“棹”的年轻数学家，在帝国大学读书，想到美国深造。但山本五十六发现了他的数学天才，阻止了他，说日美总有一天要开战。那是20世纪30年代中叶的事，日本人正在中国打仗，已经侵占了整个东北。当时的海军将领要造大型战列舰，山本已经看到了只有航空母舰才是未来的发展方向，因为涉及制空权的争夺。于是他让“棹”重新计算造舰的费用。他发现负责造舰的平山中将大大压低了大型战列舰的费用，目的就为了能比较容易地通过或批准对最大战列舰“大和号”的建造。电影中让人惊心动魄的一句话，是平山中将悄悄对“棹”说：以日本目前这个样子，不打仗是不可能的，不造舰也是不可能的。只有当这艘世界上最大的战列舰出现在海面上，而且被击沉，象征着日本的彻底沉没时，我们才可能清醒过来。果然，“大和号”连同战舰上的三千多名士兵一起被美国人击沉在了太平洋中。但平山中将的这段话却久久回荡在我的脑海中：甲午海战，北洋水师的全军覆没，已经让中国人清醒了，但不知什么时候，我们是不是自己又昏睡了过去呢？

《太平洋之战》就写的是美国人与日本人在太平洋上的较量。这类电影我们已经看了许多，比如《中途岛之战》。但《太平洋之战》写的是美国海军陆战队是如何一个岛、一个岛，从瓜岛到硫磺岛，到琉球群岛，再到冲绳，就这样缓慢推进的过程，表现的是太平洋中的岛屿之争。在美国人看来，周围的环境已经恶劣到极点：连绵不断的雨水，泥泞，蚊虫，遍地的螃蟹（他们认为这是世界上最丑陋的动物，就是不知道在中国人的餐桌上是多么的美味！）横行霸道，还有，就是日本人的死不投降，包括老百姓和小孩都身绑炸药，随时准备同归于尽。所有的岛屿之战中，只有在硫磺岛之争中美国人的伤亡数超过了日本。所以他们认为虽然得到了这个岛屿，但还等于是失败了。

电影没有演塞班岛之战。我恰好去过塞班岛，而且在展览馆中看完了当时那场战役的全过程。让我很惊讶的是，美军的墓地紧靠着日本人的墓地，而去塞班的日本人远多于美国人，所以日本人的墓地上倒全是各色的鲜花。我与展览馆的人谈到了这个问题，他们觉得很正常。于是我们也就觉得很正常了：对死者而言，灵魂是平等的。

在电影中，充斥着俚俗的怒骂，几乎所有人开口就是。也有枪杀战俘、平民和挖走日军死亡者的金牙之类的镜头。反正展现的是战争中的人性之恶。好在电影并没有把这些行为夸张为英勇、愤怒之类的情感发泄，更不想掩饰人的贪生和贪婪，而是让人看到战争到底会把人变成什么样子。一年轻士兵问老兵：打起仗来到底是什么感觉？老兵说：在墨尔本，我和一个姑娘上了床，于是就一发不可收拾。打起仗来的感觉也一样，有了第一次，就总想着去干。最可怕的，不是打死对方，而是在泥泞中，猛然发现自己脚下正踩着一个人的手臂。一小兵去山洞里大便，结果从山洞里跑出来一个日本兵，这小兵提着裤子狂奔，众皆大笑，一阵乱枪将日本人打死。而日本人手里拿着的其实是一面白旗。

电影中最让人感动的是对伤兵的竭尽全力的救护。一小官竟然可以爬上自己军队的坦克，揭开盖子，命令坦克往回开，运送几个伤员。一位名叫约翰·贝瑟隆的中士，英勇战斗，获总统授勋，于是在后方推销战争债券，吃得腰肥体胖。后来他不忍心前方战士的艰难，于是重上前线，在硫磺岛之战中为了掩护别人光荣牺牲。当担架上的尸体经过时，所有人都起立敬礼。这些小细节真的让人很感动。

人类历史上充满了战争，各有各的理由。美国兵说，太平洋之战就是我们的战争，我们相信它是正义的，如果这种正义之战能配上热餐和冰水就最好不过了。但战争就是战争。第十集一开始就是美国人扔了两颗原子弹。于是日本人宣告投降。“What do you do now?”（你现在做什么?）所有美国兵都在冲绳岛上不知所措。约翰·贝瑟隆的一万美元抚恤金和总统勋章，他的新婚妻子全部将之转交给了他的父母，而所有有名有姓的人都一一交代了他们最后的下落。似乎所有人都可以自由地去上大学，只要你有一定的学历和特长。于是有的成了大学教授，有的依然当修理工，有的经营农场，成了完全平常的人。

疫情总会过去，我也总要离开电脑和电视，走出家门，走出这种“放纵”的精神状态，去过平常人的乏味生活。什么是平常人的乏味生活?有一部美国电影，叫《史崔特的故事》，说的是一位七十五岁的老人，听说弟弟中风，半身不遂，于是决心去探视一下。他们已经几十年未见过面了。他住在威斯康星州，弟弟似乎住在印第安纳州，记不大准确，反正途经芝加哥。他由于视力原因不能开车，于是就驾着自己的那辆破旧的割草车上路了。要走好几天。一路上车反复坏，有好人帮助，也有坏人讹诈，反正风餐露宿，也不知走了多少天，终于到了弟弟的家。发一声喊，弟弟就坐着轮椅出来了，但两个人几乎无话可说。想象中的问候、拥抱之类的事都没有。史崔特自己找个椅子坐下来休息。电影的最后一幕，就是弟弟回头看了一眼那辆破旧的，还在依旧喘气的割草车。一切都在不言之中。我们的日常生活，还不也就是“一切都在不言之中”吗?

9

帝国末日的真实景象

“电影分享会”推出“20 部不同视角的二战电影”，里面有一部根据完全真实的历史事实摄制的影片，题为《冒牌上尉》（*The Captain*）。完全是德国人的作品。其实按原文的意思，就译为《上尉》，要比《冒牌上尉》好很多。但我们总怕人们看不懂，或误解了电影的意味，于是就在“上尉”前面加上了“冒牌”二字。

这部电影好就好在它让我们真实看到了纳粹帝国灭亡前两周所发生的情况。

事情本身并不复杂：一个名叫威利·赫罗德的德军列兵，所在部队被英军打散，他为了活命，四处躲藏，忽然在一辆吉普车上发现了一套德军上尉的军装。于是他就好奇地穿在自己身上，有些洋洋自得。因为他从未想过自己这一生还可能会穿上这样一套上尉军装。“上尉”，在西语中也有“队长”“首领”的意思。总之算是一个不小的“官”了。当别的四处躲避的散兵游勇们向他敬礼，并承认他就是他们的“上尉”（首领）时，他的感觉立马就不同了，一种“集体”的存在与力量立即取代了他个人的意志，让他忽然觉得自己很了不起，可以为所欲为。

让我们高度重视当一个人忽然成为了一个团体的“首领”时，那种如何才能以“集体”的名义释放被压抑已久的个人本能的口号与策略。而这一切，又几乎都是在个人无意识中展开的。

为了体现自己的权威，他使用了下列招数：首先，说自己是元首亲自任命的特别行动队队长，负责调查“后方真实情况”，并负责亲自向元首汇报。有一个最高元首，而自己的行为又与这位元首有关，于是也就杜绝了所有可能的人进行任何质疑或调查的可能。第二，他说他有元首的亲自授权，负责抵制日益严重的“失败主义情绪”，而且以他为首成立“赫罗德临时即决法庭的指挥官”，也就是说，可以不经任何审讯或法律程序，他就可以随便处死人。外在的标志就是一身“上尉服”。他看起来很年轻，但又很了解当下的形势，能说出一番道理，这就让本应成为疑点的地方，恰恰证明了他的不同凡响。于是更让人顶礼膜拜。第三，要能下得去狠手，杀人不眨眼，于是在他手上就有了让人恐怖的大规模的杀人事件，最典型的是一次处决了 60 人，其中包括在德国已经有些名气的演员和艺术家。这些人是怎么被处决的？因为他们已经被关在了监牢里，因为各种原因，比如小偷、强奸、逃兵。有的人其实任何罪也没有，只是在兵荒马乱中就被抓了进来而已。于是他就让这些人给自己想象（假设）一个罪名，最容易的就是

“叛国罪”。“国”已分崩离析，只要有人脱离了组织，独自上路，就可以判定为“叛国罪”。对于那些既然已经被抓了起来，而且眼看着他们可以胡乱杀人的人来源，让你给自己“假设”（想象）一个罪名，其实是很容易的事。因为这种胡乱杀人的景象真的让人害怕了，于是几乎让你做什么你就会做什么，否则就“太不德国了”。第四，趁机大搞各种形式的庆祝活动，包括花天酒地的晚会和大规模的集体淫乱活动。人性中最恶的一面一旦可以在末日来临之前自由挥洒，似乎谁都不愿意落后。于是这些已经作为散兵游勇们到处流浪的人也就摇身一变个个成了被元首亲自任命的“行动队”或“卫队”的成员。而赫罗德自然就是他们的“元首”。先破坏各种既有的法律、程序、规定，然后再整饬，以恢复秩序为名清除不服从者。年轻的赫罗德对这一套手法运用起来也似乎显得游刃有余。

什么是德意志帝国的末日景象？就是谁都可以在胡吹冒撂中得寸进尺，只要你能举起右臂，高呼一声“嗨！希特勒”，而且能说出一番“我们就是战败了，也绝不意味着放弃”，或“这时候，就看谁是德意志荣誉的复仇者了”之类的豪言壮语，就足可以让身边的人都跟着你的样子行事。赫罗德也是慢慢才学会了这一套语言和行动方式的。他跟着大家高唱“度过苦难的岁月，心怀伟大的祖国”，而且这一切的希望似乎就落在了他的身上，因为大家都围着他在又唱又跳。人一旦到了这一地位，想不到自己有如此大的权力，既能眼看着60个人就死在自己眼前，也能被簇拥着住进城市里最好的宾馆，有无数美艳动人的女子投怀送抱，一个人，你想让他不疯狂，都办不到。因为这一切的一切，仅仅来源于他捡到了一身德军上尉的服装，然后空口喊了几句口号，做了一些标准动作，讲了一番“太德国了”的大话。如果在正常的情况下，他是不是真上尉，是不是从希特勒身边来，其实并不难判别。有一个德军军官，就似乎认出了他，但现在的时局如此纷乱，德军败局已定，能有这么一个年轻人站出来充当“上尉”（首领）的角色，就是希特勒真知道了，难道不会立即下达一纸真正的任命书吗？这就与赫罗德也当场任命了自己的几位亲信为“上等兵”之类的角色一样。有那么多人在忽然到来的飞黄腾达中飘飘欲仙，可以为非作歹到如此地步，竟然在晚会上一面相互打斗，一面又集体淫乱，甚至开枪相互射击。这时，谁都知道需要赫罗德这样的“首领”出来恢复秩序，而他自己，又怎么能不为自己的存在而感到自豪呢？

从不同角度观看“二战”，其中竟然可以包括这样一个角度，就是“冒牌”的各种人物，在一身假外套、假文凭、假称号、假口号或假拥护的声音中，就真的成了“真的”，至少在一段时间内成了“真的”，直到有一天大批德国军队上门抓他。我们并不知道消息到底是如何传到更上一级耳中，而且让他们觉得不抓住这小子也太不像话（太不德国）了。

但赫罗德还是从德军手中逃走了。1945 年 5 月 27 日，威利·赫罗德在威廉港被英国皇家海军抓获。他的供词前后矛盾，依旧胡吹冒擂。最后因所犯下的那些违反战争法规的罪行被判死刑。毕竟，还有那么几个跟随他一起胡作非为的逃兵可以作证。1946 年 11 月 14 日，赫罗德与他的六名追随者一起被处决，终年二十一岁。

就是这样一个二十一岁的被豁免了的列兵，身穿一套捡到的上尉服装，在帝国行将灭亡的前夕，演出了这么一出平时连想都不敢想的大戏。被那么多人拥戴，杀了那么多人，又如此花天酒地一番。而在这一切的后面，我们看到的却是这样一个曾经看起来如此辉煌的德意志第三帝国的崩溃与解体。

10

“心怀爱意奔向自我救赎”

这届（第 92 届）奥斯卡的获奖影片，我大都看了，没有时间对每部影片都评论一番，但听了影帝杰昆·菲尼克斯（Joaquin Phoenix）的获奖感言，还是禁不住想对《小丑》和《寄生虫》这两部影片多说几句话。

《小丑》（*Joker*），请注意与这个英文单词及这部电影相关的另外两层含义，这就是“笑星”与“笑柄”。杰昆·菲尼克斯饰演的亚瑟·弗莱克是想成为一名笑星，但却总是被人当成笑柄，包括他自小就很崇拜的真正脱口秀笑星莫瑞·弗兰克林。这是个很冷漠的世界，想活得开心并不是件容易的事。亚瑟因脑部手术后遗症，导致他总是不知因何而会放声大笑。他不知道这种狂笑与每个人都要做出的微笑之间的区别何在，他也无法掌握其间的界限。别人会以为他想以自己的笑而成为笑星。其实，为了谋生，他不得不化装成各种古怪的、引人发笑的样子而受尽屈辱，也被老板无故解雇过。最后，在地铁上，为了起码的正义，他杀死了三个凌辱女性和暴打他的恶棍，因此一发而不可收拾。他开始杀人，杀一切凌辱他，看不起他，把他当作笑柄的人，包括一直相依为命，给了他一个不被认可的出身，并因此而平添了更多屈辱的母亲和最后又给了他机会，让他走上舞台，依然可能作为笑柄而成为笑星的莫瑞·弗兰克林。只是没有杀那个一直对他很好的小侏儒。因为侏儒，这本身就已经是他下贱的面具和身份了。面具（也就是英语中的人，person）对他的生活来说是不可缺少的。但我们谁又不化装，不戴着各种面具生活在不同的人面前？最后，戴着各种面具的人开始暴乱了，因为他们的“面具”使得他们得不到尊重。西方社会喜欢搞化装舞会。我在美国的大街上也见到过戴着面具站在那里凭搞一点小玩笑而获得施舍的人。但前提是你必须尊重他。“施舍”这个词用在这里并不恰当，哪怕就是“乞讨”，那种把帽子放在面前，等着你丢钱的“乞讨”也不是一种丢人的行为。无视他的存在才是最大的羞辱。亚瑟说，我只希望我的死能比我的生更有意义，也就是更能引起人们的关注。演员菲尼克斯在获奖感言中说，我曾是个混蛋，干过各种坏事，是你们不断给了我各种可能的机会。我要为那些无法发声的群体代言。那些人的言说方式能是什么呢？可能到最后，就是谁都不愿意看到的暴力、破坏和杀人。

于是这就与《寄生虫》这部电影有了关系。“寄生虫”，英语是parasite，我更愿意理解为“食客”。“寄生”与“食客”也有两重不同的含义。真正的“食客”就是前后两位都想躲在地下室，靠嗟来之食而活着的丈夫。其他的人，只是“寄生”在社会这株大树上，有的在上，有的在下。所以这部电影又注明是“寄生上流”，也就是社会下层的人想“寄生”于上层，但不知自己是否“合适”，那里“是否有自己的位置”（电影主人公基宇的一句台词）。

生活在社会下层的人，因生活所迫，已经变得越来越狡诈。因为只有狡诈，才能活得下去，而且有可能爬到上流社会。电影用大量的篇幅，描写的就是生活在下层的一家四口，如何通过种种诡计，都混入到一个上流社会的人家之中。其中的聪明、装扮、狡猾、不择手段，真是无所不用其极。用他们自己的话说，就是生活在上层的人因为生活太容易了，已经都变得很迟钝、很麻木，其实也就很好愚弄。生活在下层的这一家四口，为了能攀附到上流人家，利用一个偶然到手的机会，就实施了自己的一系列周密计划。结果也就处处得计，最后又是一个偶然的场合，让他们发现被他们用诡计搞走的人家，还有一个大男人就藏在地下室里四年多。于是开始了双方的打斗。正是通过下层人之间的角力、争斗，相互践踏，好让自己爬上去，上层人才把自己的日子过得那么悠闲舒适。

人类社会是怎么有了上下层之分？这是一个很有意思的话题。黑格尔在《精神现象学》中专门讨论了这个问题。一开始肯定与武力的征服有关。通过征服，有了主奴之分。黑格尔的原话是：主人把奴隶放在物与他自己之间，这样一来，他就只有把他自己与物的非独立性相结合，而予以尽情享受。同时再把物的独立性让给奴隶，让奴隶对物予以加工改造。这也就是为什么社会下层的人看起来那么聪明、奸诈、狡猾的原因，因为他们不得不与“物”的独立性打交道，而且设法对物的独立性加工改造。当然，“主人”或“上流社会”之所以能成为“主人”与“上流社会”，也是因为他们经历过“对物的独立性加工改造”的过程。当主人有了更大的力量（比如国家政权）保卫自己的地位和享受时，真正有独立意识的奴隶就会因为恐惧（黑格尔说，恐惧是智慧的开端）、羡慕（欲望的满足）而走向对自己固有意向的意识，并开始了“为承认而斗争”的漫长历程。主奴之间，社会的上层阶层与下层阶层之间在什么意义上是“平等”的，也就是在人格尊严上是相互承认的，这是一个社会有无可能让个人“心怀爱意奔向自我救赎”的前提。当社会还没有达到这一步时，争斗就是不可避免的。但不管怎么说，人的出身、生活环境、所受教育，甚至包括个人的自愿选择，都使得人无法实现一般意义上的平等，因为对平等的理解并不一致。

《寄生虫》中被后来者用诡计搞走了的女管家，也是在与后来者的打斗中摔伤了头部，于是变得会“没来由地笑”，就如《小丑》中的亚瑟一样。让人觉得最佳影片与最佳男主角似乎是商量好的一样，就按这个模式编造了这样两部电影。

是的，杰昆·菲尼克斯要为亚瑟·弗莱克这样的社会下层人物代言，但不要忘记这些人身上可能隐藏着的奸诈、凶残与暴力，不要忘记电影中的暴乱和可怕的血腥场面。两部电影都是在这样的场面中结束的。亚瑟因自己的面具和症状而受到各种嘲弄；生活在韩国的基宇一家，身上也有一种说不清楚的气味。这种气味是因为他们生活环境的窘困而造成的。四个人身上都有这种气味，一种似乎永远也洗不干净的气味。当上流人家的男女主人私下议论这种气味，而他们又恰好躲在沙发下面偷听到时，这种感觉，其实与亚瑟在人格上所感受到的侮辱是一样的。只不过美国人是想着怎么报复，而韩国人则想着如何更好地把本来的自己隐藏起来，最好不要被他们闻到。

怎么办?《寄生虫》让我们知道了这将是一个漫长的教化过程，它靠的是全社会生活水平的整体提高，靠的是贫富差距的缩小。而《小丑》，就如“小丑”的扮演者杰昆·菲尼克斯在获奖感言中所说，靠的是我们每个人都心怀爱意地奔向自我救赎。什么叫“自我救赎”? 菲尼克斯说，就是做最好的自己。

怎么样才是最好的自己? 我们想过这样的问题吗? 我们那么多获得各种奖项的人士提出过这样的问题吗?

看完电影，电影所向我提出的这两个问题依然久久纠缠着我：

“有什么好笑的?”

“凭什么获奖?”

“你理解不了。”这是电影最后，亚瑟在回答法官审问时所说的一句话。

11

封闭还是开放，这是一个问题

作为列奥·斯特劳斯的追随者，艾伦·布卢姆的名字是因斯特劳斯于 1973 年逝世后，他发表的那篇《纪念斯特劳斯》的文章而为我们所知的。他在那篇文章的最后说了这样一句话："我相信，下一代人对我们这代人的评价，将很可能取决于我们如何评价斯特劳斯。"

也许，如何评价斯特劳斯，将很可能取决于我们如何重新理解柏拉图在《理想国》中所提出的"洞穴隐喻"。

"文化就是洞穴。他（指柏拉图）没有建议人们走向其他文化以克服洞穴的局限。自然本性应该成为我们判断自己生活和其他民族生活的标准。最重要的人文学科是哲学而非历史学和人类学，原因便在这里。"

这段话是布卢姆在《美国精神的封闭》一书的“导言：我们的美德”中说的。

于是，封闭还是开放，就成为了一个问题。

在我个人的记忆中，到今年，“改革开放”作为一项基本国策出台，已经有四十多年的时间了。

没有改革，自然不会有开放。但在中国漫长的历史中，大大小小的改革（甚至包括造反或革命）数不胜数，也就是说，对我们这个古老而庞大的国度来说，特别是近代以来，能不能开放才是问题的关键。

终于，与开放相对立的封闭已经无形中成为了一个贬义词。大家竞相开放，不但表现为大中城市的吸引外资，更表现为偏远地区的渴望开发旅游资源。至于作为一个主权国家的象征，我们也已经加入了这个或那个国际组织，并在开会时总站立在各国头头脑脑们的中间位置上。总之，开放几乎成为了我们的一切之所以还有动力的活水源头，更被许多人视为一个遥远梦想的寄托。

但开放对我们来说到底意味着什么呢？

布卢姆在“导言”（限于篇幅，我们在这里只谈“导言”，所引用的言论也均出自“导言”）中说，开放曾是我们的美德，但真正的开放是与求知欲为伴的，因此也是与对无知的觉悟为伴的。对尚处于无知状态而又不自觉的人来说，开放只能意味着把开放本身视为一种美德。于是，相对主义也就成为了开放的必要条件，真诚的信徒或确定的信仰反而成为真正的危险。相应地，文化学、历史学、人类学则取代哲学成为了学校里的基础教育，对真理、自由、权利、对人的自然本性的辩护变得软弱无力。具体到美国，也就是对《独立宣言》、对宪政传统的基本效用产生了怀疑，“公民教育不再以立国原则为核心，而是转向以历史和社会科学为基础的开放思想”。

所谓的“开放思想”或“开放型教育”就指的是，“它不要求基本的一致，也不要求放弃新旧信念去支持自然信念。它向各色人等、各类生活方式、所有的意识形态敞开大门。除了对一切都不开放的人之外，它没有敌人。”

布卢姆说，这种教育的出现并最终占据优势与美国特殊的“国情”有关，这就是，在美国社会里的男男女女毕竟有着形形色色的民族、宗教和种族背景，而且他们中的许多人都曾因属于这些群体而受到过恶劣对待。于是，美国社会中就先后出现过两种对解决这一问题的意见：一种是认为“外来者”应该放弃自己的文化个性，使自己成为享受自然权利的普遍而抽象的存在，即融入美国的主流社会的价值观念，这种观念“并没有允诺尊重黑人、白人、黄种人、天主教徒、新教徒或犹太人，它所保证的只是对个人权利的给予保护”（在当年马克思曾参与过的关于如何解决犹太人问题的争论中，这也是一种主流观点）；另一种就是对多数人把一种“文化生活”强加给宪法并不关心的“少数群体”感到愤怒，认为开放的目的就是给这些“少数”提供一个可敬的位置，削弱占统治地位的多数人的优越感。“20 世纪美国政治思想和社会科学的很多知识机构的成立，都是以诋毁这个多数为宗旨。它们把立国原则视为障碍，并且试图推翻我们的另一种政治遗产——多数原则，鼓吹一个由遵循自己的信仰和意愿的少数派和族群组成的国家……立国之本中尊重少数的意图被如此颠倒，真是令人惊愕。”

于是，在封闭与开放之间就有了这么一种吊诡关系：开放导致封闭，大开放就意味着大封闭。

首先，文化本身就具有一种封闭力量（文化就是洞穴），每一种文化都是民族中心论的，都认为只有自己的生活方式才最好。这种文化的封闭性与民族中心论的理由十分清楚，这就是为人们的归属感提供正当理由，“人需要为自己找个位置……与外来者和睦相处的问题，不如成为内部人，拥有自己的民族、文化和生活方式来得重要。”比如，“它要求的是黑人的身份认同，而不是普遍权利。重要的不是权利，而是权力。它坚持黑人应该作为黑人，而不是单纯作为人得到尊重。”

那么这种文化的封闭性就也可能有另一种表现形式，即强烈信奉《独立宣言》的文字和精神实质，坚持把培养民主人（进一步再演化为培养民主人格）作为教育目标。“它不同于美国所要求的那种基于思考的、理性冷静的甚至是出于自利的忠诚——它不是对祖国的忠诚，而是对政府形式及其理性原则的忠诚。这是一项全新的实验，由此也产生了一种新式教育。”作者说，“斯大林主义者也发现，把民主定义为开放性对他们有好处。美国宪法和苏联的理论与实践完全是南辕北辙。但是，如果民主意味着无限制的开放，对其他文化的尊重不允许根据自然权利对苏联的现实进行教条主义的指责，那么他们的生活方式说不定哪天就会变成我们的生活方式。”这里面对善恶、好坏、高低、对错必须有一种或可理解为固守的态度，而且要严格把至善与一己之善区分开来（就如希腊哲学家们把至善与本性、自然与习俗、正义与法律区分开来一样），固守至善的一般性和抽象性。所有对文化多样性的尊重与理解，都是为了摸清它们的优劣，以便使自己能够从这种比较中学到些什么，“根据希腊人的理解，历史学和人类学的作用仅在于探寻过去和其他民族为发现自然本性做出的贡献。历史学家和人类学家要对不同的民族及其风俗进行检验并超越它们，就像苏格拉底对待个人一样。这些科学家比他们的研究对象站得高，因为他们在别人拒绝看到问题的地方看到了问题，并致力于寻求解决的办法。他们希望获得评价自己和他人的能力。”

这种能力的获得，取决于你是否能够让心飞出“洞穴”之外——那是一种虽不能至而心向往之的至善（自然本性、自然权利）。

身在“洞穴”之中（这是改不了的），心在“洞穴”之外（需要教育的引导），比如自己是“黑人”，但确信“人”的理念不可动摇，这也是一种封闭。

但这种对文化的封闭性的理解很快就被要求开放的社会潮流所冲决：“黑人”不再作为“人”而享有“人”的权利，而就是作为“黑人”而享有与其他所有人平等的权利。这当然也无可厚非，但二者的差别只表现在求知欲上，也就是说，表现在教育的功能与引导上。

于是，作者也就区分开了两种开放：“一种是冷漠的开放，它受到双重意图的推动：贬低自己的知识自豪感，使自己成为想成为的任何人——既然我们不想成为求知者。另一种开放则鼓励我们探索知识和确定性，历史和各种文化为此提供了有待审查的各种辉煌范例。这种开放激励着探索的欲望，它使每一个严肃的学生生气勃勃，兴致盎然——‘我要搞清楚什么对我是好的，什么能让我幸福’，而前一种开放则阻滞了这种欲望。”

前者是一种因开放而导致的封闭——“大肆宣扬的大开放其实就是大封闭”，因为在我们之外的世界所呈现出的是一种单调的多样性，价值是相对的，我们也只是创造着我们自己的生活方式，再也没有人相信其他地方和其他时代还存在着能够揭示生活真谛的伟大智者。历史主义（认为一切思想都受时代的根本限制，不可能有超越时代的观点）和文化相对主义（对所有的文化都得毕恭毕敬，认为想从文化的多样性中区分优劣、探索善恶是不可能的）泯灭了教育和追求美好生活的原动力，剥夺了某种文化的“局外人”想去发现这种文化多样性后面所隐藏的东西的原始快感（本能冲动）。这是教育的真正失败。

就待在自己的洞穴（文化）中，但鼓励人们去想象洞穴外的自然（至善），并以此来评判自己的洞穴，它可能会有一种危险，就是它可能会削弱对一己之善的忠诚，从而也就可能导致家人、朋友、同胞，甚至国家、民族的愤怒，“求善与忠诚之间的对立，给人生带来难以消解的紧张。但是，对至善的认识和对拥有它的渴望，却是教化人类的无价之宝。”

12

我现在能确信什么?

我在汕头大学给学生们开通识教育课，讲“社会的政治秩序与伦理秩序”。一个学新闻的大三学生，叫林洋，以前听过我的课，很认真。这次又来了，还带了一个类似于毕业论文一样的任务，是要采访一下我，问问我这么多年通过对外国哲学的学习、教学、研究，对自己来说到底有什么真正属于自己的收获。这还是一个比较有意思的话题。采访者说，许多人都在关心，上大学了，学什么，有用吗?特别是学哲学，而且是学外国哲学，到底对自己有什么用。

我说，就如哲学不好定义一样，哲学有什么用，就更不好说了。比如看一场电影，听一场音乐会，还有到教堂去做礼拜，如果你非要问有什么用，恐怕都不好回答。但依然有那么多人去看电影，去听音乐会，去旅游和做礼拜。这纯粹是人精神上的一种需要或享受。如果，非要讲出一番道理，就如有些人可以对电影、音乐会做出分析、研究一样，我也有这么几点可以确定的收获。

讲社会的政治秩序与伦理秩序，是说人生活在社会中，总得要有被如此论证而成的秩序，比如摩西十诫（神法）、自然法、王法、传统的习俗，等等。但无论是政治秩序（与国家、政治活动、法律、文明有关），还是伦理秩序（与社会、经济行为、道德、文化有关，当然，也不能把二者完全分开），在后面都还有一个观念秩序。所谓观念秩序，就指的是人的概念框架。谁都是先知道了一些空洞、抽象的概念，然后再用这些空洞抽象的概念去整理自己的经验，把经验变成知识。也正是知识，使得这些概念不再空洞抽象。比如“基因”“面相”“血样”，对我们来说很抽象，对另一些人来说就一点也不抽象。学科的不同，就是概念框架的不同。但总得先有概念框架，然后才谈得上把经验，包括读书、思考、交谈，变成可交流的知识，也就是自己的收获。如果没有概念框架，就得自己发明一个，这本身就是了不起的贡献。一般来说，概念框架都是早已放在那里的，我们只是用这些概念框架来自我认识，收拾、整理自己的经验，越独特当然也就越有意思。这一套说法是谁告诉我的，使我明白了这些道理呢？是康德，是康德的《纯粹理性批判》。正是康德，让我明白了我们所接受的任何信息，只有适合或能纳入自己既有的概念框架，才能成为知识。他把这些概念框架看成是纯粹的“先天意识”，其实并不难懂。比如我上课，总会告诉你们一些你们以前从未听过的概念。这些概念也可以说成是“先天的”，然后随着年龄增长，阅历丰富，这些“先天的概念”也就越来越具体，要比我现在讲给你们的和你们所理解的，都要具体、丰富。如何把抽象的概念讲得具体，不是靠举例子，而是对概念自身的关系，也就是普遍性与特殊性的关系，分解开来，再建立联系，这就是判断。还有围绕着这二者的关系所做出的论证，就会使得概念越来越具体，当然也就越来越丰富。比如我们说“权利”这个概念，也许听起来有些抽象，但相对于“女性权利”，“权利”就是一个普遍性的概念，“女性权利”或“儿童权利”就是一些比较具体的概念。当然，相对于“自由恋爱”“婚姻自主”“儿童权利保护法”“女性权利”和“儿童权利”就又是一个普遍性的概念。所以任何概念都具有普遍性和特殊性之分，“苹果”就介乎“水果”和“红富士”之间。比“水果”更具有普遍性的概念还有“植物”。我们来分析一个概念的普遍性与特殊性的关系，然后建立联系，就构成了对“权利”或“女性权利”“儿童权利”的判断。在判断中，我们对“权利”这一概念的认识就会越来越具体，因为，紧接着还要有推论。这里面训练的就是人的一种逻辑思维的能力。逻辑思维的能力就体现在对概念的判断与随之而必须要有的推理之中。这是问题的一个方面。我记得查尔斯·泰勒在他的一本书中说：我一直称为框架的东西体现着一套关键的性质。在这个框架内的思考、感觉、判断，就是一种意义在起作用，即某些行为或生活方式或感觉方式无比地高于另外的方式。我想起，如“五四”时期陈独秀提出的“科学”“民主”的概念框架，还有现在常常提到的“生命”“自由”“人格”“尊严”“平等”等概念框架。在这些框架内思考、感觉，是否比在“三纲五常”“三从四德”“尊尊亲亲”这些框架内思考、感觉、判断会无比地“高”？我想，这个问题需要自己来回答。

而对这个问题的回答，又会牵扯到许多更深层次的问题。

问题的另一方面，体现为社会实在是何以可能的。就是说，“社会”也是一个有些抽象的概念。我们承认“国家”的实在性，因为有领土、军队、警察、监狱。但在什么意义上，“社会”也会是一种实在呢?“社会是何以可能的?”无数哲学家们讨论过这一问题。有些哲学家提到了“集体意向性”，认为是一种集体的意向，才使得我们所讲到的政治秩序与伦理秩序成为实在。按照现象学的说法，个人的意识活动，也就是意向性活动，总免不了意识的对象性。因为只要有意识，意识就有其对象。那么有没有集体的意向性呢？可能与契约论有关，但又不尽相同。契约是一种经验性的事实，按照“先验论”的形而上学逻辑，“社会的实在性”应该来自于概念框架的外化、物化或内在建构性的外在构成。

人们关于外在事实性的秩序，一般讲来，有目的论的（其实只能重目的，看结果，于是一切转化为手段或过程。这是一种比较激进的政治观念）、实在论的（有一种终极性的实在决定着万物的秩序，这只能导致一种保守主义的观念，因为以人的有限，是不可能改变某种基本秩序的）、因果论的（自然科学的研究方式，用“因”来说明“果”，但也可以把经济基础说成是“因”，把上层建筑理解为“果”）。其实这后面都涉及人的自由意志，就是在这样一种整体性的理解框架下，人到底能怎样。所以观念秩序本身就具有着价值或道德的选择与判断，就有一套意义关系在里面起作用。这一套想法来自黑格尔。康德让我知道了心中要是没有一些或一套先已有的概念、观念、朦胧中寻找的东西，外在的信息与经验再多也无济于事；黑格尔让我知道了外在的实在，比如社会的政治秩序与伦理秩序，其实是某种意志力量的自由的体现（或者理解为外化、物化、异化），总之是人所造就的制度性事实。

你要问我外国哲学给我的收获，这两点是比较确信的。可能我对康德和黑格尔的理解都不对，但它确属我个人的收获。我们说政治秩序有它的伦理根据，就是因为人的集体意向性在构成政治秩序时，有着伦理、道德上的考量与选择。它和人的文化认同、自我认同有关；而文化认同、自我认同又与人的自我意识有关。黑格尔在《精神现象学》中讲到人的自我意识时，说过：自我意识就是人的欲望、或对人的生命的意识之类的话。什么是欲望？黑格尔说是因为对象的短缺。但也有人说，欲望本身就是一种生产力，它在使人奢侈、贪婪的同时，也创造着巨大的财富。但不管怎么说，意识总不免有些空洞、抽象，加上欲望、生命，就具体了一步，然后再慢慢把欲望、生命具体化，至少道路已经打开，方向已经明确。个体对自身的欲望、生命的意识，与之相关的还有个体意识和自由意志。对我们中国人的传统文化来说，都显然是一些很要命的话题，因为我们的传统文化几乎是始终不让个人意识到自身的存在、意志以及与之相关的欲望与生命。

还有一个问题，人的概念秩序或者观念秩序之间是有逻辑关系的，所以我们的推论实际上就是在概念之间建立逻辑联系。前两天汕头大学召开了纪念王富仁先生鲁迅研究以及 20 世纪 80 年代思想状态的学术研讨会，借用了王富仁先生生前提出的“新国学”的概念。昨天，同济大学人文学院的彭小燕教授（王富仁先生的弟子）给我解释了“新国学”这一概念，说凡是用现代汉语，也就是白话文所书写的学术论著，都应该属于“新国学”的范畴，无论你是研究的柏拉图还是孔子。因为现代汉语已经与古代汉语划出了一个明显的界线。现代汉语也就是晚清或“五四运动”以来的产物，更具体来说，是西学传入中国所导致的一个产物，再具体一点来说，体现的是日本文化对中国文化反过来的巨大影响。这样一说，我无论是研究什么问题，柏拉图也好，洛克、霍布斯也好，康德、黑格尔也好，都可纳入中国“新国学”的范畴。当然会有争论。但无论怎样，这总是一个有趣的话题。

我想到的，还是在现代汉语中，我们毕竟接受了许多过去（古代汉语）所没有的概念或观念，比如刚才说到的欲望、生命，当然还有自由、民主、平等、共和、权利、民主等概念。这些概念之间应该有自身的逻辑关联（通过分析这些概念自身的普遍性与特殊性之间的关系，还有必要的逻辑推理即可得知），那么这里面就提出了一个更加重要的问题：这些概念或观念可以帮助我们吸纳、整理怎样的经验？对古人来说，他们没有这样的概念，当然也就谈不上这样的知识。我们是否真正运用诸如此类的概念或观念整理过我们的经验？或者说，诸如此类的概念或观念，是否表明了至少在逻辑上，确有一种进步？启蒙运动（无论是西方的还是中国的）以及对现代性的追求，在这一意义上，是否体现着中国人的进步的、发展的变化？这是一个根本性的观念，或者与之相反，这里面都有一个还相不相信人类的、中国的历史有着进步的趋向。

更多的人谈到了人性中善良天使的降落，人性的改变（毕竟几十年未发生大的战乱了）和技术的进步，但也许人在观念上有了一套新的概念框架，这些概念框架在逻辑上有着新旧之分和日渐完备的体现，于是，有了新的人生观念，而观念又改变着世界。那么，如何消化以及用新观念来吸纳、改造旧观念是否就能理解为进步呢？当然，这还是一个不太确定的答案。理论的、逻辑的进展与现实社会的进步毕竟不是同一回事（我们都还记得各种形式的乌托邦的教训），但至少，在现实社会到来之前，可以算是一套自己可以说服自己的概念框架。就“进步”这一最为抽象但又对我们至关重要的观念而言，这也许就是自己最想确信的一个历史有无发展的方向性问题了。也许，它是一个比历史是否已经终结更为根本和更为重要的问题。

图书在版编目（CIP）数据

持存记忆/陈家琪著. —上海：上海三联书店，2024.10
ISBN 978-7-5426-7748-8

Ⅰ.①持… Ⅱ.①陈… Ⅲ.①哲学—文集 Ⅳ.①B-53

中国版本图书馆 CIP 数据核字（2022）第 117572 号

持存记忆

著　　者 / 陈家琪

责任编辑 / 苗苏以
装帧设计 / 徐　徐
封面题字 / 王世忠
监　　制 / 姚　军
责任校对 / 王凌霄

出版发行 / 上海三联书店
（200041）中国上海市静安区威海路 755 号 30 楼
邮　　箱 / sdxsanlian@sina.com
联系电话 / 编辑部：021-22895517
发行部：021-22895559
印　　刷 / 上海展强印刷有限公司

版　　次 / 2024 年 10 月第 1 版
印　　次 / 2024 年 10 月第 1 次印刷
开　　本 / 890mm×1240mm　1/32
字　　数 / 280 千字
印　　张 / 12.375
书　　号 / ISBN 978-7-5426-7748-8/B·779
定　　价 / 98.00 元